Wütende und Situationisten
in der Bewegung der Besetzungen

René Viénet

Wütenden und Situationisten in der Bewegung der Besetzungen

aus dem Französischen
übersetzt von Barbara Merkel und Pierre Gallissaires
durchgesehen von Hanna Mittelstädt

Verlag Edition AV

Titel der französischen Originalausgabe
René Viénet: Enragés et situationnistes dans le mouvement des occupations, Edition Gallimard, Paris 1968

1. Auflage by Edition Nautilus, Verlag Lutz Schulenburg, Hamburg 1977

2. Auflage 2023

www.edition-av.de

Umschlaggestaltung: Jürgen Mümken
Satz: Jürgen Mümken
Druck | Bindung: Druckerei Kleb GmbH / Wangen-Haslach

ISBN 978-3-86841-240-6

Inhalt

ÜBERALL MUSS DAS UNGLÜCK ZURÜCKGESCHLAGEN WERDEN

(Situationistische Internationale 1959)

Schnell!

war eine der Parolen, die im Pariser Mai 1968 auf den Mauern auftauchten. Schnell ist auch dieses Buch erschienen. Das Manuskript wurde schon Ende Juli 1968 an den Verlag Gallimard übergeben. Es umfasst eine genaue Schilderung der Ereignisse mit Schwerpunkt auf Paris und Umgebung (die Universitäten, die Fabriken und Unternehmen) und im Anhang Flugblätter und andere Dokumente. Es ist eine parteiliche Zusammenstellung, keine ausgewogene oder wissenschaftliche Darstellung. Die Texte geben die Unbedingtheit der Forderungen, die Direktheit der Gesten wieder und atmen die empfundene Dringlichkeit des Projektes, seine ganze Heftigkeit aus.

Etwas weniger schnell erschien die erste Übersetzung in deutscher Sprache, immerhin aber schon 1977 in einer einmaligen Auflage in der Edition Nautilus (Übersetzung vom Mitgründer des Verlags Pierre Gallissaires und Barbara Merkel). Die Übersetzung war wie viele der damaligen Zeit roh und unprofessionell, was uns aber nicht störte. Hauptsache: Sie war da! Mit dieser Ausgabe kann nun erstmalig eine lesefreundlichere Version studiert werden, die durch die Beibehaltung des damaligen Sprachduktus noch sperrig genug ist.

Schnell wurden auch in jenem Mai die Erfahrungen aus dem historischen Gedächtnis hervorgeholt: die Pariser Commune von 1871, die Räterevolution in Russland 1905, die anarchistische Machnowtschina 1917–1921 im Gebiet der heutigen Ukraine, der Aufstand der Matrosen von Kronstadt 1921, die Selbstverwaltung in Spanien 1936, die Ungarische Revolution von 1956. Das war der Resonanzraum, in dem die Revoltierenden, so wie sie hier geschildert werden, mit der Waffe ihrer subjektiven Empörung loslegten.

Allerdings hatte die Situationistische Internationale, deren Mitglied René Viénet seit 1966 war, schon seit ihrer Gründung Mitte der fünfziger Jahre an einer „Neudefinition der Revolution“ gearbeitet und diese

Art einer autonomen Eruption außerhalb der üblichen Institutionen der Arbeiterbewegung vorhergesehen. Sie war also in gewisser Hinsicht vorbereitet und hatte ein Verständnis von dem, was sich abspielte. Sie hatte ein begriffliches Instrumentarium und konnte so in die Unruhe, die sich ausbreitete, praktisch intervenieren.

Dass sich in Frankreich, anders als z.B. in Deutschland, diese Art des Denkens so lebhaft entfalten konnte, lag unter anderem auch an den unterschiedlichen Auswirkungen des gerade beendeten faschistischen Regimes. Während in Deutschland die revolutionären Erfahrungen der Klassenkämpfe durch die extreme Zäsur des Nationalsozialismus, den Angriffskrieg und die rassistische Vernichtungsmaschine abgewürgt waren und die Nachkriegsgeneration mit der Einhegung der grauenbeladenen Schuld beschäftigt war, hatte sich der antifaschistische Widerstand Frankreichs in den hegemonialen Vorstellungen der Résistance kondensiert. Diese Kommandovorstellungen der KPF mit ihrem Heldenpathos galt es zu demontieren und statt dessen die Bezüge zur Pariser Commune und zur Räteorganisation aufzufrischen und zu beleben, um zu neuen Aktionsformen und einer neuen Sicht auf die Gesellschaft und ihre Veränderung zu gelangen.

So hatte diese Situationistische Internationale im November 1966 eine „vorbereitende" Aktion unternommen, indem sie mit einigen Studenten der Universität Straßburg eine Broschüre in großer Auflage publiziert und verteilt hatte, welche die Zurichtung der studentischen Ausbildung auf die kapitalistischen Verwertungsinteressen und das damit einhergehende Elend im Studentenmilieu offenlegte (*Über das Elend im Studentenmilieu*, hier im Anhang), das schnell etliche Störmanöver an den Universitäten ausgelöst hatte. Die Eskalation dieser Störungen führte von der Universität Nanterre aus zur Besetzung der Sorbonne, zur Öffnung der Universität für alle, zu Straßenkämpfen im Quartier Latin mit Errichtung von bis zu sechzig Barrikaden, zu Fabrikbesetzungen in ganz Frankreich. Die Chronologie ist in diesem Buch aufgezeichnet.

Schnell griff der Impuls des Widerstands auf alle möglichen Bereiche der Gesellschaft über, von den Student*innen und Arbeiter*innen zu den Fußballern, die ihren Sport von den Bossen zurückverlangten, zu den jungen Ärzten, die die Funktion der medizinischen Ausbildung und Versorgung der Menschen zu Diensten des kapitalistischen Funktionierens denunzierten, die Werbeleute, die die Abschaffung der Werbung forderten, die Angestellten des Medienkaufhauses FNAC, die ohne eigene Forderungen in den Streik traten, um ihre Solidarität kundzutun, die Menschen, die in den umkämpften Vierteln wohnten und freigiebig Essen, Wasser gegen das Tränengas und kurzzeitiges Asyl vor polizeilichen Verfolgungen boten.

Der Beginn einer Epoche

Was die Situationisten in ihren Diskussionen und Publikationen seit den fünfziger Jahren ausleuchteten, war eine aufbegehrende kollektive Subjektivität ohne Leitlinien von Parteien und Gewerkschaften. Eine wichtige Revolte dieser neuen Art waren die Aufstände von Watts, einem größtenteils von Schwarzen Menschen bewohnten Bezirk im südlichen Los Angeles im August 1965. In der Nr. 10 der Zeitschrift der S.I. erschien im März 1966 der sympathisierende und analysierende Artikel mit dem Titel „Niedergang und Fall der spektakulären Warengesellschaft" (Nachdruck auf deutsch in: Situationistische Internationale, *Der Beginn einer Epoche*). Straßenkämpfe, Plünderungen, Brandstiftungen, der Einsatz von Soldaten und Panzern zur Unterstützung der überforderten Polizei, 34 zumeist Schwarze Todesopfer, über 1000 Verletzte, 3000 Festnahmen – das ist die kurzgefasste Bilanz. Aber worum ging es? Während die verschiedenen gesellschaftlichen Institutionen auch der Schwarzen und der Linken die Unverantwortlichkeit und Unordnung eines „führerlosen" Aufstands denunzierten, der mit aller Gewalt niedergeschlagen werden müsse, machten sich die Situationisten an eine Erklärung, die die tiefen sozio-ökonomischen Widersprüche untersuchte. Für sie hatte „kein Rassen-, sondern ein Klassenaufruhr" stattgefunden, und zwar eine Revolte gegen die Welt der Ware, der die „Arbeiter-Konsumenten" hierarchisch unterworfen sind. Während die Spektakuläre Warengesellschaft ständig den Überfluss der Warenwelt vorgaukelt, haben die von diesem Überfluss Ausgeschlossenen sich die Waren unautorisiert und ohne den gesellschaftlich üblichen Tauschwert des Geldes durch Plünderungen angeeignet. Sie haben genommen, was sie wollten, und zerstört, was sie nicht brauchten. Außerhalb der Rationalität der Ware wird die Aneignung zum Spiel. Die Ware, deren „magischer Wille" es ist, gekauft zu werden und nicht einfach ein nützlicher Gegenstand zu sein, der von Menschen produziert wurde, erhält die Konsumenten in aktiver Dienerschaft. Die Unwürde dieser Abhängigkeit haben die revoltierenden Schwarzen Menschen zurückgewiesen. Sie haben Einspruch gegen die vorgesehene Art der Verteilung, an der sie nicht teilhatten, erhoben und eine neue, kostenlose Verteilung in ihrem Viertel praktiziert.

Das Bewusstsein, dass sie keine Macht über ihre Tätigkeiten und ihr Leben hatten, teilten sie mit anderen Teilen des weltweiten Proletariats, der Klasse der Ausgeschlossenen, auch mit den gegen den Krieg in Vietnam revoltierenden Studenten in Berkeley oder Europa, wo sich „unreine" Widerstandsformen entwickelten, die sich den gewohnten ideologischen Zuschreibungen entzogen. Die Revoltierenden von Watts forderten die egalitäre Teilhabe an der Welt des Spektakels, welche aber nicht realisierbar ist, da diese Welt wesentlich hierarchisch ist, egal welcher Hautfarbe die Konsumenten sind. Die universelle Hierarchie der Ware entwickelt unterschiedliche und immer neue Formen der Unterdrückung, des Rassismus, des Ausschlusses etc. Die Logik der Ware ist die Rationalität der gegenwärtigen Gesellschaften, die Grundlage ihrer totalitären Selbstregulierung. Die Ablehnung des Warenverhältnisses, welches auf dem Klassenverhältnis beruht, d.h. der entfremdeten Lebensweise der modernen Gesellschaft, kann nur radikal und universell erfolgen und muss die Ablehnung des Staates mit einschließen.

In der Auseinandersetzung mit dem französischen Kolonialkrieg in Algerien konstatierten die Situationisten in derselben Ausgabe ihrer Zeitschrift („Adresse an die Revolutionäre Algeriens und aller Länder", Abdruck auf deutsch ebenfalls in *Der Beginn einer Epoche*) den Zusammenbruch des am Schema der leninistischen Machtübernahme ausgerichteten Revolutionsbildes, welches die sogenannten Kommunistischen Parteien immer weiter verbreiteten, eine Ideologie, die verschleiert, dass im „Osten" wie im „Westen", im „Süden" wie im „Norden" dieselbe Gesellschaft der Entfremdung herrscht (das konzentrierte Spektakuläre im bürokratischen Staatskapitalismus oder Pseudosozialismus einerseits, das diffuse Spektakuläre der „Marktwirtschaft" oder „Konsumgesellschaft" andererseits).

Das revolutionäre Projekt wurde überall auf der Welt, wo es aufgetaucht war, von den Spezialisten der Macht übernommen und zum Schweigen gebracht. Die Bewahrung der Passivität, die Kontrolle des Lebendigen ist das oberste Ziel der Gegenrevolution. Das Spektakel als irdisches Erbe der Religion vergiftet das gesamte soziale Leben bis hin zum Bild der Revolution, seinem eigentlichen Gegenpol. Die universelle Unterdrückung geht von direkter Kriegsführung bis zur Fälschung und Lüge, und diese globale Enteignung muss in ihrer Totalität angegriffen werden, wenn sie überwunden werden soll.

Die kommenden Revolutionen müssen „sich selbst" verstehen, ihre eigene Sprache finden und sich international oder transnational gegen die Versuche der Vereinnahmung und Verfälschung, der

„Rekuperation", zur Wehr setzen. Die weltweiten unterschiedlichen Protestformen müssen sich miteinander in Verbindung setzen, neue Modelle der Zusammenarbeit, der tätigen Solidarität und dabei eine „kohärente Basis" finden. Die neuen Kampfformen werden neben und in sich auch die „unreduzierbaren Augenblicke" der uneingelöst gebliebenen revolutionären Geschichte aufnehmen.

In einem dritten wichtigen Artikel der Nr. 10 der *Internationale Situationniste* wird in dem Beitrag „Die gefesselten Worte" (auf deutsch in *Der Beginn einer Epoche*) an dieser „eigenen Sprache" gearbeitet. Hier finden sich so auf den Punkt gebrachte Erkenntnisse wie „Jeder Dialog mit der Macht ist Gewalt, erlittene oder provozierte"; „die Disziplinierung der Worte bringt eine tiefergehende Militarisierung der Gesellschaft zum Ausdruck"; „die Macht schafft nichts, sie rekuperiert"; die „Wachhunde des herrschenden Spektakels, die Ideologen jeder Art" nehmen die subversiven Konzepte, die kreativen Energien in Dienst, indem sie sie ihrer Geschichte berauben und in die Denkmaschinen der Macht integrieren. Für die „Befreiung der Worte" ist es wichtig, sie jeder Autorität zu entreißen und ihren Sinn mit dem „wirklichen Leben" zu verknüpfen, gegen jede ideologische Sprache der Macht. Die Worte sind dann Agenten der Befreiung, sie werden den ideologischen Schleier zerreißen, der die Wirklichkeit verdeckt.

Diese zwischen 1955 und 1966 von den Situationisten entwickelten Thesen sollten wir zur Kenntnis nehmen, wenn wir uns in René Viénets Bericht über den Mai 1968 begeben.

Wir sind nichts, wir werden alles!

ist die Parole, die eine „jugoslawische Genossin, die viel weiß", ihrem Text in diesem Buch voranstellte. Sie fordert „Gesten, die keine Bezahlung verlangen; die spontane Organisation in den Händen der Produzenten; die leidenschaftliche Organisation und die Großzügigkeit als Komplizin ...". Das versteht sie unter der Macht der Arbeiterräte. Die „theoretische Rechtschaffenheit", die ihre Praxis findet. Die Macht zerstören, ohne sie zu ergreifen, nennt sie „erlebte Poesie". Auch: die Internationalisierung des Erlebten. „Das Minimalprogramm ist der Akt der Zerstörung ... Dafür keine Kontrolle, keine Regel" – das setzt an den Erfahrungen aus Watts an und transportiert sie in die europäische Gegenwart. „Die Revolution kann nur alltäglich sein, wenn man gegen die Faszination der Macht kämpfen will. Der Wunsch zu beherrschen, bleibt noch das Gesetz des Augenblicks, die Mentalität des befreiten

Sklaven, der Schwindel des Gehorsams ... die Mystik der Institutionen und die Religion der Ordnung. ... Wir sind alle Herren oder wir sind nichts. Unter dieser Bedingung wird die Arbeit ein großer Lachanfall oder alles. Es lebe die Macht der Arbeiterräte. Nieder mit der jugoslawischen Selbstverwaltung."

Es versteht sich von selbst, dass der neue Begriff von „Selbstverwaltung" nicht bedeutete, das Vorhandene oder hierarchisch Bestimmte selbst zu verwalten, sondern autonom zu entscheiden, was und wie gemeinsam verwaltet, oder eher organisiert, produziert, gelebt werden soll. Die generalisierte Selbstverwaltung bedeutete im Sprachgebrauch der Situationisten nichts weniger als die bewusste Bestimmung des gesamten Lebens durch alle, d.h. die geschichtliche Konstruktion der freien individuellen Beziehungen, in der die Räte die einheitliche und permanente individuelle und kollektive Emanzipation ermöglichen, indem sie das Imaginäre der Geschichte verwirklichen. Jeder revolutionäre Moment führt zur sofortigen Steigerung der Lebenslust, und aus jeder praktischen Aktion filtert sich die theoretische Verbesserung (und umgekehrt). Die Selbstverwaltung ist Mittel und Zweck des Kampfes, Form und Inhalt, „sie ist die Materie, die sich selbst bearbeitet ... (Zum Weiterlesen empfehle ich die Texte aus der letzten Ausgabe der *Internationale Situationniste* aus dem September 1969, abgedruckt in *Der Beginn einer Epoche.*)

Der radikale Aufruf zur Selbstermächtigung der jugoslawischen Genossin hatte mich schon bei der deutschen Veröffentlichung 1977 fasziniert, so direkt, so impulsiv, so weitsichtig, so weise, trotz oder vielleicht wegen der Kürze der assoziativen Gedanken! Und dieser Text ist tatsächlich für mein Empfinden eine direkte Vorwegnahme des neuen Tons der Proteste nach der großen Repressionswelle, die die siebziger Jahre prägte und die weltweit das Gespenst der Revolution ausmerzen sollte. Er drückt eine Freiheit aus, die sich in den folgenden Aufständen, Platzbesetzungen, Aktionen gegen die forcierte Marktglobalisierung vielfältige Formen schuf: ihre Basisdemokratie, ihre gleichzeitige Dezentralität, Lokalität und Internationalität, ihre Vernetzung, ihr Autonomieverständnis, ihre Einbeziehung des unmittelbaren Glücks, ihre Poesie und Kreativität, ihr Widerstand gegen staatliche Repression und immer wieder der Versuch, Macht aufzubauen, ohne sie zu ergreifen. (Für den Reichtum an Aktionen sei das Handbuch *Wir sind überall* der Gruppe Notes from Nowhere von 2003 über die Basisbewegungen in aller Welt ans Herz gelegt.)

Natürlich gibt es auch andere Quellen, insbesondere die langjährigen anarchistischen Traditionen, aus denen sich die weltweiten Bewegungen gegen den globalen Kapitalismus heute speisen. Aber die Situationisten scheinen mir mit ihrer Klarheit und ihrer praktischen Intervention in den französischen Mai 68 von besonderer Bedeutung. Ihre fundamentale Kritik an der Warengesellschaft und die gleichzeitige Ablehnung der damals noch herrschenden Revolutionsvorstellungen und -formen durch ihre tiefgehende Neubestimmung scheinen mir wesentlich. Und der Debatte in Deutschland, in der die situationistischen Ideen immer sehr marginal waren, fehlt eine bestimmte Freiheit und Radikalität.

Lauf schneller, Genosse, die alte Welt ist hinter dir her!

Im französischen Mai 68 war die Bewegung der Besetzungen (mit 11 Millionen wild, d.h. spontan und ohne das Einverständnis und die Struktur von Gewerkschaften und linken Parteien streikenden Arbeiter*innen) das größte revolutionäre Ereignis seit der Pariser Kommune. Es war der erste wilde Generalstreik der Geschichte, und in diesem Monat Mai bildeten sich erneut Strukturen der direkten Demokratie heraus (Vollversammlungen, jederzeit abrufbare Delegierte, Aktionskomitees, Besetzungskomitees). Die Staatsmacht wich in einem heute kaum mehr vorstellbaren Maß zurück. Dieser Nullpunkt der Macht dauerte nur einen kurzen Moment, dann vereinigten sich die Führungskräfte der Alten Welt zum Gegenschlag, und die Besetzungen wurden mit allen Mitteln aufgelöst: Versprechungen, Lügen, militär-polizeiliche Gewalt. Seit den weltweiten sozialen Infragestellungen der „Alten Welt" der späten sechziger Jahre verschärfte diese ihre Verteidigungslinien in Form von Kriegsmaschinen, die keinen Nullpunkt mehr zulassen sollen und die dabei sind, ihre Herrschaft auf den gesamten Menschen (physisch und mental) auszudehnen.

Die „Alte Welt", das war damals die Welt der Familie, der Religion, der Konventionen, die Identifizierung mit der gesellschaftlichen Rolle, die vorhandenen und verknöcherten Institutionen des Klassenkampfes. All das wurde im Moment des Aufstands über den Haufen geschmissen, mit großer Wucht und wenig praktischen Erfahrungen, was sicher die Schwäche dieses Aufstands wie vieler anderen gescheiterten Aufstände ausmacht.

Was andererseits die Stärke dieses Aufstands (und vieler anderer ebenso) auszeichnet, ist das spontane Wissen, dass alle Entfremdungen zusammen und gemeinschaftlich abgelehnt werden müssen, dass keine Ideologie mehr Gültigkeit hat und dass alle alten Institutionen ausgedient haben. Das Verlangen nach direktem Dialog, nach dem freien Wort, nach echter Gemeinschaft schuf sich in den besetzten Gebäuden Raum, die verhasste entfremdete Arbeit wurde für wenige Wochen ersetzt durch das Spiel und das Fest und die praktische Solidarität. „Ein Hauch von Wahnsinn lag in der Luft", beschrieb *Le Monde* die Atmosphäre. Frauen und Männer, Franzosen und Menschen aus anderen Ländern kämpften spontan und gemeinschaftlich. Sie waren nicht mehr getrennt nach Hierarchien, Funktionen oder Rollen, sie kommunizierten in einer gemeinsamen Raum-Zeit. Die kapitalisierte Zeit stand still.

Die hier versammelten Dokumente zeigen, wie die Gewerkschaften und die KP die Streiks ablehnten und bekämpften, bis sie sie nicht mehr verhindern konnten, und dann alles daran setzten, sie zu beherrschen und zu begrenzen. Sie unterbanden die Kommunikation und die Begegnung zwischen Arbeiter*innen und Student*innen, sperrten die Fabriktore gegen die Unterstützung von außen, während die Aufständischen ihre Bosse einsperrten. Deutlich wird auch das Bestreben der verschiedenen linken und linksradikalen Gruppierungen nach der Kontrolle über die in Bewegung geratenen Menschen. Die Funktion der Gewerkschaften als Regulierungssystem des Kapitalismus, die leninistisch-stalinistischen Ungeheuer in den linken und linksradikalen Organisationen, ihre Fixierung auf die Ergreifung der Macht mit der Heftigkeit zu denunzieren, wie es in diesem Buch an vielen Beispielen demonstriert wird, war wahrscheinlich damals unvermeidlich.

Ich nehme meine Wünsche für die Wirklichkeit, weil ich an die Wirklichkeit meiner Wünsche glaube!

Die Telegramme, die das Besetzungskomitee der Sorbonne am 17.Mai in die Welt geschickt hat und die man im Anhang nachlesen kann, sind Ausdruck des Kerns der situationistischen Aktionen: So verstanden die „Wütenden" und Situationisten das Spiel, die Zweckentfremdung, eine selbstbestimmte und selbstbewusste Aktion. Die Telegramme waren an die wichtigsten Archive der Sozialgeschichte in Amsterdam (IISG) und Lausanne (CIRA) gerichtet, an den Genossen Ivan Svitak, einen tschechoslowakischen Philosophen, vom Surrealismus beeinflussten Poeten und prominenten Kritiker des bürokratischen Sozialismus, an die kämpferische Organisation Zengakuren in Japan, an die Politbüros der Kommunistischen Parteien in Moskau und Peking. Die Telegramme an die letzten beiden begannen mit Verve: „Zittert Bürokraten stop die internationale Macht der Arbeiterräte wird euch bald vom Tisch fegen stop die Menschheit wird erst an dem Tag glücklich sein an dem der letzte Bürokrat mit den Gedärmen des letzten Kapitalisten aufgehängt worden ist stop ...“ Der letzte Satz war als Wandparole in der besetzten Sorbonne zu lesen und unter den Besetzern nicht unumstritten.

Die Vielfalt der Begierden, der tiefen und wirklichen Begierden, die das Menschsein ausmachen, sofern es nicht von der Warenwelt konditioniert ist, waren in den Wandparolen der besetzten Gebäude und der umkämpften Straßen deutlich abzulesen. Die Fotos in diesem Buch dokumentieren sie. Die „Alte Welt“ und die „Gesellschaft des Spektakels“ haben sie in den Traumwahn der Werbung oder die Ideologie des Funktionierens als Programmierer*innen des eigenen Überlebens verbannt. In Momenten der Eruption kommen sie aus dem Unbewussten zurück. Sie sind Teil des (hoffentlich) unzerstörbaren Imaginären, das, „tief im Inneren“ der Menschen aufgehoben, auf seine Chance wartet.

Die Gesellschaft des Spektakels, wie der Titel des grundlegenden Werkes über die moderne Ausbeutung von Guy Debord lautet, war neben dem ebenfalls 1967 erschienenen *Handbuch der Lebenskunst für die jungen Generationen* von Raoul Vaneigem wichtiger Teil einer gesellschaftlichen Reflexion nach dem Zweiten Weltkrieg. Insbesondere das *Handbuch der Lebenskunst* öffnete die Revolutionsvorstellungen der zu befreienden Subjektivität (in ihrer körperlichen, geistigen, imaginären Vielheit). Die Spuren beider Bücher finden sich im französischen Mai 68, und ihre Autoren waren als Situationisten insbesondere bei der Besetzung der Sorbonne und im Rat für die Aufrechterhaltung der Besetzungen beteiligt. Die Situationisten prägten die Formen der Agitation wesentlich mit: die Parolen, Mauersprüche, Sprechblasen auf Werbeplakaten, zweckentfremdete Lieder, Plakate, Comics. Die Popularisierung der Kritik an der Welt der Ware ging in jenen Wochen weit.

Wütende aller Länder, vereinigt euch!

Der Text René Viénets und die Dokumente im Anhang, ihr Ton (großmäulig, zumeist männlich, heftig, ungezügelt etc.) und ihre Angriffslust mögen für viele eine Zumutung sein, damals wie heute. Sie zeigen uns heutigen Lesenden den Unterschied auf zum aktuellen Diskurs in einer „gezügelten“ Sprache. Allein dafür finde ich sie bedeutsam. Sie öffnen einen geschichtlichen Raum: So fing es an, hier stehen wir heute. Wir haben an Sensibilität gewonnen, an Achtsamkeit, an Vorsicht,

Rücksichtnahme, Respekt vor Schwächen, Blick auf Diversitäten. Aber wir haben auch verloren, die Wertschätzung des Negativen als Kraft der Aufhebung, d.h. der echten Veränderung, das Bewusstsein über die Notwendigkeit des Bruchs, die Verweigerung und die klare Sicht auf unsere Einbindung in die Gesellschaft des Spektakels, in die Logik der Ware, auf welcher Stufe ihrer Hierarchie auch immer.

Das, was die Situationisten die „totale Emanzipation" nannten, die universelle und einheitliche Befreiung ohne jede Trennungen, ist fast gänzlich aus der Debatte verschwunden. Seitdem die „Überflussgesellschaft" durch den kapitalistischen globalen und totalen Extraktivismus zu einer Gesellschaft des Ausnahmezustands geworden ist, die ständig im Modus von Katastrophe, Krieg und Kollaps operiert, fordert die ideologische Zurichtung ein verstärktes Zusammenstehen, um die permanente Krise zu bewältigen. Wir sollen nun die Welt, wie sie ist oder wie sie vermeintlich einmal war, durch Verzicht und ständige Anpassung an die weiterentwickelten Ausbeutungsformen gemeinsam retten. Und niemand stelle sich beiseite, niemand behaupte ein anderes Narrativ in Form einer fundamentalen Kritik. Die Einheitlichkeit ist heute das Gebot des Zusammenhalts in der Krisenbewältigung, nicht der Maßstab für einen Weg zur herrschaftsfreien klassenlosen Gesellschaft durch die „Aufhebung der Trennungen".

Der damals so heftig vollzogene Bruch mit der „Alten Welt" der hierarchischen Ausbeutung kann uns noch einmal vor Augen führen, wie total oder auch totalitär die aktuellen Klassenverhältnisse auf die Menschen zugegriffen haben, wie weit sich das „Spektakuläre" von einer äußerlichen Entfremdung in den Menschen hineingefressen hat. So dass es heute noch klarer als damals ist, dass alles zusammenhängt und alles „total" und einheitlich, d.h. universell verändert werden muss.

Alles wird immer wieder neu anzufangen sein (Unsichtbares Komitee 2017)

Im aktuellen Frankreich hat sicherlich das Unsichtbare Komitee (mit seinen Aktionen und Publikationen *Der kommende Aufstand; An unsere Freunde*; *Jetzt*) am deutlichsten das fortgeführt, was die Situationisten vor mehr als sechzig Jahren begonnen haben. Andererseits sind die Ideen tatsächlich in die „Köpfe aller" vorgedrungen, in die Köpfe der Revoltierenden weltweit: die Unabhängigkeit von staatlichen und para-staatlichen Institutionen, das Desinteresse an Gewerkschaften und Parteien, die Destitution aller gesellschaftlichen Organismen, die sich etablieren. Statt dessen Basis-Demokratie, jederzeit abrufbare Sprecherinnen und Sprecher, egalitäre Strukturen, spielerische Aktionsformen, wo immer der Protest Formen annimmt.

So ist es kein Wunder, dass die Gelbwesten-Bewegung in Frankreich 2018, genau sechzig Jahre nach dem Mai 68 und mitten in einem sich seit Jahren im Ausnahmezustand befindlichen Land, die Spur der „wilden Streiks" und der „wilden Demokratie", der wilden Organisations- und Aktionsformen wieder aufgenommen hat. Und dass sie wie ein Gespenst der Revolution wieder aufgetaucht ist, das die herrschende Klasse zu sofortiger und brutaler Bekämpfung durch ihre Anti-Aufstandseinheiten und durch permanente mediale Denunziation veranlasste. Die Schmach der staatlichen Schwäche im Mai 68 sollte sich nicht wiederholen. Allerdings ist auch nicht zu übersehen, dass das, was im Mai 68 einen Monat angehalten hat, bei den Gelbwesten mehr als ein Jahr andauerte, und dass die Formen der Aktionen und Vernetzung erheblich weiterentwickelt wurden. So konnte in der Gegenwart die Vergangenheit verbessert und die Tür zum verdrängten Imaginären wieder einen Spalt geöffnet werden.

Da sich die Lebensverhältnisse im Modus von Krieg und Krise nicht verbessern lassen, sondern weiter verschlechtern werden, werden auch Verweigerung und Bruch wieder wichtige Impulse werden. Autonome Strukturen des Gemeinsamen zu finden, d.h. menschliche Sicherheit und Fürsorge, planetare Nachhaltigkeit, Gesundheit für alle, Freiheit der Vielen Verschiedenen, den globalen Schutz der menschlichen und ökologischen Singularitäten in einer Gesellschaft ohne Ausbeutung zu gestalten, das heißt, die „Bewegung des Kommunismus" als ein ständiges Werden anzugehen. Und vielleicht können die Unverschämtheit der Thesen dieses Buches, ihre Großmäuligkeit und Frechheit uns heute, mit dem Abstand von sechzig Jahren, ein großes Lachen schenken, das Lachen, von dem die jugoslawische Genossin, die viel weiß, sprach und das uns die Möglichkeiten einer Öffnung in eine gänzlich andere Welt aufzeigt, in unsere Autonomie und Selbstbestimmung jenseits der spektakulären Warengesellschaft.

Hanna Mittelstädt, 22.2.2023

Literatur:

Guy Debord, *Die Gesellschaft des Spektakels*. Edition Nautilus, Hamburg 1978

Raoul Vaneigem, *Handbuch der Lebenskunst für die jungen Generationen.* Edition Nautilus, Hamburg 1980/2008

Situationistische Internationale, *Der Beginn einer Epoche.* Edition Nautilus, Hamburg 1995

Notes from Nowhere, *Wir sind überall.* Edition Nautilus, Hamburg 2007

Unsichtbares Komitee, *Der Kommende Aufstand; An unsere Freunde; Jetzt.* Edition Nautilus, Hamburg 2010, 2014, 2017

Raúl Sánchez Cedillo, *Dieser Krieg endet nicht in der Ukraine,* transversal texts, Wien 2013

VORBEMERKUNG

Der Verfasser versucht nicht zu verhehlen, mit wem er sympathisiert. Vielleicht wird man es also nicht für unnütz halten, wenn er hier präzisiert, dass er für die Richtigkeit aller Tatsachen bürgen – und sie sogar beweisen – kann, über die er in diesem Buch berichtet, was um so mehr für alle zitierten Texte gilt. Wenn auch alles, was er geschrieben hat, wahr ist, so kann er doch nicht den Anspruch auf eine ausreichende Darstellung erheben, die über die historische Gesamtheit der Bewegung der Besetzungen Bericht erstatten würde. Die Zeit solcher Forschungen wird kommen. Vorläufig fehlt der größte Teil der Informationen über das, was in fast allen französischen Provinzen und in den meisten Fabriken – einschließlich der Gegend um Paris – passiert ist. Auch wenn der Verfasser sich auf den wesentlichen, genau umrissenen Aspekt der Bewegung der Besetzungen beschränkt, mit dem er sich in diesem Buch beschäftigt, konnte er doch gewisse Aspekte der Ereignisse nicht aufdecken, die ohne Zweifel für den Historiker von größtem Interesse gewesen wären, deren Offenlegung aber gegen verschiedene Leute benutzt werden könnte. Das ist in Anbetracht des Zeitpunkts, zu dem dieses Buch verfasst wurde, sicher zu verstehen.

Der Verfasser hatte das Glück, dass mehrere Mitglieder der Situationistischen Internationale, von denen zwei zur Gruppe der „Wütenden" gehörten, an diesem Buch mitgearbeitet haben. Er möchte hier darauf hinweisen, dass er ohne sie dieses Buch nicht hätte schreiben können.

Brüssel, 26. Juli 1968, R.V.

„Der Inhalt solcher Geschichten kann daher nicht von großem äußeren Umfange sein. ... was lebendig und gegenwärtig in ihrer Umgebung ist, das ist ihr wesentlicher Stoff ... Der Autor beschreibt, was er mehr oder weniger mitgemacht, wenigstens mitgelebt hat. Es sind kurze Zeiträume, individuelle Gestalten von Menschen und von Begebenheiten ...

Es ist nicht genug, Zeitgenosse solcher Begebenheiten gewesen zu sein, auch nicht, sie in der Nähe gesehen [zu haben], im Falle gewesen zu sein, gute Nachrichten zu haben; der Schriftsteller muß vom Stande, dem Kreise, den Ansichten, Denkweise, Bildung der Handelnden, die er beschreibt, selbst gewesen sein. Wenn man oben steht, kann man nur die Sache recht übersehen und jegliches an seinem Orte erblicken, – nicht wenn man von unten hinauf durch das Loch einer moralischen Bouteille oder sonstigen Weisheit betrachtet ...

Hegel, *Die Vernunft in der Geschichte*

KAPITEL I

DIE RÜCKKEHR DER SOZIALEN REVOLUTION

„Sicher ist der Situationismus nicht das Gespenst, das in der industriellen Zivilisation umgeht, genauso wenig wie 1848 der Kommunismus das Gespenst war, das in Europa umging."

François Châtelet, *Nouvel Observateur* vom 3. Januar 1968

In der Geschichte gibt es wenige Beispiele für eine so tiefgreifende soziale Bewegung wie die, die im Frühjahr 1968 in Frankreich zum Durchbruch gekommen ist; keine, über die so viele Kommentatoren einer Meinung waren, dass sie nicht vorauszusehen war. Diese Explosion war jedoch eine von denen, die am leichtesten vorauszusehen war. Damit wird nur deutlich, dass niemals vorher das Wissen und das geschichtliche Bewusstsein einer Gesellschaft so mystifiziert worden waren.

Die Situationisten beispielsweise denunzierten und bekämpften die „Organisation des Scheins", die in der Warengesellschaft ein spektakuläres Ausmaß erreicht; sie hatten bereits seit Jahren die aktuelle Explosion und ihre Folgen sehr genau vorausgesehen. Die kritische Theorie, die von der Situationistischen Internationale ausgearbeitet und verbreitet wurde, konstatierte mit Leichtigkeit als Grundvoraussetzung für jedes revolutionäre Programm, dass das Proletariat noch nicht untergegangen ist; dass der Kapitalismus den Entfremdungsprozess weiter vorantreibt; dass überall, wo dieser Antagonismus existiert, die soziale Frage, die vor über einem Jahrhundert aufgeworfen wurde, weiter besteht; dass dieser Antagonismus auf der gesamten Erde existiert. Die S.I. erklärte die Verschärfung und Konzentration des Entfremdungsprozesses durch die Verzögerung der Revolution. Diese Verzögerung war offensichtlich das Ergebnis der internationalen Niederlage des Proletariats nach der russischen Konterrevolution und der gleichzeitig vorangetriebenen Entwicklung der kapitalistischen Ökonomie. Die S.I. wusste, wie so viele der Sprache beraubte arbeitende Menschen auch, dass die Emanzipation der Arbeiter immer und überall gegen die bürokratischen Organisationen stößt, die ihre *verselbständigte Rerpäsentation* sind: entweder die Bürokratie, die sich – wie in Russland und später in anderen Ländern – durch die Ergreifung der staatlich-totalitären Macht als Klasse organisiert; oder die privilegierte Führungsschicht der Gewerkschaften und Parteien, die im Dienste der modernen Bourgeoisie daran arbeiten, die Arbeitskraft, als deren Makler sie auftreten, in die rationelle Führung der Wirtschaft zu integrieren. Die Situationisten stellten fest, dass die ständige Fälschung, die für das Überleben der bürokratischen Apparate notwendig und in erster Linie gegen alle revolutionären Handlungen und Theorien gerichtet ist, ein Hauptbestandteil der modernen Gesellschaft ist. Sie hatten auch die neuen Formen der Subversion erkannt und bemühten sich, sich ihnen anzuschließen. Deren erste Anzeichen häuften sich, und sie begannen, noch vage, aus der Gesamtheit der Unterdrückungsbedingungen die Perspektive einer totalen Kritik herauszuarbeiten. So wussten sie um die Möglichkeit und das nahe Bevorstehen eines neuen Beginns der Revolution – und zeigten diesen auch auf. Vielen erschienen ihre Perspektiven paradox – ja sogar irrsinnig: Sie wurden eines Besseren belehrt.

In der gegenwärtigen Rückkehr der Revolution ist für die Staatstheoretiker – was bei ihnen nicht erstaunlich ist – und für die ganze Kanaille der Pseudo-Kritik das *Geschichtliche selbst* das *Unerwartete*. Es ist sicher, dass die Analyse das Wirkliche nur trifft, wenn sie in der wirklichen Bewegung, die den jetzigen Zustand aufhebt, Partei ergreift. Das in diesem Zusammenhang organisierte Nichtstun bewirkt, dass der Prozess, der von allen erlebt wird, nicht für alle verständlich ist. In diesem Sinne sind das *Vertraute* des entfremdeten Lebens und die Verweigerung dieses entfremdeten Lebens nicht gleichzeitig sichtbar. Aber für die revolutionäre Kritik, die der praktischen Bewegung – aus der sie sie abgeleitet und nachdem sie sie zu der von ihr angestrebten Kohärenz gebracht hat – ihre eigene Theorie zurückbringt, war sicher nichts vorhersehbarer und wurde klarer vorhergesehen, als diese neue Epoche der Klassenkämpfe, die durch die Bewegung der Besetzungen eingeleitet wird.[1]

Die Stalinisten, als Ideologen der bürokratisch-totalitären Ausbeutung, waren in Frankreich wie anderswo auf eine rein konservative Rolle beschränkt. Es war ihnen schon lange unmöglich, die Macht zu ergreifen, und das internationale Auseinanderfallen der monolithischen bürokratischen Organisation, die ihr unerlässliches Bezugssystem ist, schließt ihnen diese Tür für immer zu. Gleichzeitig verwehrt ihnen dieses Bezugssystem und die daraus folgende Praxis die Möglichkeit einer Umwandlung in einen Apparat rein bürgerlich-reformistischen Typs. Die maoistische Variante reproduzierte durch eine religiös anmutende Versenkung in einen revolutionären Fernen Osten ihrer Phantasie auf illusorische Weise die Eroberungsphase des Stalinismus und leierte seine übersetzten Reden völlig ins Leere herunter. Die drei oder vier trotzkistischen Sekten stritten sich verbissen um den Ruhm, 1917 noch einmal zu wiederholen, wenn sie endlich die dazu geeignete Partei aufgebaut hätten. Diese „wiederauferstandenen Bolschewiken" beschäftigten sich viel zu fanatisch mit der revolutionären Vergangenheit und deren schlimmsten Irrtümern, als dass sie überhaupt in der Lage

1 Pilippe Labro, der die Atmosphäre in Frankreich vor der Krise in seinem Buch *Ce n'est qu'un début* (E.P.P. Denoel) beschreibt, wagt zu behaupten, dass „die Situationisten glaubten, ins Leere zu sprechen". Das ist eine dreiste Umkehrung der Wirklichkeit. Es ist wohlverstanden Labro, der wie so viele andere glaubt, dass die Situationisten ins Leere sprachen.

gewesen wären, einen Blick auf die moderne Gesellschaft zu werfen. Einige mischten diesem historischen Exotismus auch noch den geographischen einer Revoluzzer-Theorie der Unterentwicklung bei, mehr oder weniger an Che Guevara orientiert. Wenn diese Gruppen auch seit kurzer Zeit einige Kämpfer um sich versammelten, so war das doch keineswegs auf die Aktualität ihrer Analysen oder ihrer Praxis zurückzuführen, sondern nur auf die zeitgenössische Zersetzung der kommunistisch genannten Bürokratien.

Was die modernistischen Pseudo-Denker des Protests im Kleinen angeht, diese Überbleibsel des Militantismus[2], die in die Religionen der so genannten „Geistes"-Pseudowissenschaften aufgestiegen waren und alle Wochenzeitschriften mit Ideen belieferten, ist es offensichtlich, dass sie nicht in der Lage waren, etwas zu verstehen, *geschweige denn* irgendetwas vorauszusehen. Denn sie waren auf eklektische Weise fast allen Aspekten der Fälschungen der alten Welt unterworfen. Sie waren gleichzeitig dem bürgerlichen Staat, dem keuchenden Stalinismus, dem verjüngten Castro-Bolschewismus, der Psychosoziologie und selbst ihrem eigenen elenden Leben verbunden. Sie respektierten alles. Sie verbreiteten über alles Lügen. Man findet sie auch heute noch, stets bereit, alles und jedes zu erklären.

Im Gegensatz zu einem großen Teil der Massen, die, durch die revolutionäre Krise im Mai in Bewegung gebracht, anfingen zu verstehen, was sie erlebten und damit auch das, was sie bis dahin gelebt hatten – und diejenigen, die das klarste Bewusstsein entwickeln konnten, haben die totale Theorie der Revolution als die ihre erkannt – haben all die Spezialisten des angeblich kritischen und subversiven Aktivismus genauso wenig irgendetwas verstanden, wie sie etwas vorausgesehen haben. Was konnten sie unter diesen Umständen auch tun? Genug von ihnen. Sie haben ihr altes Lied weiter heruntergeleiert als Begleitmusik zum Untergang der toten Zeit, in der sie sich noch für die künftige Elite der Revolution hatten halten konnten. Die Melodie, vor langer Zeit für ihre Taufe geschrieben, erklang als Trauermarsch zu ihrem Begräbnis.

Tatsächlich stellte der Prozess des Wiederauftauchens der theoretischen und der handelnden Kritik geschichtlich gesehen eine objektive Einheit dar. Die neuen Bedürfnisse der Epoche schufen ihre eigene Theorie und ihre eigenen Theoretiker. Der Dialog, der sich so ankündigte – wenn auch durch die bestehenden Verhältnisse der *Trennung* begrenzt und entfremdet – entwickelte sich auf seine bewusste sub-

2 Militant entspricht eher dem deutschen Begriff aktivistisch, hier insbesondere als Eigenschaft des politisch-gewerkschaftlichen Basisarbeiters (Anm. d. Ü.).

jektive Organisation hin, und durch dieselbe Bewegung beginnt jede dieser Kritiken die Totalität ihrer Aufgaben zu entdecken. Beide sind zunächst als Kampf gegen die neuen Formen der Ausbeutung in der Klassengesellschaft entstanden. Einerseits haben die wilden Streiks des Westens und die Arbeiteraufstände des Ostens den Kampf gegen die Bürokratien verschiedenen Typs in die Praxis eingeführt. Andererseits hat die gegenwärtige revolutionäre Theorie mit einer Kritik der Lebensbedingungen innerhalb des überentwickelten Kapitalismus begonnen: einer Kritik des Pseudo-Überflusses *der Ware* und der Reduktion des Lebens auf *das Spektakel*, den repressiven Urbanismus und die Ideologie – wobei diese als ein Werkzeug verstanden wird, das stets im Dienst der Spezialisten der Herrschaft steht. Als die situationistische Internationale eine kohärente Theorie dieser Wirklichkeit formuliert hat, hat sie gleichzeitig die Negation dieser Wirklichkeit durch die vereinte Realisierung der Kunst und der Philosophie und die Befreiung des alltäglichen Lebens aufgezeigt[3].

So fand das radikal Neue die gesamte alte Wahrheit der vorübergehend zurückgedrängten proletarischen Bewegung wieder. Das aktuelle Programm entdeckt auf einem höheren Niveau das Projekt der Aufhebung der Klassen wieder, das des Zugangs zur bewussten Geschichte und der freien Gestaltung des Lebens; und es entdeckt die Form der *Arbeiterräte* als Mittel wieder.

Als Ausgangspunkt der neuen revolutionären Bewegung in den industrialisierten Ländern, die im Brennpunkt der gesamten modernen Geschichte stehen, kann der Arbeiteraufstand in Ostberlin 1953 betrachtet werden, der den bürokratischen Schwindlern an der Macht die Forderung nach einer „Regierung der Metallarbeiter" entgegensetzte. Der ungarische Aufstand von 1956 hat die Verwirklichung der Räte eingeleitet, obwohl er auf der Basis eines ungenügend industrialisierten Landes und unter den spezifischen Bedingungen einer nationalen Erhebung gegen eine Unterdrückung von außen, gegen die allgemeine Verarmung und den generalisierten Terror stattfand.

3 Das Wort „Situationismus", das von der S.I. nie verwendet wurde, die jegliche Errichtung eines ideologischen Lehrgebäudes radikal ablehnt, ist von der Presse reichlich manipuliert und mit den fantastischsten Definitionen verbunden worden – so z.B. ist es die „Avantgarde der Studentenbewegung" für die Juni-Nummer (1968) von *20 Ans* und eine Technik des „intellektuellen Terrorismus" für *Journal du Dimanche* vom 19. Mai usw. Trotz der offensichtlichen, von der S.I. unternommenen Weiterentwicklung des aus Hegels und Marx' Methode hervorgegangenen historischen Denkens hat sich die Presse bemüht, die Situationisten mit dem Anarchismus gleichzusetzen. Beispielhaft für dieses Vorgehen ist die Definition der Situationisten als „anarchistischer als die Anarchisten selbst, die sie für zu bürokratisch halten" in *Carrefour* vom 8. Mai.

Der Beginn der Studentenunruhen in Berkeley Ende 1964 stellte die Organisation des Lebens in dem am weitesten entwickelten kapitalistischen Land in Frage, angefangen bei seinem Bildungswesen, und gab das Signal für eine Revolte, die sich seitdem auf die meisten europäischen Länder ausgedehnt hat[4]. Jedoch blieb diese Revolte, auch wenn einige der zentralen Themen von einer fortgeschrittenen Position zeugten, eine *partielle*, da sie auf das „studentische Milieu" beschränkt blieb, das selbst Objekt rasch wechselnder Veränderungen ist, um den Anforderungen des modernen Kapitalismus gerecht zu werden. Partiell blieb diese Revolte auch, insofern das gerade entstandene politische Bewusstsein recht bruchstückhaft und verschiedenen neo-leninistischen Illusionen unterworfen war, so dem oft idiotischen Respekt vor der Farce der maoistischen „Kulturrevolution". Die Frage der Schwarzen, der Vietnamkrieg und Kuba nahmen einen unangemessenen und mystifizierenden Platz in den tatsächlichen Kämpfen der amerikanischen Studenten ein. Dieser „Anti-Imperialismus", der zu einer kontemplativen Zustimmung heruntergekommen war, hat die europäischen Studentenbewegungen fast immer dominiert. Seit dem Sommer 1967 hatten die Demonstrationen der Studenten in Westberlin eine Wendung hin zur Gewalt genommen; als Antwort auf das Attentat auf Dutschke dehnten sie sich auf ganz Deutschland aus. In Italien gingen die Studenten seit Dezember 1967 noch weiter, besonders in Turin, und besetzten ihre Fakultäten, was Anfang 1968 zur Schließung der wichtigsten Universitäten des Landes führte.

Bei der aktuellen Krise der bürokratischen Macht in der Tschechoslowakei, dem einzigen industrialisierten Land, das nie vom Stalinismus erobert worden war, handelt es sich im wesentlichen um den gewagten Versuch der herrschenden Klasse, selbst den Verlauf ihrer ernstlich kranken Wirtschaft zu korrigieren. Unter dem Druck des seit Ende 1967 von Studenten und Intelligenz geführten Aufruhrs hat sich die Bürokratie entschlossen, dieses Risiko einzugehen. Streikende Arbeiter, die anfangen, die direkte Verwaltung der Fabriken zu fordern, sind von nun an die gefährlichste Drohung, die auf einer bürokratischen Ordnung lastet, die gezwungen war, eine Liberalisierung vorzutäuschen.

4 Man muss an dieser Stelle auch an die Fortsetzung der Straßenkämpfe erinnern, die seit 1960 von den Zengakuren, radikalen japanischen Studenten, geführt werden. Ihr Beispiel wurde in Frankreich in den letzten Jahren immer häufiger erwähnt. Die politische Position ihrer „Revolutionären Kommunistischen Liga", links vom Trotzkismus und gleichzeitig gegen Imperialismus und Bürokratie gerichtet, war weniger bekannt als ihre Kampftechnik.

Die bürokratische Aneignung der Gesellschaft ist nicht zu trennen von einem totalitären Besitz der Staatsmacht und einer absoluten Herrschaft ihrer Ideologie. Die Abwesenheit von Zensur, die Garantie des Rechts auf freie Meinungsäußerung und des Rechts auf Versammlungsfreiheit führen über kurz oder lang in der Tschechoslowakei zu folgender Alternative: entweder zu einer Repression, wobei der künstliche Charakter der oben erwähnten Zugeständnisse deutlich würde; oder aber zum Sturm des Proletariats auf das bürokratische Eigentum an Staat und Wirtschaft, das demaskiert würde, sobald die herrschende Ideologie einige Zeit auf die Omnipräsenz ihrer Polizei verzichten müsste. Der Ausgang eines solchen Konfliktes interessiert die russische Bürokratie sehr, deren eigenes Überleben durch einen Sieg der tschechischen Arbeiter in Frage gestellt würde[5].

Im März hat die wichtige polnische Studentenbewegung das Gomulka[6]-Regime erschüttert, das aus der erfolgreich durchgesetzten bürokratischen Reform nach der Krise des Jahres 1956 und der Niederschlagung des ungarischen Arbeiteraufstandes hervorgegangen war. Die Frist, die damals gewonnen worden war, geht ihrem Ende entgegen. Aber die Arbeiterklasse hat sich diesmal nicht den Studenten angeschlossen, deren Bewegung in der Isolierung erstickt wurde. Einzig die Pseudo-Arbeiter, die Aktivisten der Partei und die Hilfspolizisten der Milizen, haben in diesem Moment der Krise eingegriffen.

Erst in Frankreich ist eine entscheidende Schwelle überschritten worden, findet die Bewegung all ihre wesentlichen Ziele wieder. Die Arbeiter eines modernen kapitalistischen Landes sind massiv zu radikalen Kampfformen zurückgekehrt. Alles wird wieder in Frage gestellt. Die Lügen einer Epoche brechen zusammen. Nichts kann mehr so weiter gehen wie vorher. Europa kann vor Freude von seinem Stuhl aufspringen und jubeln: „Brav gewühlt, alter Maulwurf!"

Der situationistische Skandal in Straßburg hatte 1966 die Stunde des Untergangs der gewerkschaftlichen Organisierung der Studenten eingeläutet. Das örtliche Büro der UNEF (*Union Nationale des Éudiants*

5 Drei Wochen nachdem dieses Buch dem Verlag übergeben worden war, hat die Intervention der russischen Armee in der Tschechoslowakei am 21. August klar gezeigt, dass die Bürokratie den dort ablaufenden Prozess unter allen Umständen abbrechen musste. Alle westlichen „Weggenossen" der Bürokratie, die über diesen Vorfall Erstaunen und Bedauern heucheln, sind natürlich weniger hellsichtig als ihre Herren, was deren lebenswichtige Interessen angeht (Im Oktober 1968 hinzugefügte Fußnote, R.V.).

6 Władysław Gomułka (1905-1982) war Parteichef der *Polska Zjednoczona Partia Robotnicza* (PZPR – Polnischen Vereinigten Arbeiterpartei) (Anm. d. Setzers).

de France)[7] hatte sich umgehend für die Thesen der S.I. ausgesprochen, indem es die Broschüre von Mustapha Khayati[8] *Über das Elend im Studentenmilieu*[9] herausgab. Die angewandte Methode, die Prozesse, die daraus entstanden, die unerbittliche Kohärenz der Darstellung machten den großen Erfolg dieser Flugschrift aus. Angesichts dessen kann man von einem ersten gelungenen Versuch sprechen, mit der Vermittlung der revolutionären Theorie an diejenigen zu beginnen, die sie rechtfertigen. Rund zehn verschiedene Übersetzungen erweiterten die Leserschaft dieses Textes, besonders in den Vereinigten Staaten und Italien. Wenn sein unmittelbarer Einfluss auf die Praxis in Frankreich geringer war, dann deshalb, weil dieses Land damals noch nicht in die Kämpfe verwickelt war, die in anderen Ländern schon begonnen hatten. Doch waren die Argumente dem Teil der französischen „Studenten" vielleicht nicht unbekannt, die sich kurz danach wesentlich deutlicher als in jedem anderen Land voller Verachtung über das gesamte Studentenmilieu, seine Regeln und Ziele äußern sollten.

Der Reichtum der revolutionären Situation in Frankreich, die dem Stalinismus den härtesten Schlag versetzt hat, den er je im Westen erlebte, drückt sich durch die einfache Tatsache aus, dass die Arbeiterklasse spontan einen großen Teil einer Bewegung übernommen hat, die ausdrücklich eine Kritik der Hierarchie, der Ware, der Ideologie, des Überlebens und des Spektakels war. Es ist im übrigen bezeichnend, dass sich Positionen oder Sätze aus den beiden in den letzten Tagen des Jahres 1967 erschienenen Büchern der situationistischen Theorie[10] auf den Mauern von Paris und verschiedener Provinzstädte wiederfinden, auf die sie von Anhängern der fortgeschrittensten Strömung des Maiaufstandes geschrieben wurden; die meisten dieser Thesen nahmen auch den meisten Platz auf den Mauern ein. Wie zu erwarten war, ist die situationistische Theorie eine praktische Kraft geworden, indem sie die Massen für sich gewann.

7 Die größte und älteste Student*innenvereinigung in Frankreich (Anm. d. Setzers).

8 Mustapha Khayati ist ein tunesischer Gesellschaftskritiker und Mitglied der *Situationistische Internationale* (Anm. d. Setzers).

9 deutsch: Edition Nautilus, Hamburg 1977, Nachdruck hier im Anhang, S. 179-205 (Anm. d. Setzers).

10 Diese Bücher waren *Die Gesellschaft des Spektakels* von Guy Debord und das *Handbuch der Lebenskunst zum Gebrauch für die jungen Generationen* von Raoul Vaneigem (beide deutsch bei Edition Nautilus, Hamburg 1978 und 1980).

KAPITEL II

DIE URSPRÜNGE DES AUFRUHRS IN FRANKREICH

„Zwar können auch die Utopisten den Tatbestand, von dem ausgegangen werden muß, richtig sehen. Was sie zu bloßen Utopisten macht, ist, daß sie ihn nur als Tatsache, oder höchstens als zur Lösung aufgegebenes Problem zu sehen imstande sind, ohne zur Einsicht gelangen zu können, daß gerade hier, gerade im Problem selbst, sowohl die Lösung, wie der Weg zur Lösung mitgegeben sind.“

Lukàcs, *Geschichte und Klassenbewusstsein*

Die Verweigerung, die in etlichen Ländern schon breite Kreise der Jugend praktizierten, vertrat in Frankreich nur eine sehr kleine Minderheit fortgeschrittener Gruppen. Man konnte weder eine Tendenz zur ökonomischen, noch zur politischen „Krise" beobachten. Der Aufruhr, der in Nanterre von vier oder fünf Revolutionären – sie bildeten später die Gruppe der „Wütenden" – begonnen wurde, sollte fünf Monate später eine fast vollständige Liquidierung des Staates zur Folge haben. Das gibt zu denken. Die tiefgreifende Krise, die also in Frankreich latent war, existiert ebenfalls in allen anderen modernen bürgerlichen Gesellschaften. Was fehlte, war das Bewusstsein einer echten revolutionären Perspektive und ihre praktische Organisation. Niemals hat ein Aufruhr, der von einer so kleinen Anzahl von Individuen angezettelt wurde, innerhalb einer so kurzen Zeit so weitgehende Folgen ausgelöst.

Das gaullistische System als solches hatte keine besondere Bedeutung für den Ursprung dieser Krise. Der Gaullismus ist nichts als ein bürgerliches Regierungssystem, das an der Modernisierung des Kapitalismus arbeitet, genau wie die Labour-Partei Wilsons in England. Sein wichtigstes Kennzeichen und sein Erfolg beruhen auf der Tatsache, dass sich die Opposition in Frankreich noch mehr behindert sieht als anderswo, sich attraktiv aufzustellen, um die gleiche Politik zu machen. Man muss jedoch zwei besondere Eigenschaften festhalten: Erstens ist der Gaullismus durch Komplotte und einen Militärputsch an die Macht gekommen, was ihm den Stempel einer gewissen Verachtung der Legalität aufdrückt, und zweitens hat sich de Gaulle persönlich immer um eine Art archaisches Prestige bemüht[11].

Ohne dramatische Auswirkungen gingen die Modernisierung der französischen Wirtschaft und ihre Anpassung an den Gemeinsamen Markt trotzdem nicht ohne eine gewisse Tendenz zur Rezession vor sich, ein leichtes Schrumpfen der Reallöhne durch die Regierungsverordnungen über die Sozialversicherungen und eine Verschärfung der Beschäftigungslage besonders für die jungen Arbeiter. Das war der Vorwand für die exemplarische Auflehnung der Arbeiter in Caen im Januar, als sie mit ihren Forderungen weit über die der Gewerkschaften hinausgingen und die Läden plünderten. Im März konnten die Metallarbeiter der Garnier-Werke in Redon alle Unternehmen der Stadt in ihren erfolgreichen Streik miteinbeziehen, indem sie eine eigene, gewerkschaftsunabhängige Verbindung bildeten

11 Die Ironie der Zeit wollte es, dass dieses Image, das in Frankreich seit fast hundert Jahren so völlig gefehlt hatte, erst wieder deutlich wurde mit der jüngsten Bewegung, die das künstliche Prestige de Gaulles zu Bruch gehen ließ.

und die Selbstverteidigung organisierten, um die Sicherheitseinheiten CRS (*Compagnie Républicaine de Sécurité*) zum Rückzug zu zwingen.

Die direkten Auswirkungen des Straßburger Skandals machten sich zuerst in der Studentensiedlung Jussieu in der Nähe von Lyon bemerkbar, deren Bewohner seit dem Frühjahr 1967 mehrere Wochen lang radikal alle Verordnungen aufgehoben hatten; auf diese Weise gingen sie über die akademische Debatte bezüglich der Reform der anti-sexuellen Statuten der Studentenheime hinaus. Ab November 1967 beließen es „Studenten" aus Nantes nicht dabei. Nachdem sie sich der örtlichen Studentenvereinigung UNEF[12] bemächtigt hatten, wie in Straßburg, beschlossen sie die Schließung des örtlichen Universitätsbüros zur psychologischen Hilfe (*Bureau d'Aide Psychologique Universitaire*, BAPU). Danach organisierten sie zum wiederholten Mal das Eindringen in die Studentenheime: erst die Jungen bei den Mädchen und dann umgekehrt. Als nächstes besetzten sie im Februar das Rektorat von Nantes, wobei es zu harten Zusammenstößen mit der Polizei kam. Die Zeitung *Rivarol*[13] berichtete am 3. März 1968: „Man vergisst vielleicht zu oft, dass schon im Februar die Unruhen von Nantes das wahre Gesicht dieser ‚Situationisten' zeigten, als 1.500 Studenten hinter schwarzen und roten Fahnen hermarschierten und den Justizpalast besetzten."

Die Gruppe der „Wütenden" bildete sich, als es zum Kampf gegen die Anwesenheit der Polizei auf dem Campus von Nanterre kam. Polizisten in Zivil wurden fotografiert. Ihre vergrößerten Porträts trug man am 26. Januar auf Schildern im Inneren der Fakultät herum. Diese Aktion hatte auf Anordnung des Dekans Grappin[14] den Einsatz von rund 60 Polizisten in Uniform zur Folge, die nach einer kurzen Auseinandersetzung zurückgeschlagen wurden. Alle Kämpfer der gauchistischen Gruppen[15] – einige Hundert – hatten sich dem ursprünglichen Kern angeschlossen. Dieser setzte sich aus den „Wütenden" im engeren Sinne und etwa zehn Anarchisten zusammen. Die „Wütenden" gehörten zu denen, die vom aktuellen Universitätssystem nicht assimiliert werden konnten. Darüber hinaus hatten diese „Campus-Halbstarken" ihre theoretische Übereinstimmung auf der Basis der Plattform der Situationistischen Internationale gefunden. Sie nahmen

12 deren Vorsitzender Yvon Chotard wurde. Siehe im Anhang Auszüge aus ihren Thesen.

13 Die *Rivarol* ist eine wöchentlich erscheinende Zeitung von rechts außen. Sie wurde im Jahr 1951 gegründet (Anm. d. Setzers).

14 Er wurde ab dem Moment Grappin-la-Matraque (Knüppel-Grappin) genannt.

15 französische Ausprägung von „linksradikal", abgeleitet von La Gauche, die Linke (Anm. d. Setzers)

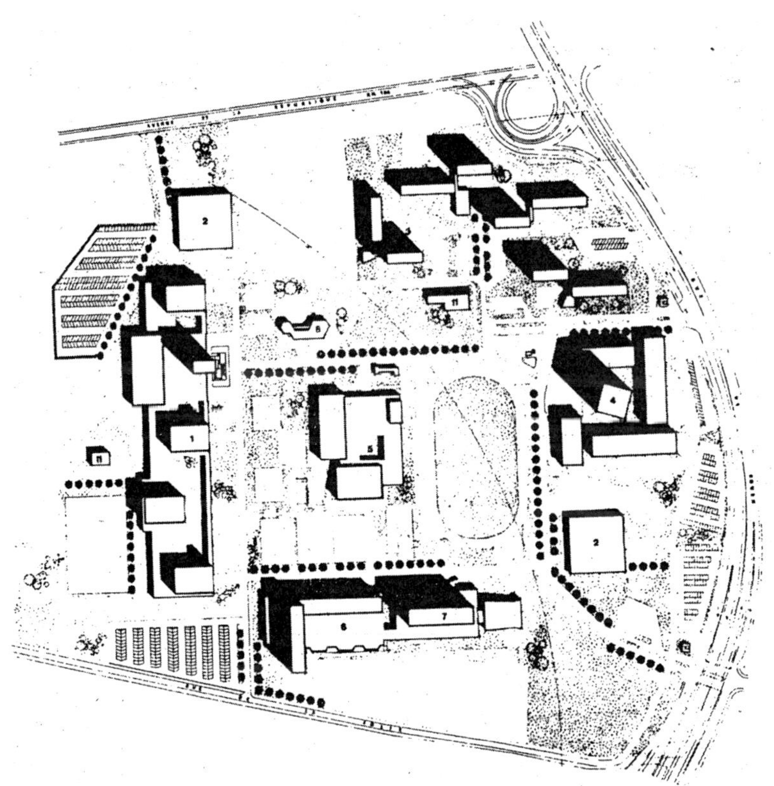

Plan des Universitätskomplexes Nanterre (Chauliat,& Chauliat, Architektren)

sich vor, systematisch die unerträgliche Ordnung der Dinge zu stören, angefangen bei der Universität.

Das Terrain provozierte allerdings auch die Revolte. Nanterre war modern – in der Auswahl seiner Lehrstuhlinhaber ebenso wie in seiner Architektur. Dort feierten die Schulmeister des unterworfenen Gedankens ihr Hochamt, die hochmütigen Rekuperatoren[16], die modernistischen Taugenichtse der sozialen Integrierung wie Lefebvre[17] und Touraine[18]. Die Szenerie war dementsprechend: den

16 Der Begriff „Rekuperation" wurde von den Situationisten im Sinne der Vereinnahmung benutzt, bedeutet aber auch: Recycling, Wiederverwertung, Wiederinbesitznahme (Anm. d. Setzers).

17 Henri Lefebvre (1901-1991) war ein französischer marxistischer Soziologe und Philosoph. Er galt als einer der „Väter" der Pariser Student*innenunruhen im Mai 1968 (Anm. d. Setzers).

18 Alain Touraine, geboren 1925, ist ein französischer Soziologe für soziales Handeln und neue soziale Bewegungen. Er prägte unter anderem den Begriff der postindustriellen Gesellschaft. Für Touraine war Ende der fünfziger Jahre klar,

Trabantensiedlungen und Slums, die sich komplementär ergänzen, hatte der Urbanismus der Isolierung ein Universitätszentrum aufgepfropft, als Mikrokosmos der allgemeinen Unterdrückungsverhältnisse, als Geist einer Welt ohne Geist. Das Programm, die Spezialisten der Fälschung also nicht mehr *ex cathedra* sprechen zu lassen und die endlosen Betonmauern für einen kritischen Vandalismus zu nutzen, schlug wie eine Bombe ein. Das war ein Ausweg, um dem sterilen Protest zu entgehen, der seit Jahren immer wieder bis zum Überdruss gegen die Internatsschikanen in den Wohnheimen oder gegen die Fouchet[19]-Reform erhoben wurde, was die Lieblingsthemen der UNEF und all derer waren, die es auf deren Führung abgesehen hatten.

Als die „Wütenden" begannen, die Vorlesungen der Soziologen – und einiger anderer – zu stören, reagierten die UNEF und ihre gauchistischen Unterwanderer entrüstet. Etliche Male versuchten sie sogar, die Professoren in Schutz zu nehmen. Die Anarchisten verhielten sich neutral, obwohl auch sie einige Ambitionen auf das lokale Büro der UNEF hegten. Unter ihnen war Daniel Cohn-Bendit, der sich bereits dadurch eine Art Ruf erworben hatte, dass er sich dafür entschuldigte, einen Minister beleidigt zu haben, und der trotzdem von einem Ausschluss aus der UNEF – der er angehörte – bedroht war: Der Antrag war von den Trotzkisten der späteren „Föderation revolutionärer Studenten" (Fédération des Étudiants Révolutionnaires, FER, damals CLER, Comité de Liaison des Étudiants Révolutionnaires) gestellt worden. Nur weil Cohn-Bendit als deutscher Staatsangehöriger vor die Ausweisungsbehörde der Polizeipräfektur zitiert wurde, zog das CLER den Antrag zurück. Eine gewisse Art der politischen Agitation breitete sich nun als Echo auf die Skandale der „Wütenden" aus. Es wurde Brauch, innerhalb der Räume Flugblätter zu verteilen. Das Lied der „Wütenden" über Grappin, die berühmte „Grappignole", ihr erstes Plakat in Form eines Comics tauchten anlässlich des „Nationalen Feiertags" der Besetzung der Studentenheime am 14. Februar auf. Von allen Seiten wurden die Stimmen lauter.

Am 21. Februar vergoss der *Nouvel Observateur* Krokodilstränen in einem Artikel über Nanterre: „Die Linke ist auseinander gefallen";

dass das Proletariat verschwunden sei. Er bestand im Juli 1968 weiterhin darauf: „Ich wiederhole es, die Arbeiterklasse als solche ist in Frankreich in ihrer Gesamtheit keine revolutionäre Klasse mehr" (vgl. Philippe Labro: *Ce n'est qu'un début*, 2018) (Anm. d. Setzers).

19 Christian Fouchet (1911-1974) war ein französischer gaullistischer Politiker und Diplomat. Er war französischer Erziehungs- (1962-1967) und Innenminister (1967-1968) sowie Abgeordneter in der Nationalversammlung (Anm. d. Setzers).

Wütende aus Nanterre in einem Vorlesungssaal (Februar 1968)

und das bis hin zur „Gruppe der ‚Wütenden', die aus kaum drei oder vier Vertretern der situationistischen Internationale besteht.» Am selben Tag präzisierte ein Flugblatt der „Wütenden", „dass sie nie der Situationistischen Internationale angehört hatten und infolgedessen diese nicht repräsentieren konnten. Die Repression hätte ein zu leichtes Spiel, wenn jede auch nur etwas radikale Manifestation auf irgendeinem Campus die Folge einer situationistischen Verschwörung wäre. (...) Nach dieser Feststellung wiederholen wir bei dieser Gelegenheit unsere Sympathie für die situationistische Kritik. Man wird anhand unserer Aktionen unsere Übereinstimmung mit der radikalen Theorie beurteilen können."

Am 22. März besetzten die gauchistischen Gruppen das Verwaltungsgebäude und hielten im Saal des Fakultätsrats eine Sitzung ab, um gegen die Festnahme von sechs „anti-imperialistischen Kämpfern" in Paris zu protestieren. Im Namen der „Wütenden" forderte René Riesel[20]

20 René Riesel, geboren 1950 in Algier, ist ein französischer Schafzüchter und radikaler Denker. Als ehemaliges Mitglied der Situationistischen Internationale, Generalsekretär der Landwirtschaftsgewerkschaft *Confédération paysanne* in den 1990er Jahren (Anm. d. Setzers).

A NANTERRE

COMME AILLEURS IL N'Y A PLUS DE HASARD.
LA PROBABILITE FAIT LES COMPLICITES
CEPENDANT QUE LA CHANCE NOUE LES RENCONTRES.
C'EST ALORS QUE BONHEUR ET MALHEUR PRENNENT FORME.

LES IDEES S'AMELIORENT. LE SENS DES MOTS Y PARTICIPE.
TOUT CE QUI EST DISCUTABLE EST A DISCUTER.
LE BLEU RESTERA GRIS TANT QU'IL N'AURA PAS ETE REINVENTE.
QU'ON SE LE DISE!

à vous de jouer camarades!

In Nanterre / wie anderswo gibt es keinen Zufall mehr. / Aus der Wahrscheinlichkeit entsteht die Komplizenschaft aus dem glücklichen Zufall die Begegnung. / Dann nehmen Glück und Unglück Form an.

Die Ideen verbessern sich. Die Bedetung der Worte nimmat daran teil. / Alles, was diskutierbar ist, muss diskutiert werden. / Das Blau wird solange grau bleiben, wie es nicht wieder erfunden worden ist. / Weitersagen!

Genossen, es ist an euch zu spielen!

als erstes, zwei Beobachter der Verwaltung und die wenigen anwesenden Stalinisten hinauszuwerfen. Als ein verantwortlicher Anarchist und ständiger Mitarbeiter Cohn-Bendits[21] die Meinung vertrat, dass „alle heute abend anwesenden Stalinisten keine Stalinisten mehr sind", verließen die „Wütenden" die Versammlung, um gegen diese feige Illusion zu protestieren. Obendrein war ihnen vorgeworfen worden, dass sie die Räumlichkeiten plündern wollten. Sie machten sich umgehend daran, ihre Slogans auf alle Mauern zu schreiben[22], was den Auftakt zu einer neuen Art von Agitation bildete, die sich wie ein Strohfeuer verbreitete und die eines der originellsten Kennzeichen der Besetzungen werden sollte. Der Zusammenschluss verschiedener Elemente aus diversen gauchistischen Gruppen begann an diesem Abend ohne die „Wütenden" und gegen sie. In den folgenden Wochen erhielt dieses Konglomerat von der Presse unterschiedliche, aufeinander folgende Namen, so zuerst „Bewegung der 142", dann „Bewegung des 22. März"[23].

Die „Bewegung des 22. März" war von Anfang an ein eklektisches Konglomerat von einzelnen Individuen, die sich ihr eigenständig anschlossen. Alle waren sich über die Tatsache einig, dass es ihnen unmöglich war, sich über einen einzigen theoretischen Punkt zu verständigen, und setzten auf die „gemeinsame Aktion", um diesen Mangel zu überwinden. Es bestand nichtsdestotrotz *Konsens* über zwei Punkte, von denen einer eine lächerliche Banalität und der andere ein neuer Anspruch war. Die Banalität war der anti-imperialistische „Kampf", ein Erbe der zu Ende gehenden Epoche der Grüppchen mit ihrer rein kontemplativen Auffassung: Nanterre, das Vietnam der Vororte, das entschieden den gerechten Kampf des aufständischen Boliviens un-

21 Daniel Cohn-Bendit, geboren 1945, wurde im Mai 1968 in den Medien als ein Sprecher („Dany le Rouge") der Student*innen in Paris dargestellt. Nach seiner Ausweisung aus Frankreich war er im *Sozialistischen Deutschen Studentenbund* (SDS) und in der *Außerparlamentarischen Opposition* (APO) aktiv. In den 1970er Jahren gehörte er zur Sponti-Szene in Frankfurt am Main und gab das Stadtmagazin *Pflasterstrand* heraus. Ab 1978 engagierte er sich für die damals entstehende Partei der Grünen und entwickelte sich dort mit Joschka Fischer zu einem Vertreter des so genannten „Realo"-Flügels. Von 1994 bis 2014 war er Mitglied im Europäischen Parlament. Ab 2002 war er dort Co-Vorsitzender der *Fraktion der Grünen / Europäische Freie Allianz.* Er kandidierte abwechselnd für die deutschen Grünen und die französischen *Les Verts* bzw. *Europe Écologie-Les Verts* (Anm. d. Setzers).

22 „Nehmt eure Wünsche für die Wirklichkeit", „Die Langeweile ist konterrevolutionär", „Die Gewerkschaften sind Bordelle", „Arbeitet nie".

23 Linke Studierende gründen an der philosophischen Fakultät in Nanterre die *Bewegung 22. März* und besetzen das dortige Verwaltungsgebäude zur Durchsetzung verschiedener politischer Forderungen. Sprecher der Gruppe sind Daniel Bensaïd und Daniel Cohn-Bendit (Anm. d. Setzers).

Am 26. Januar

terstützt. Neu war die direkte Demokratie innerhalb der Organisation. Allerdings wurde diese Absicht im „22. März" nur sehr bruchstückhaft verwirklicht, was auf die Tatsache der doppelten Mitgliedschaft fast aller ihrer Anhänger zurückzuführen ist, die zumeist diskret verschwiegen bzw. nie beachtet wurde. Es gab Maoisten, Mitglieder der trotzkistischen *Jeunesse Communiste Revolutionnaire* (JCR), sowie Anarchisten jeder Art – von den Resten der Anarchistischen Föderation (*Fédération Anarchiste*, FA) bis zu den Aktivisten der Iberischen Föderation der Libertären Jugend (*Fédération Ibérique des Jeunesses Libertaires*, FIJL) – und obendrein verdächtige bis lächerliche Mitglieder der Gruppe der institutionellen Forschung (FGERI)[24].

Cohn-Bendit selbst gehörte zur halb-theoretischen Gruppe der unabhängigen Anarchisten um die Zeitschrift *Rouge et Noir*. Durch diese Tatsache wie durch seine persönlichen Eigenschaften ist Cohn-Bendit der radikalsten Strömung des „22. März" zuzurechnen; er selbst war tatsächlich revolutionärer als der ganze Rest der Bewegung, deren Sprecher er wurde und die er deshalb unterstützen musste[25]. Von unge-

24 In diesem Eintopf gab es nie einen einzigen Situationisten, im Gegensatz zu der Lüge Emile Copfermanns in seinem Vorwort zu der vom „22. März" unter dem Titel *Ce n'est qu'un début, continuons le combat* (Verlag Maspero) veröffentlichten Sammlung von Ungereimtheiten.

25 In vielen Interviews machte Cohn-Bendit Konzessionen an den Maoismus, so z.B. im *Magazine Littéraire* vom Mai 1968: „Der Maoismus? Ich weiß eigentlich

UNIVERSITÉ DE PARIS

FACULTÉ DES LETTRES
ET SCIENCES HUMAINES

AVENUE DE LA RÉPUBLIQUE
92 - NANTERRE

TEL. : 204.34.52
204.29.87 à 29.91
204.39.87 à 39.91

Référence à rappeler

N°

NANTERRE, LE 29 JANVIER 1968

AN DIE STUDENTEN VON NANTERRE

Am Freitag, dem 26. Januar 1968 hat eine Gruppe von Studenten, die diffamierende Plakate herumtrug und unbegründete Beschuldigungen gegen den Dekan und die Autoritäten der Fakultät verbreitete, versucht, ihre Gegenwart in der Halle der Fakultät gewaltsam durchzusetzen.

Die Studenten sollen wissen, daß der Dekan deshalb die Ordnungskräfte angerufen hat, weil er kein anderes Mittel mehr hatte, auf die Gewalttätigkeiten von Individuen zu reagieren, die sich durch ihr Verhalten selbst von der Universitätsgemeinschaft ausgeschlossen haben.

Die schwerwiegenden Zerstörungen, die dieselben Demonstranten am Mobiliar der Fakultät ebenso wie an verschiedenen Autos versucht haben, unterstreichen noch den verurteilenswerten Charakter solcher Aktionen. Ihre Verursacher verwechseln den normalen Gebrauch der Freiheit mit Verleumdung, Beleidigung und Vandalismus.

Mit der einstimmigen Billigung des Rates und der Fakultätsversammlung ruft der Dekan die Studenten auf, die Wiederkehr ähnlicher Vorfälle zu vermeiden, die nicht toleriert werden können, weder jetzt noch in Zukunft.

Der Dekan der Geisteswissenschaftlichen Fakultät von Paris - Nanterre

Pierre Grappin

nügender Intelligenz, unklar informiert über die theoretischen Probleme der Epoche durch die Vermittlung anderer, geschickt genug, um ein Publikum von Studenten zu unterhalten, offen genug, um auf der Ebene der politischen Manöver der Linken einen weißen Fleck zu bilden, geschmeidig genug, um mit ihren Verantwortlichen Kompromisse schließen zu können, war er ein aufrechter Revolutionär, wenn auch ohne Genie. Er wusste viel weniger, als er hätte wissen müssen; und von dem,

nicht so genau, was das ist. Ich habe ‚Sachen' von Mao gelesen, die sehr wahr sind. Seine These, nach der man sich auf die Bauern stützen muss, ist immer eine anarchistische gewesen."

was er wusste, hat er nicht den besten Gebrauch gemacht. Obendrein akzeptierte er ohne wirkliche Kritik die Rolle des Stars, der sich den ein- und ausgehenden Reportern der spektakulären Information stellte. Deshalb musste er natürlich zusehen, wie seine Äußerungen, die immer Klarsicht und einige Dummheiten miteinander vermischten, im Sinne der letzteren verdreht wurden, was dieser Art von Kommunikation inhärent ist. Noch im April erklärte er jedem, der es hören wollte, dass er ein Gemäßigter und keineswegs ein „Wütender" sei. Das war zu dem Zeitpunkt, als im Gefolge eines Ministers die Presse damit begann, alle Unzufriedenen von Nanterre als „Wütende" zu bezeichnen.

Innerhalb weniger Tage hatte der „22. März" den grundlegenden Erfolg erzielt, den die gesamte Bewegung ihm tatsächlich verdankt. Dieser steht in keinem Verhältnis zu seinem Geschwätz über die „kritische Universität", das von den deutschen und italienischen Beispielen, die bereits die Nichtigkeit dieses Modells deutlich gemacht hatten, abgeleitet wurde[26]. Während alle Anstrengungen seiner Kommission „Kultur und Kreativität" nie über die Grenzen eines revolutionären Ästhetizismus hinausgegangen sind, den belanglose Spuren eines „Situationismus" nicht interessanter machen konnten, führte das einfach dumm „anti-imperialistische" Projekt, am 29. März ein Meeting in Nanterre abzuhalten, Dekan Grappin zur ersten und schwerwiegendsten Maßnahme einer Reihe von administrativen Fehlentscheidungen, die eine rasche Ausbreitung des Aufruhrs erlaubten. Grappin schloss seine Fakultät für zwei Tage. Der drohende Schatten einer Handvoll „Wütender" wurde von diesem Zeitpunkt an ein Schreckgespenst auf nationaler Ebene.

Die Zeitung *L'Humanité*[27] gehörte zu denen, die die Ereignisse am beunruhigsten beobachteten. Sie denunzierte am 29. März die „Kommandoaktionen einer kleinen Gruppe von Anarchisten und ‚Situationisten'. Eine ihrer Hauptthesen verunziert in riesigen Lettern die Fassade der Fakultät: ‚Arbeitet nicht'. Für diese rund vierzig Studenten besteht die ganze Propagandaarbeit seit Wochen darin, in

26 Alle soziologisch-journalistischen Lobeshymnen über die „Originalität" des „22. März" maskieren die einfache Tatsache, dass dessen in Frankreich neuartiges gauchistisches Gemisch die direkte Kopie des amerikanischen SDS darstellte, der gleichfalls eklektisch, demokratisch und oft von verschiedenen alten gauchistischen Sekten unterwandert war. Die *Sunday Times* vom 24. Juli, die mit völligem Unverständnis über die Thesen der S. I. berichtete – die sie im übrigen als „die wahrscheinlich fortgeschrittenste radikale Fraktion" bezeichnet – bemerkt nichtsdestotrotz, dass Cohn-Bendit, verglichen mit solchen „Absolutisten", ein „überholter Konservativer" sei.

27 Kommunistische Tageszeitung in Frankreich (Anm. d. Setzers).

Deutsche Übersetzung: Vor der Kybernetik: die Bullen
Genossen! / Knüppel-Grappin, unterstützt durch seinen Bouricaud und die Argumente von Morin und Touraine, hat das Maß dessen gezeigt, was er gern „missbilligt", indem er sein Getto und ihre Rackets unter den Schutz der Gendarmerie stellte. / Die Vereinbarungen von Latran, die diese alte Welt und ihre modernistische Universität beherrschen, gestehen ihre ultima ratio, ihre Staatsräson offen ein: der Rückgriff auf die Polizeigewalt erhellt die wirklichen Bedingungen des „Dialogs" auf dem Campus. Mißbrauch des Vertrauens bei den Linken, Missbrauch der Macht bei den Rechten. / „Um den Geist aus dem Kerker zu ziehen/heizen wir selbst unsere Schmiede an / und schmieden das Eisen, solange es heiß ist" aus der französischen Version der *Internationale*).
Nanterre, am 29. Januar 1968

„Leben ohne tote Zeit, genießen ohne Hemmungen"

die Seminare und Übungen zu ‚intervenieren', die Gebäude zu besetzen und gegebenenfalls ihre Mauern mit gigantischen Inschriften zu bedecken. Wie konnten diese rund vierzig unverantwortlichen Elemente Entscheidungen provozieren, deren Folgen 12.000 Studenten der Geisteswissenschaften und 4.000 Jurastudenten betreffen?"

Die Repression, die jetzt begann, kam zu spät. Zwar konnte ein Mitglied der Gruppe der „Wütenden", Gérard Bigorgne, am 1. April von allen französischen Hochschulen und Universitäten ausgesperrt werden[28], ohne dass die Gruppe des „22. März", ihre Journalisten, geschweige denn irgendeine andere gauchistische Gruppe, dies auch nur erwähnten. Aber andere Faktoren führten dazu, dass die Protestwelle immer mehr Studenten in Paris ergriff: Da waren die erneuten Ausweisungsdrohungen gegen Cohn-Bendit, der bereits recht bekannt war und den sicher mehr Leute für verteidigungswürdig hielten; da war der angekündigte Beschluss, Cohn-Bendit, Riesel und sechs andere Aufrührer aus Nanterre am 6. Mai vor dem Rat der Universität erschei-

28 Man warf ihm seine offene Verachtung gegenüber den universitären Regeln vor; und seine Haltung gegenüber dem Universitätsrat galt als skandalös.

nen zu lassen, und dann die erneute Schließung von Nanterre ab 2. Mai bis auf weiteres.

Der „22. März“ und die UNEF riefen für Freitag, den 3. Mai, zu einer Versammlung im Hof der Sorbonne auf. Bei dem Versuch, dieses Meeting aufzulösen, trafen die Behörden auf die bereits akkumulierte Kraft der Bewegung und gaben dieser die Gelegenheit, die entscheidende Schwelle zu überschreiten. Wie sehr eine solche Entwicklung den spezialisierten *Beobachtern* unmöglich erschien, davon gibt die feine Prophetie des lächerlichen Escarpit in der am selben Tag erschienenen (und auf den 4. Mai datierten) *Le Monde* ein vollendetes Beispiel: „Nichts ist weniger revolutionär, nichts konformistischer als die Pseudo-Wut eines Krakeelers, selbst wenn er seine Mandarinoklastie[29] in das Gewand einer marxistischen oder situationistischen Terminologie hüllt.“

29 vernichtender Hass gegen Bonzen jeder Art (Anm. d. Übersetzer)

KAPITEL III

DIE STRASSENKÄMPFE

„Ich weiß, dass sie Ihnen nichts bedeuten, weil der Hof bewaffnet ist; aber ich bitte Sie, mir zu erlauben, Ihnen zu sagen, dass sie einem jedes Mal mehr bedeuten müssen, wenn sie sich selbst alles bedeuten. Sie sind dahin gelangt: sie beginnen selbst damit, dass ihnen Ihre Armeen nichts bedeuten, und das Unglück ist, dass ihre Stärke in ihrer Vorstellungskraft liegt; und man kann wahrhaftig sagen, dass sie, im Unterschied zu allen anderen Mächten, ab einem gewissen Punkt alles vermögen, was sie zu vermögen glauben."

Kardinal de Retz, *Memoiren*

Eigentlich war die Versammlung vom 3. Mai banal. Wie gewöhnlich hatten 300 bis 400 Teilnehmer auf den Aufruf reagiert. Einige Dutzend Faschisten der Gruppe Occident[30] hatten am frühen Nachmittag auf dem Boulevard Saint-Michel eine Gegendemonstration organisiert. Mehrere „Wütende", die sich in der Sorbonne befanden, riefen zur Selbstverteidigung auf. Man musste Möbel zerschlagen, um die fehlenden Knüppel zu ersetzen. Rektor Roche und seine Polizei hielten diesen Vorwand für ausreichend, um rücksichtslos durchzugreifen. Polizei und mobile Gendarmerie[31] drangen in die Sorbonne ein, ohne auf Widerstand zu stoßen. Die Studenten wurden im Hof eingeschlossen. Man schlug ihnen vor, sich freiwillig zurückzuziehen. Sie nahmen

30 Die faschistische Gruppe *Occident* wurde 1964 in Frankreich gegründet. Sie löste sich am 31. Oktober 1968 auf und wurde durch *Ordre Nouveau* ersetzt. *Ordre Nouveau* – steht für *Zentrums für Forschung und Dokumentation zur Einführung einer neuen Ordnung in sozialen, wirtschaftlichen und kulturellen Bereichen* – war eine französische politische Bewegung, nationalistisch und rechtsextrem, die zwischen 1969 und 1973 aktiv war. Sie verwendete das keltische Kreuz als Emblem. Die Bewegung beteiligte sich 1972 an der Schaffung der *Front National* (FN) – seit 2018 *Rassemblement national* (RN), die ursprünglich als Schaufenster für Wahlen gedacht war (Anm. d. Setzers).

31 in etwa Bereitschaftspolizei in Deutschland (Anm. d. Setzers).

diesen Vorschlag an, und in der Tat ließ man die ersten passieren. Der Vorgang nahm einige Zeit in Anspruch, und andere Studenten begannen, sich im Viertel zu versammeln. Die letzten 200 Demonstranten der Sorbonne, darunter alle Verantwortlichen, wurden festgenommen. Als die Autos vorbeifuhren, die sie abtransportierten, erhob sich das Quartier Latin[32].

Zum ersten Mal seit sehr langer Zeit widersetzten sich in Paris einige Tausend Demonstranten so lange und so energisch der Polizei. Ständig neuen Einsatzkommandos – die von einem Hagel von Pflastersteinen begrüßt wurden – gelang es mehrere Stunden lang nicht, den Boulevard Saint-Michel und die anliegenden Straßen zu räumen. 600 Personen wurden von der Polizei festgenommen.

Als sofortige Reaktion darauf riefen die nationale Gewerkschaft der Hochschulen und Universitäten, gefolgt von der UNEF, zum unbefristeten Streik im Hochschulwesen auf. Die Verurteilung von vier Demonstranten zu Gefängnisstrafen, die am Sonntag, dem 5. Mai, ver-

32 Einer dieser Wagen konnte nicht alle Gefangenen am Bestimmungsort abliefern. Sie waren nur von drei Polizisten bewacht. Diese wurden belästigt und einige Dutzend Demonstranten entkamen.

hängt wurden, trug verstärkt dazu bei, die Demonstration, die für den 6. Mai vorgesehen war, um den Universitätsrat unter Druck zu setzen, zu radikalisieren.

Die Stalinisten taten natürlich ihr Bestes, um die Bewegung zu *spalten*. Der Leitartikel von G. Marchais[33] in der *Humanité* am 3. Mai, der diese Politik auf einem fast parodistischen Niveau darstellte, stieß die Masse der Studenten vor den Kopf. Von diesem Augenblick an wurde den Stalinisten in allen Zentren des revolutionären Aufruhrs, die die Studentenbewegung schaffen sollte, das Wort verboten.

Der gesamte 6. Mai war von Demonstrationen gekennzeichnet, die am frühen Nachmittag in einen Aufstand übergingen. Die ersten Barrikaden wurden auf der Place Maubert errichtet und drei Stunden lang verteidigt. Gleichzeitig kam es zu Kämpfen auf dem unteren Boulevard Saint-Michel, auf der Place du Châtelet, dann in der Gegend um die Hallen. Zu Beginn des Abends hielten die Demonstranten – mehr als 10.000 an der Zahl – hauptsächlich die Gegend um die Place Saint-Germain-des-Prés besetzt, wo sich ihnen der größte Teil des von der UNEF organisierten Demonstrationszuges – von Denfert-Rochereau kommend – erst gegen 18 Uhr anschloss[34]. „Was folgen wird", schrieb *Le Monde* vom 8. Mai, „wird an Gewalt und Umfang alles übertreffen, was an diesem Tag passiert ist, der bereits in jeder Hinsicht erstaunlich war. Es wird eine Art Straßenkampf geben, der manchmal in eine Art Raserei übergeht, wo jeder Schlag sofort mit einem Gegenschlag beantwortet, wo das gerade eroberte Gebiet sofort wieder verloren wird … Dramatische Momente, ohne Vernunft, wo es dem Beobachter schien, dass ein Hauch von Wahnsinn in der Luft lag." Und *L'Aurore*[35] vom 7. Mai bemerkte: „Man sieht auf Seiten der Demonstranten mit Eisenstangen bewaffnete Rocker, die aus den Vororten ins Pariser Zentrum gekommen sind, um die Studenten zu unterstützen." Die Zusammenstöße hielten bis nach Mitternacht an, besonders in Montparnasse.

33 Georges Marchais (1920-1997) war ein französischer Kommunist und Gewerkschafter. Von 1972 bis 1994 war er Chef der *Parti communiste français* (PCF) (Anm d. Setzers).

34 Dazu muss man feststellen, dass es zwischen der Haltung der Organisatoren und dem tatsächlichen Kampf, der schon seit Stunden im Gang war, eine bestimmte Diskrepanz gab. „In der Gegend um die Place Denfert-Rochereau, wo man keine Polizisten sehen kann, …werden Barrikaden mit Hilfe von Materialien aus den anliegenden Baustellen errichtet, trotz der Proteste des Ordnungsdienstes der UNEF und verschiedener anderer Studentenorganisationen." (*Le Monde* vom 8. Mai).

35 *L'Aurore* (Die Morgenröte) erschein von 1944-1985 (Anm. d. Setzers).

Zum ersten Mal wurden Autos quer über die Straße gekippt und angesteckt, Pflastersteine aus den Straßen gerissen und zum Bau von Barrikaden benutzt und Läden geplündert. Die Praxis der subversiven Parolen, die bereits in Nanterre erprobt worden waren, breitete sich ab diesem Tag auf verschiedene Viertel von Paris aus. In dem Maße, wie sich die Barrikaden und die Wirksamkeit des Gegenangriffs der Meuternden verstärkten, waren die Polizeikräfte gezwungen, ihre Taktik des direkten Eingreifens zugunsten eines Positionskampfes aufzugeben, bei dem sie in erster Linie Handgranaten und Tränengas einsetzten.

Dieser Tag ist außerdem durch die erste Beteiligung von Arbeitern, Gymnasiasten, die seit dem Morgen wichtige Demonstrationen organisiert hatten, Rockern und jungen Arbeitslosen von Bedeutung. Die Spontaneität und Gewalt dieser Folge von Meutereien stand in heftigem Gegensatz zu der Plattheit der Ziele und Parolen, die von den studentischen Initiatoren vorgebracht worden waren[36]. Und schon die Tatsache, dass sich Rocker unter der Parole „Die Sorbonne den Studenten" am Kampf beteiligt hatten, zeigte das Ende einer ganzen Periode an. Acht Tage später waren diese politisierten Rocker selbst in der Sorbonne.

Die UNEF, die während der Demonstrationen nicht aufgehört hatte, die Gewalttätigkeiten zu verurteilen, sah sich dann jedoch schon am Tag darauf gezwungen, verbal ihre Haltung zu ändern, um der völligen Verachtung zu entgehen und um auf diese Weise ihre mäßigende Tätigkeit fortsetzen zu können. Dagegen ließen die Stalinisten der CGT abbrennen, was nicht zu retten war: Sie zogen es vor, sich vollständig von der Masse der Studenten zu trennen, um die Kontrolle über die isoliert gehaltenen Arbeiter zu behalten. Séguy[37] erklärte in einer Pressekonferenz am Morgen des 7. Mai: „Keine Nachsicht mit den zweideutigen und provokativen Elementen, die die Arbeiterklasse verleumden, sie als verbürgerlicht anklagen und die den maßlosen Anspruch erheben, ihr die revolutionäre Theorie aufzuzwingen und ihren Kampf zu führen. Zusammen mit anderen Gauchisten machen

36 „Stoppt die Repression", „Befreit unsere Genossen", „Roche muss weg!", „Recht auf Gewerkschaften", „Die Sorbonne den Studenten". Dieselbe Rückständigkeit kann man im Ton der Erklärung des nationalen Büros der FER entdecken, die am Tag danach „die Tausende von Studenten und jungen Arbeitern grüßt, die dem Aufruf der UNEF gefolgt sind und sich den ganzen Montag lang den Kräften der Repression des gaullistischen Staates zur Verteidigung der demokratischen und gewerkschaftlichen Freiheit widersetzt haben."

37 Georges Séguy (1927-2016) war ein französischer Widerstandskämpfer und Gewerkschafter. Von 1967 bis 1982 war er Generalsekretär der *Confédération générale du travail* (CGT) (Anm. d. Setzers).

René Riesel (links) am 6. Mai vor der Sitzung des Universitätsrates

sich einige Elemente daran, die studentische Gewerkschaftsbewegung ihres Wesens als Massenbewegung zur Durchsetzung demokratischer Forderungen zu berauben, zum Schaden der UNEF. Ihre Aktionen gereichen aber nur der Regierung zur Zufriedenheit ..." In eben diesem Zusammenhang konnten Geismar, Sauvageot und Cohn-Bendit[38]

38 Alain Geismar (*1939), Jacques Sauvageot (1943-2017) und Daniel Cohn-Bendit (*1945) waren für die Medien die „Anführer" des Mai 68 in Paris (Anm. d. Setzers).

„Die Freiheit ist das Verbrechen, das alle Verbrechen enthält"
(graviertes Portrait des Wütenden Riesel)

die *scheinbaren Führer* einer Bewegung ohne Führer werden. Presse, Rundfunk und Fernsehen, die nach Chefs suchten, fanden keine anderen als sie. Sie wurden die unzertrennlichen, photogenen Stars eines Spektakels, das der revolutionären Wirklichkeit hastig übergestülpt wurde. Dass sie diese Rolle übernahmen, führte dazu, dass sie im Namen einer Bewegung sprachen, die sie nicht verstanden. Sicher, um dies zu tun, mussten sie auch den größten Teil der revolutionären Tendenzen in dem Maß akzeptieren, wie sie sich in ihr manifestierten (Cohn-Bendit war derjenige, der den radikalen Inhalt ein wenig besser reflektieren konnte). Aber diese heilige Familie des improvisierten Neogauchismus konnte nur die spektakuläre Entstellung der wirklichen Bewegung sein und stellte so auch deren verzerrtes Bild dar. Ihre ständig den *Massenmedien* präsentierte Dreieinigkeit war in der Tat das Gegenteil der wirklichen *Kommunikation*, nach der im Kampf gesucht und die in ihm verwirklicht wurde. Dieses charmante ideologische Trio konnte offensichtlich im Bildraster nur das Akzeptable – also das Entstellte und Rekuperierte – sagen, das, was eine solche Übermittlungsform erträgt; während doch der Sinn des Augenblicks, der sie aus dem Nichts geschleudert hatte, gerade das rein *Unakzeptable* war.

Die Demonstration am 7. Mai wurde so gut von der UNEF und ihren eifrigen Unterwanderern in Beschlag genommen, dass sie sich auf einen Spaziergang ohne Ende beschränkte – entlang der völlig abwegigen Route Denfert-Rochereau bis Éoile und zurück. Die Organisatoren verlangten nur die Wiedereröffnung der Sorbonne, den Abzug der Polizei aus dem Quartier Latin und die Freilassung der verurteilten Studenten. Sie trugen in den folgenden beiden Tagen weiter zur Unterhaltung des Publikums bei, wobei es nur zu geringfügigen Zusammenstößen kam. Aber die Regierung zögerte, ihre bescheidenen Forderungen zu erfüllen. Sie versprach, die Sorbonne wieder zu öffnen, aber Geismar und Sauvageot, die bereits von der ungeduldigen Basis des Verrats bezichtigt wurden, hatten ankündigen müssen, dass das Gebäude Tag und Nacht besetzt werden würde, um ein *Sit-in* über „die Probleme der Universität" zu ermöglichen. Unter diesen Bedingungen erhielt Minister Peyrefitte[39] die Bewachung der Sorbonne durch die Polizei aufrecht und öffnete Nanterre wieder, als Test, um den „guten Willen" der Studenten auf die Probe zu stellen.

Am Freitag, dem 10. Mai[40], vesammelten sich noch einmal mehr als 20.000 Personen auf der Place Denfert-Rochereau. Die bekannten

39 Alain Antoine Peyrefitte (1925-1999) war ein französischer Politiker, Autor und Mitglied der *Académie française*. Er war langjähriges Mitglied der *Assemblée nationale* und bekleidete mehrere Ministerposten. Darunter: 1966-1967 Minister für Forschung, Atom- und Raumfragen und 1967-1968 Minister für Bildung. (Anm. d. Setzers).

40 Der Universitätsrat, der an diesem Tag seine Sitzung über die Nanterre-Affäre abhalten sollte, beschloss, diese zu verschieben, weil die Aufrechterhaltung der notwendigen, ernsthaften Atmosphäre nicht mehr gesichert war. Am 6. Mai war ein anonymes Flugblatt mit der Überschrift „Universitätsrat Paris, Gebrauchsanweisung" verteilt worden, das die Privatadressen und Telefonnummern aller seiner Mitglieder bekannt gab. Die Erklärung René Riesels „Das Schloss brennt" konnte also den Richtern nicht vorgelesen werden; sie wurde nur an die Demonstranten verteilt.

Organisatoren diskutierten über den Ort, an den sie die Demonstranten führen könnten. Nach einer langen Debatte entschieden sie sich für den staatlichen Radio- und Fernseh-Sender ORTF (*Office de la Radiodiffusion et Television Française*) – aber vorher sollte auf einem Umweg am Justizministerium vorbeigezogen werden. Im Quartier Latin angekommen, fanden die Demonstranten alle Fluchtwege Richtung Seine versperrt, was einer schon absurden Route noch den Todesstoß versetzte. Sie entschlossen sich, solange im Quartier Latin zu bleiben, bis ihnen die Sorbonne wieder übergeben würde. Gegen 21 Uhr begann man spontan mit dem Bau von Barrikaden. Jeder erkannte darin sofort die Wirklichkeit seiner Wünsche. Niemals hatte sich die Leidenschaft der Zerstörung schöpferischer gezeigt. Alle liefen zu den Barrikaden.

Den Führern war das Wort entzogen. Sie mussten die Tatsache akzeptieren und versuchten dümmlich, das Ganze zu bagatellisieren. Sie riefen, dass die Barrikaden nur defensiv seien, dass man *die Polizei nicht provozieren* würde! Zweifellos hatten die Ordnungskräfte einen schweren technischen Fehler begangen, als sie den Barrikadenbau zuließen, ohne umgehend das Risiko eines Angriffs zu deren Auflösung einzukalkulieren. Die Errichtung eines Systems von Barrikaden, das solide ein ganzes Viertel umschloss, *war bereits ein* unverzeihlicher Schritt hin zur Verneinung des Staates: Jede Form von Staatsmacht war gezwungen,

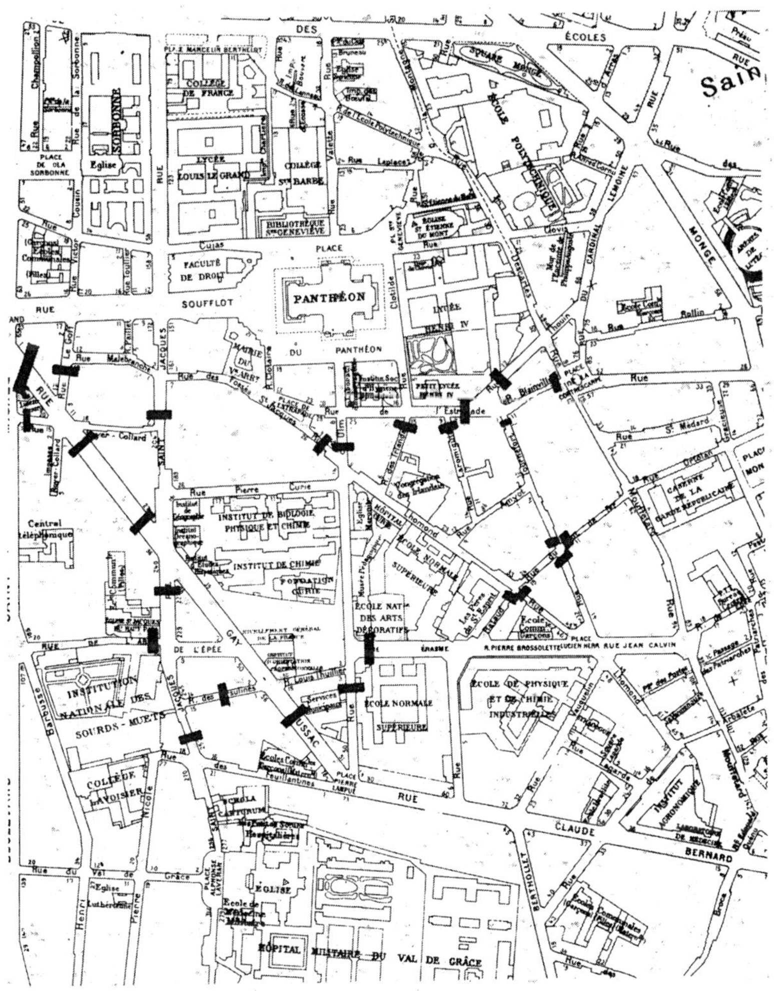

Verteidigtes Gebiet und Platzierungen der wichtigsten Barrikaden des am 10. Mai besetzten Viertels.

ein Barrikadengebiet, die sich ihrer Macht entzogen hatte, so schnell wie möglich zurückzuerobern oder zu verschwinden.[41]

Das Barrikadenviertel erstreckte sich vom Boulevard Saint-Michel im Westen, der Rue Claude-Bernard im Süden, der Rue Mouffetard im Osten, der Rue Soufflot und der Place du Panthéon im Norden, Linien, die die Verteidiger besetzten, ohne sie zu kontrollieren. Seine

41 Aufgrund dieser übermäßigen ideologischen Kluft und ihres Missbrauchs durch ihre Wortführer glaubten sehr viele Leute auf den Barrikaden, dass die Polizei darauf verzichten könnte, diese anzugreifen.

Hauptadern waren die Rue Gay-Lussac, die Rue Lhomond und die Rue Tournefort in nordwest-südöstlicher Richtung, sowie die Rue d'Ulm in nord-südlicher Richtung. Die Rue Pierre-Curie und die Rues des Ursulines und Thuillier waren die einzigen Verbindungslinien von Osten nach Westen. Das Viertel existierte in der Hand der Aufständischen von 10 Uhr abends bis 2 Uhr morgens völlig unabhängig. Gegen 2 Uhr 15 griffen die Ordnungskräfte ein, die das Viertel von allen Seiten umzingelten; es gelang den Besetzern, sich mehr als drei Stunden lang unter

„Ich vergnüge mich mit Pflastersteinen"

ständigem Terrainverlust im Westen zu verteidigen. In der Nähe der Rue Mouffetard dauerte der Widerstand bis 5 Uhr 30 morgens.

Zum Zeitpunkt des Angriffs hielten sich zwischen 1.500 und 2.000 Aufständische in diesem Gebiet auf; die Studenten machten weit weniger als die Hälfte davon aus. Eine beträchtliche Anzahl von Gymnasiasten und Rockern sowie einige Hundert Arbeiter[42] waren anwesend. Das war die Elite: die Unterwelt. Viele Ausländer, viele junge Frauen nahmen am Kampf teil. Die revolutionären Elemente fast aller gauchistischen Gruppen waren vertreten; besonders eine große Anzahl von Anarchisten, von denen einige sogar der FA angehörten; sie schwangen schwarze Fahnen, die seit dem 6. Mai immer häufiger auf der Straße auftauchten, und verteidigten verbissen ihre Hochburg an der Kreuzung Rue de l' Estrapade, Rue Blainville und Rue Thouin. Die Bevölkerung des Viertels zeigte den Aufständischen ihre Sympathie, obwohl diese ihre Autos in Brand steckten. Sie brachte ihnen Essen, kippte Wasser auf die Straßen, um die Wirkung des Gases abzumildern und bot ihnen schließlich Asyl an.

„Weder Gott noch Herr" / „Nieder mit dem Staat"

42 Und nicht nur junge.

„Es lebe die Kommune"

Die sechzig Barrikaden, darunter zwanzig sehr stabile, erlaubten eine relativ langfristige Verteidigung und einen Rückzug im Kampf, allerdings innerhalb eines begrenzten Terrains. Die unzureichende, improvisierte Bewaffnung und vor allem die fehlende Organisation verhinderten es, Gegenattacken und Manöver mit dem Ziel anzuzetteln, die Kampfzone zu erweitern. So waren die Aufständischen wie in einem Fischernetz gefangen.

Die letzten Hoffnungen derer, die darauf aus waren, sich an die Spitze der Bewegung zu setzen, brachen in jener Nacht zusammen; sie dankten verschämt ab oder erwiesen sich als völlig machtlos. Die trotzkistische FER, die die am besten organisierte Truppe besaß, ließ ihre 500 Kämpfer bis zu den Barrikaden marschieren, um dort zu erklären, dass es sich um eine Provokation handele und dass man deshalb gehen müsse. Das machten sie dann auch, die rote Fahne an der Spitze. Gleichzeitig gaben Cohn-Bendit und Sauvageot – immer noch Gefangene ihrer Starverpflichtungen – Rektor Roche zu verstehen, dass die Polizei sich aus dem Viertel zurückziehen müsse, „um Blutvergießen zu verhindern". Diese extravagante Forderung, die in einem solchen Moment an einen Beamten zweiten Ranges gestellt wurde, war dermaßen von den Ereignissen überrollt, dass sie nur eine Stunde lang die Illusionen der Allernaivsten aufrechterhalten konnte. Roche empfahl denjenigen, die mit ihm reden wollten, einfach, die „Studenten" nach Hause zu schikken.

Die Schlacht wurde sehr hart. Den CRS, der Polizei und der mobilen Gendarmerie gelang es, die Barrikaden durch eine intensive Bombardierung mit Brandbomben, Handgranaten und „Chlor"-Gas unhaltbar zu machen, bevor sie sich daran wagten, sie im Sturm zu nehmen. Die Aufständischen antworteten mit Pflastersteinen und Molotow-Cocktails. Sie steckten Autos in Brand, kippten sie um und stellten sie im Zick-Zack auf, um den Vormarsch des Feindes aufzuhalten; einige stiegen auf die Dächer, um von dort aus alle möglichen Wurfgeschosse herunterzuwerfen. Bei etlichen Gelegenheiten musste die Polizei zurückweichen. Meistens steckten die Revolutionäre die Barrikaden, die sie nicht länger halten konnten, in Brand. Es gab mehrere Hundert Verletzte und 500 Festnahmen. Vier oder fünf Aufständische wurden von der École Normale Supérieure, Rue d'Ulm, aufgenommen, in die die Polizei nicht einzudringen wagte. 200 oder 300 konnten sich in die Rue Monge zurückziehen, fanden Zuflucht bei Bewohnern des Viertels oder konnten über die Dächer fliehen. Bis zum Ende des Vormittags kämmte die Polizei das Viertel durch, schlug alle brutal nieder und nahm jeden fest, der ihr verdächtig erschien.

KAPITEL IV

DIE BESETZUNG DER SORBONNE

„Sie ist der Ort, wo die objektiven Bedingungen des geschichtlichen Bewusstseins vereinigt sind; die Verwirklichung der aktiven direkten Mitteilung, wo die Spezialisierung, die Hierarchie und die Trennung aufhören, wo die bestehenden Bedingungen in ‚Bedingungen der Einheit' verwandelt worden sind. … Nur hier wird die spektakuläre Verneinung des Lebens ihrerseits verneint. … Das Auftauchen der Räte war die höchste Realität der proletarischen Bewegung im ersten Viertel dieses Jahrhunderts, eine Wirklichkeit, die unbemerkt blieb oder entstellt wurde, weil sie mit dem Rest einer Bewegung verschwand, die durch die Gesamtheit der damaligen geschichtlichen Erfahrung verleugnet und beseitigt wurde. In dem neuen Moment der proletarischen Kritik kehrt dieses Ergebnis als der einzige unbesiegte Punkt der besiegten Bewegung wieder. Das geschichtliche Bewusstsein, das weiß, dass es in ihm seinen einzigen Existenzraum hat, kann ihn jetzt wiedererkennen, aber nicht mehr an der Peripherie dessen, was zurückströmt, sondern im Zentrum dessen, was steigt."

Debord, *Die Gesellschaft des Spektakels*

Die Nacht der Schlacht rund um die Rue Gay-Lussac rief im ganzen Land Bestürzung hervor. Die Empörung, die ein großer Teil der Bevölkerung empfand, wandte sich nicht gegen die Aufständischen, trotz der weitgehenden Verwüstungen, die sie angerichtet hatten, sondern gegen die gewalttätigen Ausschreitungen der Ordnungskräfte: Im Radio war die ganze Nacht ununterbrochen über die Bedingungen berichtet worden, unter denen das abgeschirmte Viertel sich verteidigt hatte und unter denen es schließlich erobert worden war. Man wusste vor allem, dass eine große Anzahl Schwerverletzter stundenlang nicht versorgt werden konnten, weil die Belagerer ihre Evakuierung untersagten. Man warf ihnen auch vor, reichlich von einem neuen und gefährlichen Gas Gebrauch gemacht zu haben, obwohl die verantwortlichen Behörden dies zuerst abgestritten hatten. Schließlich war die Überzeugung verbreitet, dass es eine Reihe von Toten gegeben hatte, die die Polizei, die am Ende Herrin über das besetzte Gebiet geworden war, hatte verschwinden lassen[43].

Schon am 11. Mai riefen alle Gewerkschaftsführungen zu einem eintägigen Generalstreik am 13.Mai auf. Es ging ihnen darum, einen Schlussstrich unter diese Bewegung zu setzen, indem sie aus einer nur oberflächlich „gegen die Repression" behaupteten Solidarität maximalen Profit zogen. Die Gewerkschaften sahen sich auch zu dieser Entscheidung gezwungen, da sie festgestellt hatten, wie tief der Eindruck war, den dieser direkte Kampf, der seit Anfang der Woche in Gang war, auf die Arbeiter machte. Ein solches Beispiel bedrohte ihre Autorität. Ihr Rekuperationsstreik ließ die gesetzlich festgelegte Ankündigungsfrist außer acht: Das war das einzige Subversive an ihm.

Die Regierung hatte am frühen Morgen anlässlich der Niederschlagung des Barrikadenviertels mit einem Kommuniqué reagiert, das ein Komplott andeutete und Sanktionen androhte; angesichts des massiven Protestes aber entschloss sie sich zu einer völligen Kehrtwende. Premierminister Pompidou, am Samstagabend aus Afghanistan zu-

43 Diese Tatsache konnte nicht bewiesen werden. Die Wahrscheinlichkeit der Hypothese beruht auf zwei Überlegungen: Einerseits ist es wenig wahrscheinlich, dass von so vielen Schwerverletzten, die erst sehr spät versorgt wurden, keiner gestorben ist; andererseits ist es ebenso unwahrscheinlich, dass die Regierung den am gleichen Abend von ihr versuchten, bedeutenden und risikoreichen Rückzieher unternahm, ohne spezielle Informationen über die schweren Auseinandersetzungen zu berücksichtigen. Es steht außer Frage, dass ein moderner Staat einige Tote vertuschen kann. Natürlich nicht, indem er diese für „vermisst" erklärt, aber z. B., indem er sie – wie einige behauptet haben –, als Unfallopfer auf den Landstraßen außerhalb von Paris erklärt.

rückgekehrt, spielte hastig die Karte der Beschwichtigung aus. Er kündigte an, dass alle verurteilten Studenten nach einem Prozess, der umgehend stattfinden sollte, freigelassen würden, was tatsächlich geschah. Dabei ließ Pompidou jede heuchlerische Rücksicht auf die prinzipielle Unabhängigkeit des Magistrats außen vor. Er bewilligte schon am Sonntag, dass in den Räumen von Censier, den Nebengebäuden der geisteswissenschaftlichen Fakultät, das bereits angekündigte *Sit-in* über eine Reform der Universität abgehalten werden konnte. Diese Diskussion begann dort umgehend, und mehre Tage lang blieb die Atmosphäre in Censier eifrig-beflissen und gemäßigt aufgrund des ursprünglichen Makels ihrer Entstehung. Schließlich versprach Pompidou, ab Montag alle Polizeikräfte aus dem Quartier Latin abzuziehen und auch die Absperrungen aufzulösen, die die Sorbonne schützten. Am Morgen des 13. Mai war die Polizei abgezogen: Die Sorbonne konnte somit *in Besitz genommen werden.*

Der Aufruf zum Generalstreik am 13. Mai wurde breit befolgt. In einem friedlichen Umzug durchquerten fast eine Million Arbeiter, mit ihnen Studenten und Professoren, Paris – von der Place de la République bis nach Denfert-Rochereau. Auf ihrem Weg wurde ihnen allgemeine Sympathie entgegen gebracht. Die Parolen bezogen sich auf die Solidarität von Arbeitern und Studenten und verlangten die Abdankung de Gaulles am 10. Jahrestag seiner Machtübernahme. Über hundert schwarze Fahnen mischten sich unter die Vielzahl von roten; so wurde zum ersten Mal diese Verbindung verwirklicht, die bald zum Kennzeichen der radikalsten Strömung der Bewegung der Besetzungen werden sollte, nicht so sehr als Bestätigung einer autonomen anarchistischen Präsenz, sondern als Zeichen der Arbeiterdemokratie.

Den Gewerkschaftern gelang in Denfert die Auflösung des Zuges; einige Tausend Teilnehmer, meistenteils Studenten, zogen zum Champ-de-Mars weiter, wo eine Versammlung improvisiert wurde. Währenddessen hatte eine Reihe anderer mit der Besetzung der Sorbonne begonnen. Dort kam es spontan zu einem Phänomen von entscheidender Bedeutung: Alle Anwesenden beschlossen, die Sorbonne für die Arbeiter zu öffnen. Damit wurde die abstrakte Parole der Demonstration „Solidarität von Arbeitern und Studenten" beim Wort genommen. Dieser Schritt wurde an jenem Tag durch die tatsächliche Begegnung mit Arbeitern erleichtert, und vor allem durch den direkten Dialog zwischen Studenten und fortgeschrittenen Arbeitern. Diese waren von der Demonstration gekommen, um zu sagen, dass sie vom ersten Tag an mit dem Kampf der Studenten einverstanden waren, und um die Drecksarbeit der Stalinisten zu denunzieren. Ein gewisser, von

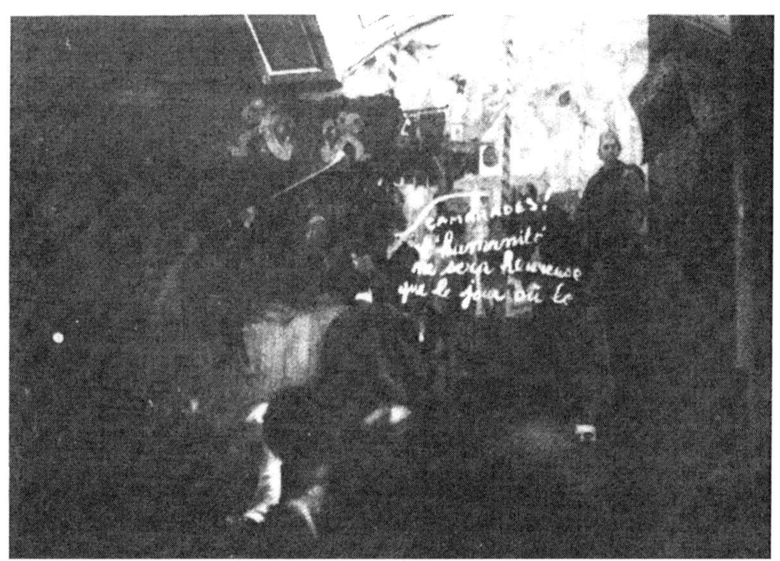

Genossen! Die Menschheit wird erst an dem Tag glücklich sein, an dem ...

den sub-bürokratischen Spezialisten des Revolutionarismus gepflegter Arbeiterkult war sicher auch eine Motivation für diese Entscheidung. Aber das, was die Führer gesagt hatten, ohne wirklich daran zu glauben und ohne sich über die Folgen im Klaren zu sein, nahm durch die Atmosphäre der *völligen Freiheit* der Debatte, die in der Sorbonne eröffnet worden war, eine revolutionäre Dimension an und machte den impliziten paternalistischen Aspekt ihres Projekts zunichte. Tatsächlich kamen nur wenige Arbeiter in die Sorbonne. Aber weil man die Sorbonne für die Bevölkerung geöffnet hatte, waren die Grenzen zwischen Studentenproblemen und betroffenem Publikum überschritten worden. Und weil in der Sorbonne begonnen wurde, eine demokratische Diskussion zu verwirklichen, die alles in Frage stellte und alle getroffenen Entscheidungen als rechtskräftig betrachtete, wurde die Sorbonne ein Leitstern für die Arbeiter im ganzen Land: Sie zeigte ihnen ihre eigenen Möglichkeiten.

Die vollständige Freiheit des Ausdrucks manifestierte sich in der Besitznahme der Mauern ebenso wie in der freien Diskussion auf allen Versammlungen. Die Plakate und Anschläge aller Richtungen bis hin zu den Maoisten hingen friedlich nebeneinander, ohne abgerissen oder überklebt zu werden. Einzig die KP-Stalinisten zogen es vor, sich zu enthalten. Die aufgemalten Parolen tauchten erst etwas später auf. An jenem ersten Abend führte die erste revolutionäre Parole zu einigem

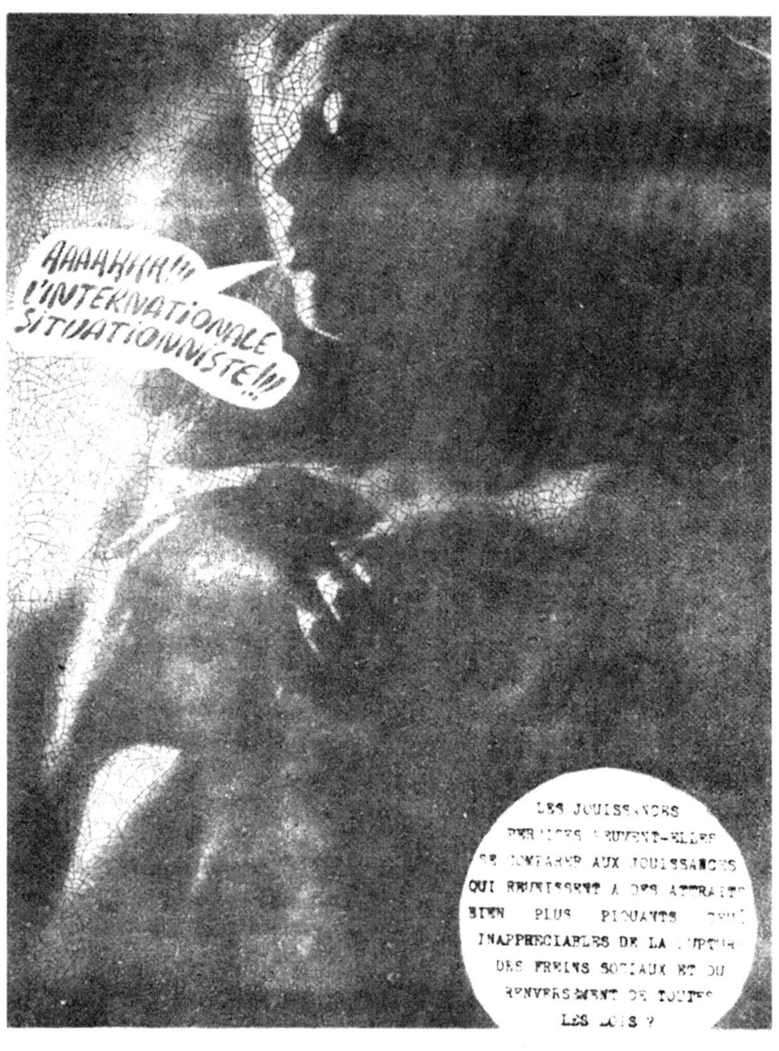

Sind die erlaubten Genüsse mit den Genüssen vergleichbar, die den viel pikanteren Vorzügen noch die unschätzbaren des Lösens der sozialen Bremsen und des Umwerfens aller Gesetze hinzufügen? (Erste zweckentfremdete Werbung, die am 14. Mai in der Sorbonne angeschlagen war.)

Murren – sie war auf einer der Fresken in Form einer Sprechblase angebracht worden und verkündete die berühmte Formel: „Die Menschheit wird erst an dem Tag glücklich sein, an dem der letzte Bürokrat mit den Gedärmen des letzten Kapitalisten aufgehängt worden ist." Nach einer öffentlichen Debatte beschloss die Mehrheit, sie wieder zu entfernen, was auch gemacht wurde[44].

Am 14. Mai wurde das Komitee Wütende-Situationistische Internationale gegründet[45]. Es begann sofort, auf die Mauern der Sorbonne Plakate zu kleben, die genau das sagten, was sie sagen wollten. Eines machte auf die Illusion einer direkten Demokratie aufmerksam, die auf die Sorbonne beschränkt blieb. Ein anderes rief zur Wachsamkeit auf: „Die Rekuperatoren sind unter uns". Ein weiteres sprach sich gegen „jedes Überleben der Kunst" und die „Herrschaft der Trennungen" aus. Eines schließlich, „Entchristianisieren wir sofort die Sorbonne!", protestierte gegen die sträfliche Toleranz, die von den Besetzern gegenüber der Kapelle, die noch verschont wurde, gezeigt wurde: „Graben wir", so war zu lesen, „die Reste des ekelerregenden Staatsmanns und Kardinals Richelieu aus und senden wir sie ans Elysée und an den Vatikan zurück!" Dazu muss bemerkt werden, dass dieses Plakat in der Sorbonne das erste war, das heimlich von denen heruntergerissen wurde, die seinen Inhalt missbilligten. Im übrigen brannte an diesem Tag die Kommission „Kultur und Kreativität" des „22. März" ihre letzten Strohfeuer ab, indem sie Plakate mit einer Reihe von Zitaten der Situationistischen Internationale – besonders aus dem Buch von Vaneigem[46] – auf den Mauern anbrachte.

Ebenfalls am 14. Mai wurde die erste Vollversammlung der Besetzer abgehalten; sie bestätigte sich als einzige Macht in der Sorbonne und organisierte das Funktionieren der Besetzung. Die Debatte ließ drei Richtungen deutlich werden: Ein beträchtlicher Teil der Anwesenden, der sich kaum zu Wort meldete, aber seine Meinung durch Applaus für bestimmte schwachsinnige Reden kundtat, wollte nur eine Reform der Universität, eine Regelung für die Prüfungen, eine Art Universitätsfront

44 Der Autor dieses Werkes schmeichelt sich, diese Parole selbst geschrieben zu haben, die zwar für den Moment abgelehnt wurde, jedoch den Weg zu einer sehr fruchtbaren Aktivität öffnete (siehe dazu „Situationistische Internationale" Nr. 11, deutsch: *Der Beginn einer Epoche*, Edition Nautilus, Hamburg 1995).

45 Die Kontakte zwischen der S.I. und den „Wütenden" hatten am Tag nach der Veröffentlichung des am 21. Februar von letzteren verteilten Flugblatts begonnen. Nachdem sie ihre Autonomie bewiesen hatten, konnten sich die „Wütenden" mit der S.I. verständigen, die eine solche Autonomie immer als Voraussetzung jeder Übereinstimmung angesehen hatte. Am Ende der Besetzungen kam das Komitee „Wütende-S.I." überein, diese Einheit innerhalb der S.I. fortzuführen.

46 Raoul Vaneigem, geboren 1934, ist ein belgischer Schriftsteller und Philosoph, der insbesondere für seine zentrale Beteiligung von 1961 bis 1970 an der Seite von Guy Debord in der Situationistischen Internationale bekannt ist. Er ist Mediävist, Spezialist für Ketzereien und Autor von etwa fünfzig Büchern. 1967 war sein *Handbuch der Lebenskunst* erschienen (Anm. d. Setzers).

Wachsamkeit! Die Rekuperateure sind unter uns / „Zerstört für immer alles, was eines Tages euer Werk zerstören kann" (Marquis de Sade)
– Komitee Wütende - Situationistische Internationale

mit den Linken aus dem Lehrkörper. Eine stärkere Strömung, die die gauchistischen Gruppen und ihre Anhänger vereinigte, wollte den Kampf bis zur Niederschlagung des Gaullismus bzw. des Kapitalismus fortsetzen. Eine dritte Position, die zwar von einer kleinen Minderheit vertreten, der aber Gehör geschenkt wurde, forderte die Abschaffung der Klassen, der Lohnarbeit, des Spektakels und des Überlebens. Dies wurde in einer Erklärung René Riesels formuliert, die er im Namen der „Wütenden" abgab. Er sagte, dass die Frage der Universität von nun an überholt sei und dass „die Prüfungen durch die Barrikaden aufgehoben" seien. Er stellte vor der Versammlung den Antrag, die Befreiung aller am 6. Mai festgenommenen Aufständischen – einschließlich derjenigen, die *geplündert hatten* – zu fordern. Er erklärte, dass die einzige Zukunft für die Bewegung im Zusammenschluss mit den Arbeitern läge, nicht „zu ihren Diensten", aber an ihrer Seite, und dass die Arbeiter keinesfalls mit ihren bürokratischen Organisationen zu verwechseln seien. Er versicherte, dass man die gegenwärtige Entfremdung nicht bekämpfen könne, wenn man die der Vergangenheit außer Acht ließe – „keine Kapellen mehr!" –, und die von morgen müsse man ebenfalls mit einbeziehen: „Die Psychologen und Soziologen sind nur neue Bullen!" Er denunzierte dieselbe polizeiliche Autorität in den hierarchischen Beziehungen zwischen Professoren und Studenten. Er warnte vor der Rekuperation der Bewegung durch die gauchistischen Führer, und vor ihrer voraussehbaren Auflösung durch die *Stalinisten*. Zum Schluss forderte er die Macht der Arbeiterräte. Diese Intervention rief verschiedene Reaktionen hervor. So wurde der Vorschlag bezüglich der Plünderer eher mit Buhrufen bedacht als mit Zustimmung. Der Angriff auf die Professoren schockierte. Die erste offene Denunzierung der Stalinisten erstaunte. Nichtsdestotrotz, als die Vollversammlung etwas später zur Wahl ihres Exekutivorgans, des ersten „Besetzungskomitees" überging, wurde Riesel zu einem seiner Mitglieder ernannt. So wie er der einzige war, der seine Zugehörigkeit zu einer Gruppe offengelegt hatte, so war er ebenfalls der einzige, der ein Programm definierte. Als er hierzu wieder das Wort ergriff, präzisierte er, dass er die „direkte Demokratie in der Sorbonne" und die Perspektive der internationalen Macht der Arbeiterräte verteidigen wollte.

Die Besetzung der Fakultäten und Hochschulen in Paris hatte begonnen: die Akademie der Künste (Beaux-Arts) Nanterre, das Konservatorium für dramatische Kunst und die medizinische Fakultät befanden sich in den Händen von Studenten. Alle anderen sollten folgen.

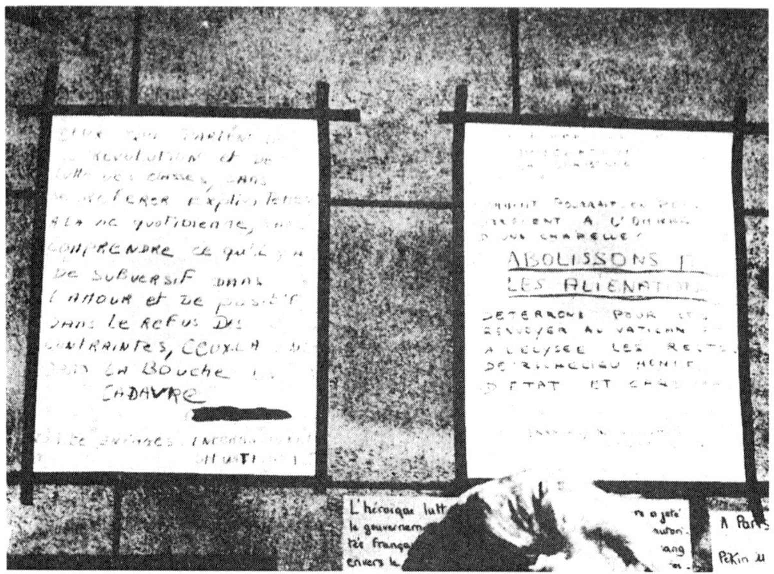

links: Diejenigen, die von Revolution und Klasskampf sprechen, ohne sich ausdrücklich auf das Alltagsleben zu beziehen, ohne zu begreifen, wie subversiv die Liebe, wie positiv die Ablehnung jedes Zwanges sein kann, haben einen Kadaver im Mund.
— Komitee Wütende-Situationistische Internationale

rechts: Entchristianisieren wir sofort die Sorbonne / Wie könnten die Gedanken frei sein im Schatten einer Kapelle? / Lasst uns alle Entfremdungen aufheben! / Graben wir die Reste des Staatsmannnes und Kardinals Richelieu aus und senden wir sie ans Elysée und an den Vatikan zurück.
— Komitee Wütende-Situationistische Internationale

Gegen Abend des 14. Mai besetzten die Arbeiter der Sud-Aviation[47] in Nantes ihre Fabrik und verbarrikadierten sich darin, nachdem sie den Direktor Duvochel und Angehörige der Verwaltung in Büros eingeschlossen hatten, deren Türen sie zuschweißten. Außer vom Beispiel der Besetzung der Sorbonne hatten die Arbeiter von dem gelernt, was sich am Abend vorher in Nantes ereignet hatte. Gemäß dem Aufruf des Büros der UNEF in Nantes – das, wie weiter oben beschrieben, von revolutionären Kräften übernommen worden war –, gaben die Studenten sich nicht damit zufrieden, mit den Gewerkschaftern durch die Straßen zu ziehen. Sie marschierten auf die Präfektur zu und verlangten die Einstellung der Ermittlungen, die gegen sie eingeleitet worden waren, und die erneute Zuerkennung einer jährlichen Unterstützung von 10.000

47 *Sud-Aviation* war ein französisches Luftfahrtunternehmen mit Sitz in Toulouse (Anm. d. Setzers).

Francs, die man ihnen – wie man sich denken kann – nach ihrer radikalen Stellungnahme gestrichen hatte. Sie errichteten zwei Barrikaden, die die CRS zu stürmen versuchte. Als Universitätsangehörige sich als Unterhändler anboten, kam es zu einem Waffenstillstand, und der Präfekt empfing eine Delegation. Er wich auf ganzer Linie zurück: Der Rektor zog seine Klage zurück und zahlte. Zahlreiche Arbeiter der Stadt hatten an diesem Kampf teilgenommen. Sie konnten also die Wirksamkeit solcherart Forderungen studieren. Bei Sud-Aviation sollte man sich am nächsten Tag daran erinnern. Die Studenten von Nantes kamen sofort, um die Streikposten zu unterstützen.

Als am 15. Mai die Besetzung von Sud-Aviation bekannt wurde, wurde sie überall als ein Akt von ungeheurer Bedeutung gesehen: Wenn andere Fabriken sich dem wilden Streik anschließen würden, würde die Bewegung irreversibel zu jener historischen Krise werden, die von den Klarsichtigen erwartet wurde. Am Ende des Vormittags schickte das Besetzungskomitee der Sorbonne dem Streikkomitee ein Unterstützungstelegramm: „Von der besetzten Sorbonne an die besetzte Sud-Aviation".

Das war die einzige Aktivität, die das Besetzungskomitee an diesem Tag auf die Beine stellte – und sogar das hatte man Riesel zu verdanken. In der Tat, seit der ersten Versammlung des Komitees war ein verblüffender Kontrast aufgetaucht zwischen der Funktion, die es auf-

„Nieder mit der Kröte von Nazareth"

„Besetzungen der Fabriken / Arbeiterräte"
(Fenster des Saales Jules Bonnot von der Rue de la Sorbonne aus)

grund seiner ausdrücklichen Delegation durch die Vollversammlung innehatte, und den tatsächlichen Bedingungen, unter denen es arbeiten musste. Das Besetzungskomitee war aus 15 gewählten Mitgliedern gebildet worden, die jeden Tag von der Vollversammlung abgesetzt werden konnten, es war nur ihr gegenüber verantwortlich und sollte die Besetzung der Sorbonne organisieren und aufrechterhalten. Alle improvisierten Tätigkeiten oder solche, die ausgeführt werden mussten, um das Funktionieren der Besetzung und die Verteidigung des Gebäudes sowie dessen, was darin vorging, zu garantieren, waren unter seine Kontrolle gestellt. Es ging darum, permanent die freie Diskussion aufrecht zu erhalten, die Fortsetzung der laufenden Aktivitäten zu sichern und zu erleichtern: von der Verteilung der Säle bis zur Beschaffung von Nahrungsmitteln, von der demokratischen Nachrichtenverbreitung – schriftlich und mündlich – bis zur Aufrechterhaltung der Sicherheit. Die Wirklichkeit sah ganz anders aus: Bankrotte UNEF-Bürokraten, das alte Kravetz-Peninou-Tandem, das plötzlich aus der Vergessenheit wieder aufgetaucht war, in die es gerechterweise geraten war, hatten sich in die ihnen gut bekannten Korridore eingeschlichen, um sich in irgendeinem Keller einzurichten, von wo aus sie sich bemühten, alle Fäden der *wirklichen Macht* wieder an sich zu reißen und die Aktion aller möglichen freiwilligen Techniker zu koordinieren, die sich als ihre Freunde entpuppten. Da gab es z.B. ein „Koordinationskomitee", das sich selbst gewählt hatte. Das „Komitee für Verbindung zwischen den Fakultäten" (CLIF) arbeitete auf eigene Rechnung. Der völlig autonome Ordnungsdienst gehorchte nur seinem Chef, einem ansonsten anständigen Kerl, der sich selbst ernannt hatte und nur von dieser Position der Stärke aus bereit war zu diskutieren. Das „Presse-Komitee", aus jungen oder künftigen Journalisten zusammengesetzt, stand nicht der Sorbonne zur Verfügung, sondern der gesamten französischen Presse. Was die Tonanlage anging, war sie schlicht und ergreifend in den Händen von rechten Elementen, die allerdings Radiospezialisten waren.

In diesem überraschenden Kontext war es für das Besetzungskomitee sogar schwierig, überhaupt einen Raum zu bekommen: Jede bereits installierte Feudalität erhob Anspruch auf sämtliche Räume. Ohne Zweifel war die Mehrzahl der Mitglieder entmutigt und verschwand in verschiedene untergeordnete, aber nicht unterworfene Komitees, deren Existenz sie als Verdienst anerkannten. Offensichtlich hatten die oben erwähnten Manipulateure vor, ihre Macht für immer aufrechtzuerhalten, indem sie das einzige gewählte Komitee zu einer reinen Zierpflanze verkommen ließen[48]. Die Manipulateure konnten mit dem Resultat ihrer Manöver am 15. Mai zufrieden sein, denn sie schlugen der am Abend zusammengetretenen Vollversammlung vor, das gespensterhafte Besetzungskomitee en bloc für weitere 24 Stunden wiederzuwählen. Die acht Mitglieder des „Koordinationskomitees" wurden ebenfalls als einfache Hilfskräfte des Besetzungskomitees bestätigt. Bereits gestärkt durch die praktischen Mechanismen, die es in Händen hatte, gedachte das „Koordinationskomitee" seine Machtübernahme dadurch zu vollenden, dass es dem Besetzungskomitee deutlich machte, dass es nicht mehr existierte. Fast alle Mitglieder des Besetzungskomitees, die gerade wiederaufgetaucht waren, um ihre Wiederwahl durch die Vollversammlung abzufragen, resignierten und zerstreuten sich. Nur zwei Mitglieder des Besetzungskomitees appellierten an die Basis und wiesen auf die skandalöse Art und Weise hin, in der die Macht der Vollversammlung verhöhnt worden war. Auf dem Hof rief Riesel die Besetzer auf, in die Vollversammlung zurückzukehren, damit sie zwischen den Bürokraten und ihren eigenen Delegierten entscheiden konnte. Wenige Minuten später wurde die Tribüne eingenommen und die Bürokraten aufgefordert, sich öffentlich zu erklären. Mit allgemeiner Entrüstung konfrontiert, widerriefen sie schmählich. Was vom

48 Einige Zeit später schämte sich der konsternierte Peninou nicht, seine Klagen laut kund zu tun: „Wir waren doch alle einig", stöhnte er, „dass keine Gruppe am Besetzungskomitee teilnimmt. Wir hatten die Zustimmung der FER und der JCR, der ‚Chinesen' etc. Nur die Situationisten hatten wir vergessen!"

CAMARADES

L'usine sud aviation de Nantes étant occupée depuis 2 deux jours par les ouvriers et les etudiants de cette ville.
Le mouvement s'etendant aujourd'hui à plusieurs usines (NMPP,Paris,Renault Cleon et autres.)
Le comite d' occupation de la sorbonne appelle à l'occupation immediate de toutes les usines en France et à la formation de conseils ouvriers.
Camarades, diffusez et reproduisez au plus vite cet appel.

SORBONNE I6 MAI I5 heures

Aufruf der Fabrikbesetzungen, Faksimilé des Originals

GENOSSEN

die Fabrik Sud-Aviation in Nanterre ist seit zwei Tagen von den Arbeitern und Studenten der Stadt besetzt.
Die Bewegung hat heute auf mehrere Fabriken übergegriffen (NMPP, Paris, Renault Cleon und andere).
Daher ruft das Besetzungskomitee der Sorbonne ruft zur sofortigen Besetzung aller Fabriken in Frankreich und zur Bildung von Arbeiterräten auf. Genossen, verteilt und vervielfätigt diesen Aufruf so schnell wie möglich.
SORBONNE, 16. MAI 15 UHR

Besetzungskomitee übrig geblieben war, unterstützt von denen, die sich sofort mit ihm verbündet hatten, begann erst jetzt wirklich zu existieren.

An diesem 15. Mai fingen die Arbeiter der Renault-Werke in Cléon (Seine-Maritime) an zu streiken und beschlossen, ihre Fabrik zu besetzen, indem sie ebenfalls ihre Direktoren einsperrten. Die Fabriken von Lockheed in Beauvais und Unulec in Orléans legten gleichfalls die Arbeit nieder. Gegen Ende des Abends bewegten sich 200 oder 300 Personen auf das Odéon-Théâtre de France zu und richteten sich am Schluss der Abendvorstellung als Besetzer ein. Wenn auch der Inhalt dieser „Befreiung" beschränkt blieb – sie wurde von den Kulturmenschen und -problemen beherrscht – so bedeutete doch die Tatsache, sich eines Gebäudes zu bemächtigen, für das es keinerlei studentisches Alibi gab, eine Ausweitung der Bewegung: Es war eine possenhafte Inszenierung

Fenster des Saales Jules Bonnot vom Hof aus, am Abend des 16. Mai

der Auflösung der Staatsmacht. In der folgenden Nacht tauchten überall in der Sorbonne die schönsten Parolen der Epoche auf.

Am Morgen des 16. Mai wurde die Besetzung von Renault-Cléon bekannt, und ein Teil der Arbeiter der Neuen Vertriebsgesellschaft der Pariser Presse (NMPP) begann ebenfalls einen wilden Streik und versuchte, die Auslieferung der Tageszeitungen zu verhindern. Das Besetzungskomitee der Sorbonne, das im Saal Jules Bonnot[49] (früher Cavaillès) tagte, gab um 15 Uhr folgendes Kommuniqué heraus:

„Genossen, die Fabrik Sud-Aviation in Nantes ist seit zwei Tagen von den Arbeitern und den Studenten der Stadt besetzt; die Bewegung hat heute auf mehrere Fabriken übergegriffen (NMPP-Paris, Renaul-Cléon usw.). Daher ruft das Besetzungskomitee der Sorbonne zur sofortigen Besetzung aller Fabriken in Frankreich und zur Bildung von

49 Benannt nach *Jules Joseph Bonnot* (1876-1912). Er war ein französischer Anarchist und Anhänger des Illegalismus. Er war der Anführer einer anarchistischen Gruppe, die in der Presse unter dem Namen „Bande à Bonnot“ bekannt wurde und in den Jahren 1911 und 1912 mehrere Raubüberfälle und Morde beging. Er wurde erst mit großem Aufwand gefasst und dabei getötet (Anm. d. Setzers).

Die ersten abgezogenen Exemplare eines Flugblattes des Besetzungskomitees werden aus den Fenstern des Saales Jules Bonnot geworfen.

Arbeiterräten auf. Genossen, verteilt und vervielfältigt diesen Aufruf so schnell wie möglich."

Wie bereits gesagt, standen dem Besetzungskomitee keinerlei materielle Mittel für Aktivitäten zur Verfügung. Um diesen Aufruf zu verbreiten, ging es also daran, diese Mittel zu finden. Es konnte mit der Unterstützung der „Wütenden", der Situationisten und von rund 15 weiteren Revolutionären rechnen. Von den Fenstern des Saales Jules Bonnot aus fragte man über Megaphon in den Hof hinunter, wer freiwillig helfen würde. Es meldeten sich viele. Sie schrieben den Text ab, der noch nicht vervielfältigt worden war, und lasen ihn in allen Vorlesungssälen und allen anderen Fakultäten vor. Als der Abzug der Flugblätter durch das CLIF-Komitee absichtlich verlangsamt wurde, musste das Besetzungskomitee die Druckmaschinen beschlagnahmen und einen eigenen Verteildienst organisieren. Da diejenigen, die die Tonanlage in Händen hielten, den Text nur widerwillig durchgaben, bemächtigte sich das Besetzungskomitee dieser Anlage. Die beleidigten Spezialisten sabotierten die Einrichtung bei ihrem Weggang; Angehörige des Besetzungskomitees setzten sie wieder in Gang. Man bemächtigte sich auch der Telefonanlage, um das Kommuniqué an die

Presseagenturen, in die Provinz und ins Ausland durchzugeben. Ab 15 Uhr 30 setzte eine zufriedenstellende Verbreitung ein.

Dieser Aufruf zur sofortigen Besetzung der Fabriken rief einen Skandal hervor. Sicher nicht bei der Masse der Besetzer der Sorbonne, wo sich so viele sofort freiwillig zu seiner Verteilung gemeldet hatten, aber bei den Kadern der kleinen gauchistischen Parteien, die empört anfingen, von Wahnsinn und Abenteurertum zu reden. Sie wurden lakonisch abgespeist: Das Besetzungskomitee war den verschiedenen Grüppchen gegenüber nicht zur Rechenschaft verpflichtet. So wurde Krivine[50], der Führer des kommunistischen Jugendverbands JCR, erst vom Mikrophon, dann aus dem Saal Jules Bonnot verdrängt, in den er gekommen war, um seine Missbilligung und Angst auszudrücken; er verkündete sogar seine dumme Absicht, das Kommuniqué annullieren zu lassen. So sehr die Manipulateure es auch wollten, hatten sie doch nicht mehr genügend Kräfte, noch einmal die Souveränität der Vollversammlung angreifen zu können, indem sie etwa einen Vorstoß in den Saal Jules Bonnot versucht hätten. In der Tat hatte das Besetzungskomitee seit dem frühen Nachmittag damit begonnen, seinen eigenen Sicherheitsdienst zu organisieren, um jede unverantwortliche Ausnutzung eines wenig sicheren Ordnungsdienstes parieren zu

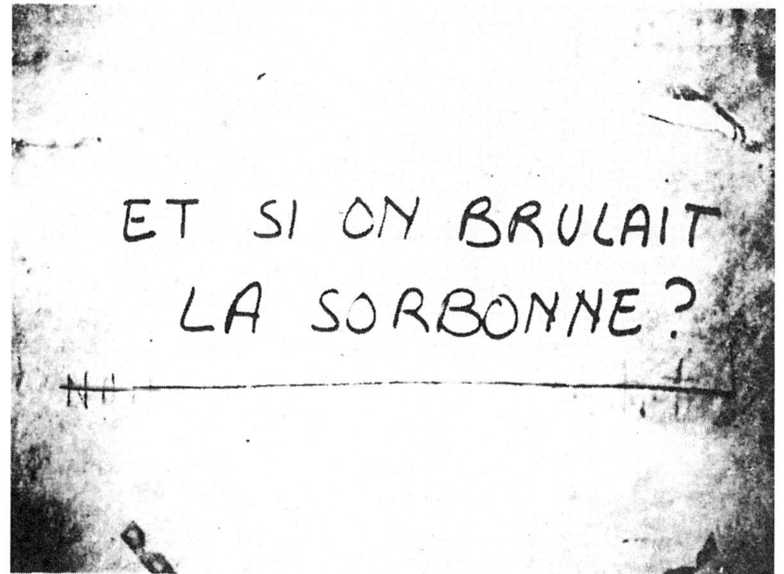

„Und wenn man die Sorbonne anstecken würde?"

50 Alain Krivine (1941-2022) war Trozkist (Anm. d. Setzers).

„Die Menschheit wird erst an dem Tag glücklich sein, an dem der letzte Bürokrat mit den Gedärmen des letzten Kapitalisten aufgehängt worden ist".

können. Es bemühte sich, den Ordnungsdienst durch eine politische Diskussion mit seinen Basiskräften neu zu organisieren, die leicht von der anti-demokratischen Rolle überzeugt werden konnten, die einige ihnen zugedacht hatten.

Die Arbeit, die Sorbonne wieder in die Hand zu bekommen, wurde durch eine Reihe von Flugblättern unterstützt, die in schneller Folge herausgebracht und breit verteilt wurden. Sie wurden auch über die Lautsprecheranlage verlesen; ebenfalls wurden die Nachrichten über neue Fabrikbesetzungen bekannt gegeben, sobald sie eintrafen. Um 16 Uhr 30 warnte das Flugblatt *Wachsamkeit!*: „Die Souveränität der revolutionären Vollversammlung hat nur dann Sinn, wenn diese auch die Macht ausübt. Seit 48 Stunden wird die Entscheidungsfähigkeit der Vollversammlung durch systematische Verschleppungsmanöver in Frage gestellt … Die Forderung nach direkter Demokratie stellt die Mindestunterstützung dar, die die revolutionären Studenten den revolutionären Arbeitern, die die Fabriken besetzt halten, zukommen lassen können. Es darf nicht zugelassen werden, dass die Zwischenfälle in der Vollversammlung von gestern abend ungestraft bleiben. Die Pfaffen reißen ihre Klappe wieder auf, wenn antiklerikale Anschläge abgerissen werden." Um 17 Uhr denunzierte das Flugblatt *Achtung!* das Pressekomitee, das „sich weigert, die Kommuniqués der ordnungsgemäß gewählten Instanzen der Vollversammlung weiterzugeben", und „eigentlich ein *Zensurkomitee* ist". Es forderte die „verschiedenen Arbeitsgruppen" dazu auf, sich ohne Mittelsmänner direkt an die Presse zu wenden; dazu wurden einige Telefonnummern bekannt gegeben. Um 18 Uhr 30 stellte das Flugblatt *„Vorsicht, Manipulateure. Vorsicht, Bürokraten!"* den unkontrollierten Ordnungsdienst bloß. Es betonte die entscheidende Bedeutung der Vollversammlung, die an diesem Abend stattfinden sollte. „Während die Arbeiter in Frankreich damit beginnen, Fabriken zu besetzen, *auf unser Beispiel hin und mit dem gleichen Recht wie wir*, hat das Besetzungskomitee heute um 15 Uhr die Bewegung begrüßt. Das zentrale Problem der heutigen Vollversammlung ist es also, sich durch ein klares Votum für oder gegen den Aufruf seines Besetzungskomitees auszusprechen. Im Falle einer Missbilligung übernimmt diese Versammlung also die Verantwortung, einzig den Studenten ein Recht vorzubehalten, das sie der Arbeiterklasse verweigert. In dem Falle ist es klar, dass sie von nichts anderem reden will als von einer gaullistischen Reform der Universität." Um 19 Uhr schlug ein Flugblatt eine Liste von radikalen Parolen vor, die verbreitet werden sollten: „Alle Macht den Arbeiterräten", „Nieder mit der spektakulären Warengesellschaft", „Ende der Universität" usw.

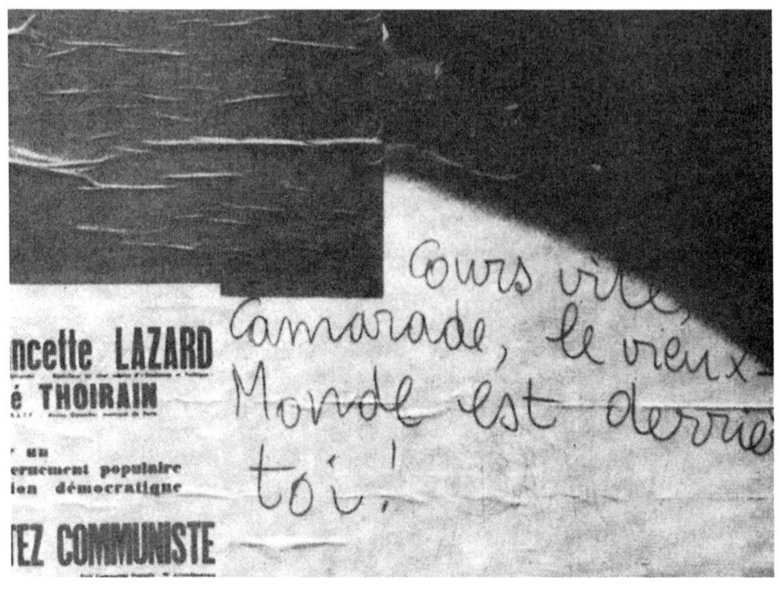

„Lauf schneller, Genosse, die alte Welt ist hinter dir her.“

Die Gesamtheit dieser Aktivitäten, die die Zahl der Mitglieder des Besetzungskomitees stündlich größer werden ließ, ist von der bürgerlichen Presse zynisch verfälscht worden, im Gefolge von *Le Monde*, die am 18. Mai berichtete: „Niemand weiß mehr so recht, wer eigentlich das Besetzungskomitee in der Sorbonne leitet. In der Tat, der Saal, in dem dieser Organismus tagt, der jeden Abend um 20 Uhr in der Vollversammlung gewählt wird, ist gegen Ende des Nachmittags durch ‚wütende' Studenten der ‚situationistischen Internationale' eingenommen worden. Diese ‚halten' besonders die Mikrophone der Sorbonne, was ihnen erlaubt hat, in der Nacht verschiedene Parolen zu verbreiten, die viele Studenten abenteuerlich gefunden haben: ‚Wenn ihr einen Bullen trefft, schlagt ihm in die Fresse', ‚Verhindert mit Gewalt, dass in der Sorbonne fotografiert wird!'. Die Studenten der Situationistischen Internationale haben andererseits ‚alle bürokratischen Strukturen aufgelöst', die vorher eingerichtet worden waren, wie die Presseabteilung und den Ordnungsdienst. Die Entscheidungen dieses Komitees könnten in der Vollversammlung wieder in Frage gestellt werden, die an diesem Freitag um 14 Uhr stattfinden soll“.[51]

51 Diese Verleumdungen hatten ein langes Leben. In *Paris-Match* vom 6. Juli konnte man lesen: „Diese poetische Anarchie dauert nicht lange. Eine Gruppe, die sich ‚Wütende-Situationisten' nennt, ergreift die Macht, d.h. das, was man die ‚Grüppchenlegalität' nennen könnte; sie bemächtigt sich vor allem, notwendig

Am Nachmittag des 16. Mai beginnt sich die Arbeiterklasse ohne Möglichkeit einer Rückkehr für die Bewegung zu entscheiden. Um 14 Uhr werden die Renault-Werke in Flins besetzt. Zwischen 15 und 17 Uhr beginnt der wilde Streik in Boulogne-Billancourt.

An allen Ecken und Enden des Landes werden Fabriken besetzt. Die Besetzung der öffentlichen Gebäude greift überall weiter um sich und erreicht das psychiatrische Krankenhaus Sainte-Anne, das von seinem Personal übernommen wird.

Angesichts dieser Häufung von Nachrichten einigten sich alle gauchistischen Gruppen in der Sorbonne auf einen Marsch nach Billancourt um 20 Uhr. Das Besetzungskomitee kam überein, dass man die Vollversammlung verschieben musste, die es so dringend mit der

Eingang der Kapelle der Sorbonne am 17. Mai
rechts: „Wie können die Gedanken frei sein im Schatten einer Kapelle?"
links: „Diejenigen, die die Revolution nur halb machen, graben sich ihr eignes Grab."

und ausreichend, des wichtigsten Werkzeugs: der ‚Sono', d.h. der Lautsprecheranlage, des Systems von Lautsprechern, mit dessen Hilfe man Tag und Nacht einen Schwall von Slogans auf Hof und Gänge ergießen kann. Wer die ‚Sono' hat, hat das Wort und die Autorität. Über diese Anlage verbreiten die Situationisten völlig übergeschnappte Botschaften. Sie rufen zum Beispiel alle Studenten auf, die Sainte-Anne-Kranken in ihrem Befreiungskampf gegen die Psychiater zu unterstützen." Auf einer anderen Ebene denunziert der Faschist François Duprat in seinem Buch *Les Journées de mai 68* (Nouvelles Editions Latines) „als Ursprung des ‚22. März' die von den ungefähr 40 Studenten und Mitgliedern der S.I. permanent gestiftete Unruhe"; er behauptet weiter, „der Geheimdienst der DDR habe bei der S.I. und ihrer Tätigkeit die Hand im Spiel". Er macht das Maß voll, indem er die Situationisten mit dem „22. März" vermischt und Cohn-Bendit als „deren ehemaliger Freund" bezeichnet.

eigenen Verantwortung konfrontieren wollte. Im kurz vor 20 Uhr herausgegebenen Kommuniqué erklärte es: „In Übereinstimmung mit verschiedenen politischen Gruppen, der Bewegung des ‚22. März' und der UNEF beschließt das Besetzungskomitee, die Vollversammlung vom 16. Mai, 20 Uhr, auf den 17. Mai, 14 Uhr, zu verschieben. Alle um 20 Uhr zur Place de la Sorbonne, um nach Billancourt zu marschieren."

Dass die Renaultwerke Billancourt – die größte Fabrik Frankreichs –, die in den sozialen Konflikten so oft eine entscheidende Rolle gespielt hatten, in den Kampf eintrat und vor allem die drohende Verbindung zwischen Arbeitern und den revolutionären Besetzungen, die sich vom Kampf der Studenten aus entwickelt hatten, versetzten die Regierung und die so genannte kommunistische Partei in Panik. Bevor sie noch über das Vorhaben eines Marsches auf Billancourt informiert waren, reagierten sie auf fast identische Art und Weise auf die schlechten Nachrichten. Um 18 Uhr 30 „warnte" ein Kommuniqué des stalinistischen Polit-Büros „die Arbeiter und Studenten vor jeglichen abenteuerlichen Parolen". Kurz nach 19 Uhr wurde ein Kommuniqué der Regierung verbreitet: „Angesichts der verschiedenen Versuche, die von extremistischen Gruppen angekündigt oder bereits eingeleitet worden sind, um einen allgemeinen Aufruhr zu provozieren", erinnerte der Premierminister daran, „...dass die Regierung keinen Angriff auf die republikanische Ordnung dulden kann. Sobald die Universitätsreform zu einem Vorwand geworden ist, um das Land in Unordnung zu stürzen, hat die Regierung die Aufgabe, den öffentlichen Frieden aufrechtzuerhalten." Die Regierung entschied die sofortige Einberufung von 10.000 Reservisten der Gendarmerie.

3.000 bis 4.000 Besetzer der Sorbonne marschierten in zwei Zügen nach Billancourt, immer noch mit roten und schwarzen Fahnen. Der

„Wir werden nichts fordern / Wir werden um nichts bitten / Wir werden nehmen / Wir werden besetzen
Professoren, ihr macht Greise aus uns"

„Versteck dich, Objekt! Bück dich und weide!"

CGT, die alle Eingänge kontrollierte, gelang es zu verhindern, dass es zu einer Begegnung mit den Arbeitern kam. Was das Vorhaben eines Marsches auf die Sendeanstalt der ORTF angeht, den das Komitee „Wütende-Situationistische Internationale" versucht hatte, schon am 14. Mai von der Vollversammlung billigen zu lassen und noch am 15. Mai verteidigt hatte, hatten sich der „22. März", die UNEF und die Gewerkschaft der Hochschulprofessoren und -Assistenten SNE-sup. dazu entschlossen, diesen Vorschlag am nächsten Tag, dem 17. Mai, zu realisieren. Sobald diese Entscheidung bekannt geworden war, erklärte die CGT am 16. Mai um 21 Uhr, dass sie „die Gestalt einer Provokation annähme, die nur der persönlichen Macht diene." Um 22 Uhr 30 sprach auch die stalinistische Partei von einer Provokation. Um Mitternacht gaben die SNE-sup. und die UNEF klein bei und gaben bekannt, dass sie ihren Aufruf zurückzögen.

In der Nacht begann in der Sorbonne die Gegenoffensive der Manipulateure. Sie nutzten die Abwesenheit der revolutionären Kräfte, die bei den Renaultwerken waren, aus und versuchten, eine Vollversammlung mit denen zu improvisieren, die vorort geblieben waren. Das Besetzungskomitee schickte zwei Delegierte, die den falschen Charakter einer auf diese Weise zustande gekommenen Versammlung denunzierten. Als die Versammlung sich darüber klar wurde, wie ihr mitgespielt worden war, löste sie sich sofort auf.

„Seien wir grausam!"

Am frühen Morgen baten die Arbeiter des Pressevertriebs NMPP die Besetzer der Sorbonne um Hilfe bei der Verstärkung ihrer Streikposten, die die Arbeitsniederlegung noch nicht hatten durchsetzen können. Das Besetzungskomitee schickte Freiwillige. Auf der Linie 2 der Metro unternahm ein gegen die Gewerkschaften organisiertes Aktionskomitee den Versuch, einen Streik bei den Verkehrsbetrieben RATP durchzusetzen. Rund hundert Fabriken sollten im Laufe des Tages noch besetzt werden. Seit dem Vormittag kamen Arbeiter aus den streikenden Pariser Unternehmen zur Sorbonne, um den Kontakt herzustellen, den die Gewerkschaften an den Fabriktoren verhinderten. Die Arbeiter von Renault waren auch hier die ersten.

Die Vollversammlung um 14 Uhr diskutierte als wichtigsten Punkt einen zweiten Marsch auf Billancourt und vertagte die Regelung aller anderen Probleme auf seine Abendsitzung. Die FER versuchte vergebens, auf die Tribüne vorzudringen, und ihr Führer ergriff ebenso vergeblich das Wort, um diesen zweiten Marsch zu verhindern, oder wenigstens, wenn er doch stattfinden sollte, diesem die einzige – para-stalinistische – Parole „Einheitsfront der Arbeiter" überzustülpen. Die FER sah sich zweifellos schon in einer solchen Front zusammen mit den Sozialisten der SFIO (*Sélection française de l'Internationale Ouvrière*) und der KP. Während der ganzen Krise war die FER für die stalinistische Partei das, was die stalinistische Partei für den Gaullismus ist: Die Unterstützung

„Ich nehme meine Wünsche für die Wirklichkeit,
weil ich an die Wirklichkeit meiner Wünsche glaube."

hatte Vorrang vor der Rivalität, und dieselben guten Taten auf dem jeweiligen Niveau ernteten selbstverständlich nichts als Undank. Ein Kommuniqué der CGT-Renault war soeben erschienen und versuchte entschieden, „den Initiatoren dieses Marsches von ihrer Initiative abzuraten." Der Marsch fand statt; er wurde ebenso aufgenommen wie der am Vorabend. Die CGT hatte sich bei den Arbeitern noch stärker diskreditiert, indem sie innerhalb und außerhalb der Fabrik folgende lächerliche Verleumdung plakatieren ließ: „Junge Arbeiter! Revolutionäre Elemente versuchen, Zwiespalt in unsere Reihen zu säen, um uns zu schwächen. Diese Extremisten sind nur Handlanger der Bourgeoisie, die dafür sogar großzügig von den Unternehmen bezahlt werden."

Das Besetzungskomitee hatte außerdem um 13 Uhr noch ein Flugblatt herausgegeben, das von den Arbeitern verfasst wurde, die den Streik bei Renault ausgelöst hatten. Sie erklärten, wie Jungarbeiter die Basis einiger Abteilungen überzeugt und so die Gewerkschaften gezwungen hatten, im Nachhinein eine Bewegung zu billigen, die sie hatten verhindern wollen: „Die Arbeiter erwarten, dass jede Nacht Leute zu den Toren kommen, um massenhaft eine Massenbewegung zu unterstützen." Zur selben Zeit wurden Telegramme in verschiedene Länder verschickt, die die revolutionäre Position der besetzten Sorbonne erklärten.

Als die Vollversammlung endlich um 20 Uhr zusammenkam, hatten sich die Schwierigkeiten ihres Funktionierens keineswegs verbessert. Die Tonanlage funktionierte nur für die exakte Dauer gewisser Verlautbarungen und fiel für andere aus. Die Führung der Debatten und vor allem die Abstimmung über einen Antrag hingen technisch von einem grotesken Unbekannten ab, offensichtlich einem Strohmann der UNEF, der sich vom ersten Augenblick der Besetzung an zum ständigen Vorsitzenden aller Vollversammlungen ernannt hatte und sich – jeder Missbilligung und jeder Erniedrigung zum Trotz – bis zum Ende an diesem Posten festklammerte. Die FER, die seit dem Morgen naiv ihre Absicht kundgetan hatte, die Bewegung „wieder in die Hand zu nehmen", versuchte weiter, auf die Tribüne zu gelangen. Die Manipulateure aller Sekten arbeiteten zusammen, um die Vollversammlung daran zu hindern, sich über die Aktivitäten des Besetzungskomitees, das sein Mandat gerade zurückgegeben hatte, und besonders über dessen Aufruf zur Besetzung der Fabriken zu äußern. Diese Verschleppungsmanöver wurden von einer Verleumdungskampagne begleitet, die sich mit kleinen Details abgaben, die in einen Zermürbungskrieg münden sollten: Man griff die „Saint-Germain-des-Prés-Allüren" der Unordnung im Gebäude an, die Missachtung der kleinen gauchistischen Parteien und der UNEF, einen Kommentar über die Besetzung des psychiatrischen Krankenhauses Sainte-Anne, aus dem einige meinten, einen Aufruf zur „Befreiung der Verrückten" herauslesen zu können. Die Versammlung erwies sich als unfähig, sich durchzusetzen. Das ehemalige Besetzungskomitee konnte kein Votum über seine Tätigkeiten erreichen. Da es bei den Kämpfen um Einflussnahme und Kompromisse bezüglich des nachfolgenden Besetzungskomitees, die bereits hinter den Kulissen im Gang waren, keinesfalls eine Rolle spielen wollte, kündigte es an, die Sorbonne zu verlassen, da die direkte Demokratie hier nun von den Bürokraten abgewürgt werde. Alle Mitglieder gingen

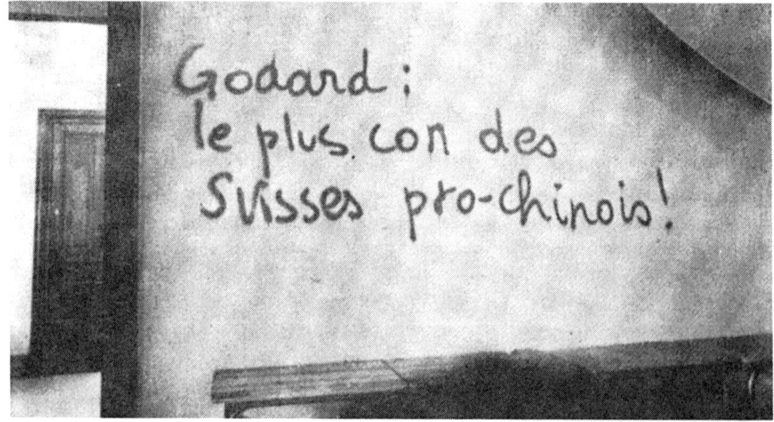

„Godard: der idiotischste aller pro-chinesischen Schweizer!"

Telegramm Télégramme Telegramma

1553 PARIS 509463 17 1315 =

5211 SD PARIB F
1968 MAY 17

No 3986

CIRA 24 BEAUMONT LAUSANNE =

AMARADES : NOUS AVONS CONSCIENCE DE COMMENCER A FAIRE HISTOIRE
OP NOUS TENONS A LE FAIRE SAVOIR A TRAVERS LES ARCHIVES DU
IRA A LA POSTERITE STOP L HUMANITE NE SERA HEUREX QUE LE JOUR
LE DERNIER BUREAU BUREAUCRATE AURA ETE PENDU AVEC LES TRIPES
U DERNIER CAPITALISTE STOP VIVE LES OCCUPATIONS D USINE PAR LE
UVRIERS STOP VIVE LE POUVOIR INTERNATIONNAL DES CONSELS
ES TRAVAILLEURS STOP = COMITE D OCCUPATION DE SORBONNE
AUTONOME ET POPULAIRE =

COL CIRA 24 :

Sur demande, les télégrammes sont téléphonés A richiesta, i telegrammi sono telefonati

CIRA, 24 Beaumont Lausanne
Genossen: Wir sind uns bewusst, dass wir damit beginnen, Geschichte zu machen stop Wir bestehen darauf, es die Nachwelt mittels der Archive des CIRA wissen zu lassen stop Die Menschheit wird erst an dem Tag glücklich sein, an dem der letzte Kapitalist mit den Gedärmen des letzten Bürokraten aufgehängt worden ist stop Es leben die Fabrikbesetzungen durch die Arbeiter stop Es lebe die Internationale Macht der Arbeiterräte stop Besetzungskomitee der autonomen Volkssorbonne

Das Besetzungskomitee legt in der Vollversammlung am Abend des 17. Mai Rechenschaft über sein Mandat ab.

gleichzeitig hinaus, und der Ordnungsdienst war aufgelöst, während die FER, die bereits seit über einer Stunde auf die Tribüne drängte, von der Situation profitierte und hinaufstürmte. Sie konnte trotz allem nicht die Führung der Sorbonne übernehmen, da die Richtungskämpfe bis zum Ende weitergingen. Das Urteil des Besetzungskomitees bestätigte sich unglücklicherweise bis in alle Einzelheiten.

Das Scheitern des Versuchs einer Rätedemokratie in der Sorbonne war zweifellos schädlich für die Weiterentwicklung der Bewegung der Besetzungen, die genau auf diesem Gebiet ihren größten Mangel hatte, von dem ihr allgemeines Scheitern ausging. Es ist jedenfalls sicher, dass an dem Punkt, an dem die Krise angelangt war, keine Gruppe mehr genügend Kraft hatte, mit nennenswerter Wirkung in einem revolutionären Sinne zu intervenieren. Alle Organisationen, die tatsächlich einen Einfluss auf die spätere Entwicklung hatten, waren Feinde der Arbeiterautonomie. Alles würde vom Kräfteverhältnis in den Fabriken zwischen den überall isolierten und vereinzelten Arbeitern und der vereinigten Macht von Staat und Gewerkschaften abhängen.

Das Besetzungskomitee kündigt seine Entscheidung an, die Sorbonne zu verlassen.

KAPITEL V

DER WILDE GENERALSTREIK

„In Frankreich genügt es, dass einer etwas sei, damit er alles sein wolle."

Karl Marx, *Zur Kritik der Hegelschen Rechtsphilosophie*

Im Laufe des 17. Mai dehnte sich der Streik auf fast die gesamte Metall- und chemische Industrie aus. Nach den Arbeitern von Renault entschlossen sich die von Berliet, Rhodiaceta, Rhône-Poulenc und der SNECMA zur Besetzung ihrer Fabriken. Mehrere Bahnhöfe befanden sich in den Händen der Arbeiter und nur wenige Züge verkehrten noch. Die Postbediensteten besetzten Versandzentren. Am 18. griff der Streik auf die Air France und die Pariser Verkehrsbetriebe RATP über. Der Streik, der mit einigen exemplarischen Besetzungen in der Provinz begonnen hatte, erreichte das Gebiet um Paris, um von dort aus das ganze Land zu erfassen. Von diesem Augenblick an konnten selbst die Gewerkschaften nicht mehr daran zweifeln, dass diese Kettenreaktion wilder Streiks im Generalstreik enden würde.

Spontan ausgelöst, hatte sich die Bewegung der Besetzungen umgehend gegen alle Ansprüche und Kontrollen der Gewerkschaften behauptet. „Die Leitung von Renault", so stellte *Le Monde* am 18. Mai fest, „hebt den wilden Charakter der Bewegung nach dem Streik vom 13. Mai hervor, der in der Provinz nur teilweise befolgt worden war. Man hält es gleichfalls für paradox, dass der Ursprung des Protestes sich in einem Unternehmen befindet, in dem es auf sozialer Ebene nur relativ wenig Routinekonflikte gab."

Der Umfang des Streiks zwang die Gewerkschaften zu einer schnellen Gegenoffensive, die besonders brutal klarstellen sollte, dass ihre natürliche Funktion die der Wächter des kapitalistischen Systems in den Fabriken ist. Die gewerkschaftliche Strategie hatte als Hauptziel, den Streik zu liquidieren. Um das zu erreichen, bemühten sich die Gewerkschaften, die eine lange Tradition als Brecher von wilden Streiks haben, diese ausgedehnte Bewegung, die einem Generalstreik gleichkam, auf eine Reihe von Streiks zu reduzieren, die gleichzeitig in verschiedenen Unternehmen stattfanden. Die CGT übernahm die Führung dieser Gegenoffensive. Am 17. Mai tagte ihr Verband und erklärte: „Die Aktion, die *auf Initiative der CGT und anderer Gewerkschaftsorganisationen* begonnen wurde, schafft eine neue Situation von außerordentlicher Bedeutung." Der Streik wurde also akzeptiert, um jede Aufforderung zum Generalstreik abzublocken. Nichtsdestotrotz stimmten die Arbeiter überall für unbegrenzten Streik und Fabrikbesetzungen. Um eine Bewegung beherrschen zu können, die sie direkt bedrohte, mussten die bürokratischen Organisationen zunächst die Initiative der Arbeiter bremsen und der beginnenden Autonomie des Proletariats entgegentreten. Sie bemächtigten sich also der Streikkomitees, die zu einer richtiggehenden Polizeimacht wurden, mit dem Auftrag, die Arbeiter

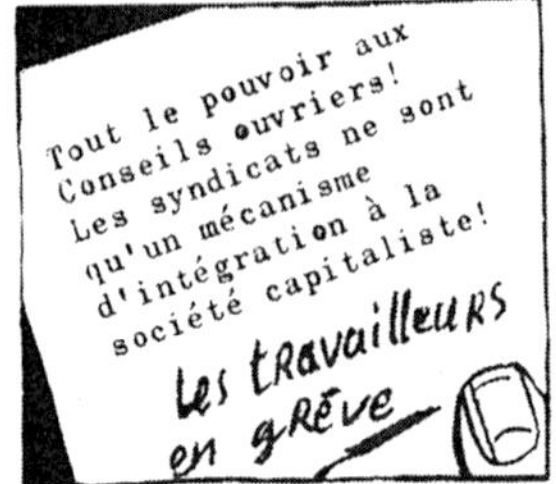

Der erste vom Rat zur Aufrechterhaltung der Besetzungen verfasste Comic.

in den Fabriken zu *isolieren* und im Namen der Arbeiter ihre eigenen Forderungen zu stellen.

Während an den Toren fast sämtlicher Fabriken die Streikposten – immer auf Anordnung der Gewerkschaften – die Arbeiter daran hinderten, für sich selbst und mit anderen zu sprechen, sowie den radikalsten Strömungen, die sich damals zeigten, zuzuhören, sorgten die Gewerkschaftsführungen für die Reduzierung der gesamten Bewegung auf ein Programm rein berufsmäßiger Forderungen. Das Spektakel des bürokratischen Protestes erreichte seinen parodistischen Höhepunkt, als die frisch entchristianisierte CFDT (*Confédération française démocratique du travail*)[52] – zu Recht übrigens – der CGT vorwarf, sich nur auf materielle Aspekte zu beschränken. Die CFDT stellte klar: „Jenseits der materiellen Forderungen wird die Frage nach der Verwaltung und der Führung der Unternehmen gestellt." Dieses „Überbieten" einer modernistischen Gewerkschaft aus wahltaktischen Gründen ging so weit, die „Selbstverwaltung" als Form „der Arbeitermacht in den Unternehmen" vorzuschlagen. Man konnte damals die beiden Hauptfälscher dabei beobachten, wie sie sich gegenseitig die Wahrheit ihrer eigenen Lüge an den Kopf warfen: der Stalinist Séguy, indem er die Selbstverwaltung als „leere Formel" abqualifizierte, und der Pfaffe Descamps, indem er sie ihres wirklichen Inhalts entleerte. In der Tat war dieser Streit

52 Die CFDT wurde 1964 gegründet, als sich die Mitglieder des christlichen Gewerkschaftsbunds *Confédération française des travailleurs chrétiens* (CFTC) sich mehrheitlich für eine Säkularisierung und die Umbenennung zur CFDT entschieden. Die CFDT wandte sich von nun an sozialistischen Ideen zu. Rund ein Zehntel ihrer Mitglieder gingen diesen Weg nicht mit und verließen die CFDT und gründete die CFTC wieder neu. In ihren frühen Jahren stand die CFDT politisch vor allem der *Parti socialiste unifié* (PSU) nahe und vertrat damit einen *Sozialismus der Selbstverwaltung* („socialisme autogestionnaire"), ab 1974 dann dem „moderneren" Flügel der *Parti socialiste* (PS). Inzwischen ist die CFDT allerdings politisch weitgehend ungebunden und unterstützte beispielsweise 1995 den gaullistischen und konservativen Premierminister Alain Juppé (geb. 1945) bei der Durchsetzung heftig umstrittener Sozialstaatsreformen (Anm. d. Setzers).

OCCUPATION
DES
USINES

„Besetzungen der Fabriken / Rat zur Aufrechterhaltung der Besetzungen"

Ein Gespenst geht um in der Welt: das Gespenst der Arbeiter von Sud-Aviation. Alle alten Mächte der Erde haben sich zu einer Organisation der Vereinten Nationen gruppiert, um dieses Gespenst zu jagen: der Papst und der Vorsitzende des obersten Sowjet, Wilson und Mitterand, französische Radikale und amerikanische Polizisten. Daraus folgt zweierlei: 1. Die Arbeiter der Sud-Aviation werden bereits von allen Mächten der Welt als Macht anerkannt. 2. Es ist höchste Zeit, dass die Arbeiter der Sud-Aviation der ganzen Welt ihre Konzepte, ihre Ziele, ihre Richtungen offenlegen.

Flugblatt der Arbeiter von Sud-Aviation, Courbevoie

zwischen Traditionalisten und Modernisten um die bestmöglichen Verteidigungsformen des bürokratischen Kapitalismus das Vorspiel ihres grundlegenden Einverständnisses über die Notwendigkeit, mit dem Staat und den Unternehmern zu verhandeln.

Am Montag, dem 20. Mai, waren Streik und Fabrikbesetzung allgemein durchgesetzt, von einigen Sektoren abgesehen, die allerdings dabei waren, sich der Bewegung anzuschließen. Es gab sechs Millionen Streikende; es sollten in den folgenden Tagen mehr als zehn Millionen werden. Die CGT und die KP – von allen Seiten überholt – denunzierten jede Idee eines „aufständischen Streiks", während sie gleichzeitig vortäuschten, ihre Forderungen zu verstärken. Seguy erklärte, dass „seine Unterlagen für die Verhandlungen bereit lägen." Für die Gewerkschaften sollte die gesamte revolutionäre Stärke des Proletariats

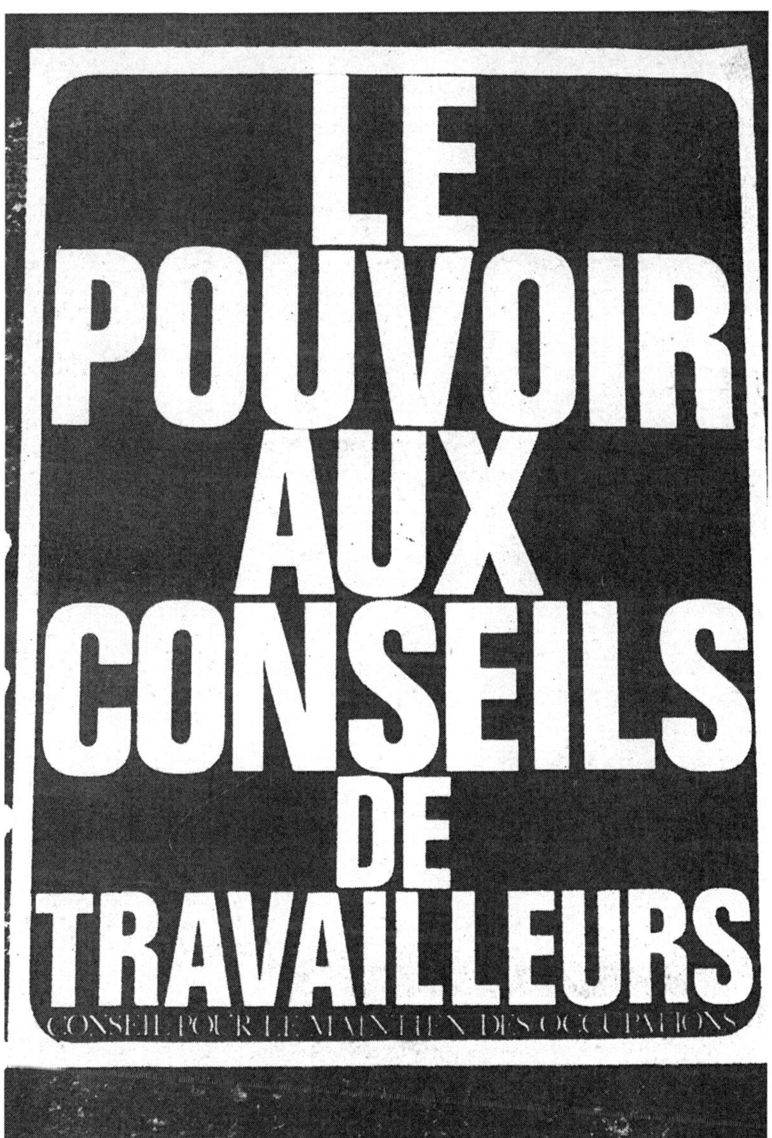

„Alle Macht den Arbeiterräten / Rat zur Aufrechterhaltung der Besetzungen"

nur dazu dienen, sie in den Augen einer fast nicht mehr existierenden Regierung und einer faktisch enteigneten Unternehmerschaft präsentierfähig zu machen.

Die gleiche Komödie wurde auf der politischen Bühne gespielt. Am 22. Mai wurde das Misstrauensvotum inmitten der allgemeinen Gleichgültigkeit verschoben. Es geschahen mehr Dinge auf den Straßen und in den Fabriken als in allen Parlaments- und Parteisitzungen zusammen. Die CGT rief zu einem „Tag der Forderungen" am Freitag, dem 24., auf. Aber in der Zwischenzeit führte das Einreiseverbot für Cohn-Bendit zu einem Wiederaufflammen der Straßenkämpfe. Sofort wurde eine Protestdemonstration improvisiert, um die am folgenden Tag, am Freitag, vorzubereiten. Der Umzug der CGT-Leute, der um 14 Uhr begonnen hatte, schloss mit einer besonders senilen Rede de Gaulles.

Gleichzeitig hatten sich Tausende von Demonstranten entschlossen, noch einmal sowohl der Polizei als auch dem studentischen Ordnungsdienst zu trotzen. Die massive Beteiligung von Arbeitern an dieser Demonstration, die von CGT und KP verurteilt wurde, zeigte, bis zu welchen Grad diese nur noch das Schauspiel einer Macht bieten konnten, die ihnen nicht mehr gehörte. Auf die gleiche Art und Weise gelang es dem „Führer des 22. März" durch seine erzwungene

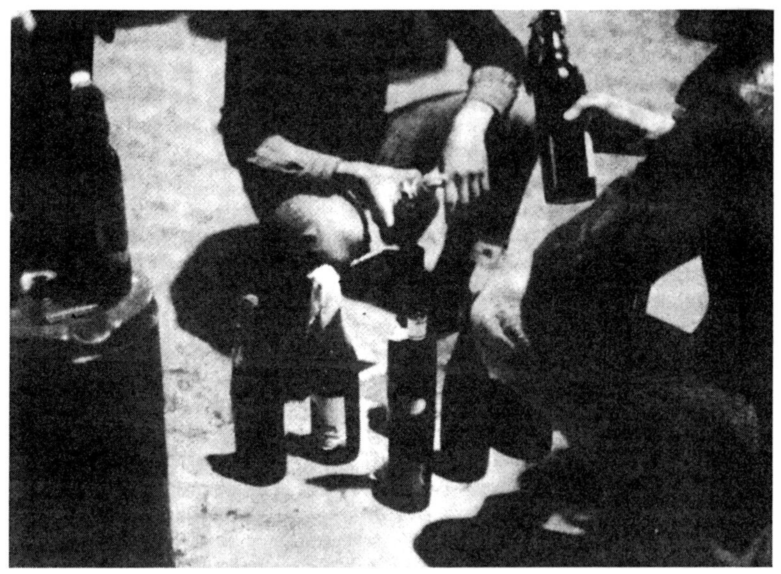

Abwesenheit, eine Unruhe hervorzurufen, die er nicht hätte bändigen können.

Etwa 30.000 Demonstranten hatten sich zwischen der Gare de Lyon und der Bastille versammelt. Sie machten sich in Richtung Rathaus auf den Weg. Aber die Polizei hatte natürlich bereits alle Zugänge gesperrt: Die erste Barrikade wurde also auf der Stelle errichtet. Sie gab das Signal zu einer Reihe von Zusammenstößen, die sich bis zum Morgengrauen fortsetzten. Einem Teil der Demonstranten war es gelungen, sich zur Börse durchzuschlagen und sie zu verwüsten. Dieser Brand, der sicher den Wünschen mehrerer Generationen von Revolutionären entsprach, zerstörte diesen „Tempel des Kapitals" nur sehr oberflächlich. Mehrere Gruppen hatten sich in den Vierteln um die Börse, die Hallen und die Bastille bis zur Place de la Nation verteilt; andere erreichten das linke Seine Ufer und hielten das Quartier Latin und Saint-Germain-des-Près besetzt, bevor sie sich in Richtung Denfert-Rochereau zurückzogen. Die Gewalt erreichte ihren Höhepunkt[53]. Sie hatte aufgehört, das Monopol

53 Man gab zu, dass es einen Toten unter den Demonstranten gegeben hatte. Das arme Opfer gab Anlass zu vielerlei Gerüchten: Man erklärte, dass es von einem Dach gefallen sei; dann, dass es erschlagen worden sei, als es sich dem demonstrierenden Mob entgegenstellte. Schließlich ergab der Bericht eines Gerichtsmediziners mehrere Wochen nach seinem Tod, dass das Opfer durch die Explosion einer Handgranate umgekommen war.

der „Studenten“ zu sein, sie wurde das Privileg des Proletariats. Enthusiastisch wurden zwei Polizeireviere verwüstet: das am Odéon und das an der Rue Beaubourg. Unter den Augen der ohnmächtigen Polizisten wurden vor dem Panthéon zwei Polizeiwannen und ein Dienstwagen mit Hilfe von Molotow-Cocktails in Brand gesteckt.

Zur gleichen Zeit schlugen sich mehrere Tausend Aufständische mit der Polizei in Lyon und töteten einen Kommissar, indem sie einen mit Steinen beladenen Lastwagen auf ihn zurollen ließen; sie gingen weiter als in Paris und organisierten die Plünderung eines Kaufhauses. Es kam zu Kämpfen in Bordeaux, wo die Polizei den Waffenstillstand vorzog, in Nantes und selbst in Straßburg.

So waren die Arbeiter in den Kampf eingetreten, nicht nur gegen ihre Gewerkschaften, sondern sie sympathisierten obendrein noch mit einer Bewegung von Studenten, schlimmer noch, von Halbstarken und Vandalen, die so skandalöse Parolen vertraten wie: „Arbeitet nie“ und „Ich bin zwischen den Pflastersteinen gekommen“. Kein Arbeiter, der zu den Revolutionären außerhalb der Fabriken kam, um zusammen mit ihnen eine Verständigungsbasis zu suchen, hatte gegenüber diesem extremen Aspekt der Bewegung Bedenken. Im Gegenteil, die Arbeiter zögerten nicht, Barrikaden zu bauen, Autos zu verbrennen, Polizeireviere zu plündern und aus dem Boulevard Saint-Michel einen großen Garten

POUR LA FRANCE

zu machen, Arm in Arm mit denen, die vom nächsten Tag an von Fouchet und der so genannten kommunistischen Partei als „Abschaum der Gesellschaft“ bezeichnet werden sollten.

Die Regierung und die bürokratischen Organisationen antworteten am 25. Mai gemeinsam auf dieses Vorspiel zu einem Aufstand, das sie das Fürchten gelehrt hatte. Ihre Antworten ergänzten sich: Beide wünschten das Verbot von Demonstrationen und sofortige Verhandlungen; jeder traf die Entscheidung, die der andere wünschte.

„Ende der Universität / Rat zur Aufrechterhaltung der Besetzungen"

KAPITEL VI

AUSMASS UND GRENZEN DER REVOLUTIONÄREN KRISE

„Es war ein Fest ohne Anfang und Ende; ich sah alle und niemanden, weil sich alles in der zahllosen feiernden Menge verlor; ich sprach mit allen und entsinne mich nicht mehr, was ich, was man mir sagte, denn bei jedem Schritt drangen neue Eindrücke, neue Abenteuer, neue Nachrichten auf einen ein.“

Bakunin, *Beichte*

Die Bewegung der Besetzungen, die sich der wichtigsten Sektoren der Wirtschaft bemächtigt hatte, ergriff sehr schnell alle Bereiche des sozialen Lebens und attackierte alle Kontrollinstanzen des Kapitalismus und der Bürokratie. Die Tatsache, dass der Streik sich auch auf Aktivitäten erstreckte, die sich immer der Subversion entzogen hatten, machte zwei der ältesten Thesen der situationistischen Analyse noch deutlicher: Die zunehmende Modernisierung des Kapitalismus zieht die Proletarisierung einer immer breiter werdenden Schicht der Bevölkerung nach sich; in dem Maße, wie die Welt der Ware ihre Macht auf alle Aspekte des Lebens ausdehnt, erzeugt sie überall die Ausweitung und Radikalisierung der Kräfte, die sie ablehnen.

Die Kraft des Negativen war so groß, dass sie nicht nur die Reserven der Stoßtruppen mobilisierte, sondern obendrein dem Pack, das sich bemühte, das Positive der herrschenden Welt zu stärken, erlaubte, sich eine Art Protest zu leisten. So konnte man zusehen, wie sich die wirklichen Kämpfe und ihre Karikaturen auf allen Ebenen und jederzeit entwickelten. Seit Beginn hatten sich die Aktionen der Studenten in den Universitäten und auf den Straßen bis in die Gymnasien hinein ausgeweitet. Trotz gewisser gewerkschaftlicher Illusionen der Aktionskomitees der Schüler bezeugten die Gymnasiasten durch ihre Kampfbereitschaft und ihr Bewusstsein, dass sie eher die nächsten Totengräber der Universitäten als die künftigen Studenten sein würden. Mehr als der universitäre Lehrkörper ließen sich die Gymnasiallehrer durch ihre Schüler erziehen. Sie schlossen sich massiv dem Streik an, in dem die Grundschullehrer ihrerseits eine entscheidende Position eingenommen hatten. Durch die Besetzung ihrer Arbeitsplätze protestierten die Angestellten von Banken, Versicherungen und Kaufhäusern gleichzeitig gegen ihren proletarischen Zustand und gegen ein System von Dienstleistungen, das jeden zum Diener des Systems macht. Trotz des Glaubens an eine „objektive Information" hatten die streikenden ORTF-Angestellten ebenfalls eine – wenn auch konfuse – Einsicht in ihre eigene Verdinglichung, und sie spürten den grundsätzlich lügnerischen Charakter jeder hierarchischen Kommunikation. Die Solidaritätswelle, die vom Enthusiasmus der Ausgebeuteten getragen wurde, kannte keine Grenzen. Die Studenten des Konservatoriums für Schauspielkunst richteten sich in ihren Räumen ein und nahmen massiv an den dynamischsten Phasen der Bewegung teil. Die Studenten des Konservatoriums für Musik forderten eine „wilde und ephemere Musik" in einem Flugblatt, in dem sie außerdem proklamierten: „Unsere Forderungen müssen innerhalb einer vorgegebenen Frist angenommen werden, sonst bedeutet das die Revolution." Sie nahmen diesen kongolesischen Ton wieder auf, den die Lumumba-Anhänger[54] und Mulelisten[55] genau in dem Augenblick populär machten, als das Proletariat der industrialisierten Länder begann, seine mögliche Unabhängigkeit zu erproben, und der so gut ausdrückt, wovor alle Machthaber Angst haben: die naive Spontaneität derer, die zum politischen Bewusstsein gelangen. Auf ähnliche Weise nahm die an sich lächerliche Formel „Wir sind alle deutsche Juden" im Mund der Araber, die diese am 24. Mai an der Bastille skandierten, einen wirklich beunruhigenden Tonfall an. Denn jeder dachte daran, dass man eines Tages das Massaker vom Oktober 1961[56] rächen müsste und dass kein Ablenkungsmanöver im Hinblick auf den israelisch-arabischen Krieg das verhindern könnte. Die Übernahme des Passagierschiffs France durch seine Besatzung auf offener See vor Le Havre hatte trotz seiner geringen Folgen das Verdienst, denen, die

54 Patrice Émery Lumumba (1925-1961) war von Juni bis September 1960 erster Premierminister des unabhängigen Kongo (heute Demokratische Republik Kongo). Im Rahmen der Kongokrise wurde er auf Betreiben der Regierung der USA und Belgiens hin von Joseph Kasavubu (1910?-1969) abgesetzt. Zwei Monate nach der Wahl spaltete sich die bodenschatzreiche Provinz Katanga vom Rest des Kongos ab. Unterstützt wurde das Vorhaben von Belgien und den USA, welche Uran aus dem Kongo bezogen. Regiert wurde Katanga danach von Moïse Tschombé (1919-1969), welcher der Kolonialmacht Belgien sehr nahe stand. Die USA drängte außerdem auf die Entlassung Lumumbas durch den Präsidenten Kasavubu. Als Lumumba daraufhin allerdings Kasavubu aus seinem Amt enthob, kam es zu einem Putsch von Oberst Joseph Mobutu, welcher von den USA abgesegnet war. Lumumba wurde unter Hausarrest gesetzt. Nachdem ihm die Flucht gelang, versuchte er, die Verschwörung bei einer Kundgebung öffentlich zu machen. Daraufhin wurde er wieder festgenommen und am 17. Januar 1961 von Unterstützern Mobutus und Kasavubus mit Unterstützung der CIA und belgischen Soldaten ermordet (Anm. d. Setzers).

55 Pierre Mulele (1929-1968) war ein Anhänger des gestürzten Premierministers Patrice Lumumba, führte den zivilen Aufstand der Kwilu-Rebellion (1963–1965) im Westen der heutigen Demokratischen Republik Kongo an. Die Rebellion rebellischer Maoist*innen fand im weiteren Kontext des Kalten Krieges und der Kongokrise statt. Basierend auf dem Unabhängigkeitskampf wurde die Rebellion durch wirtschaftliche, soziale und kulturelle Missstände gefördert. Unterstützt wurde die Rebellion von der Volksrepublik China. Die Rebellion wurde in den ersten Monaten des Jahres 1965 unterdrückt (Anm. d. Setzers).

56 Am 17. Oktober 1961 während des Algerienkriegs (1954–1962) wurde bei einer Demonstration in Paris schätzungsweise mindestens 200 Menschen getötet wurden. Die Pariser Polizei ging auf Anordnung der Verwaltung brutal gegen eine nicht genehmigte, aber friedliche Demonstration mehrerer zehntausend Algerier*innen vor, zu der die algerische Unabhängigkeitsbewegung FLN aufgerufen hatte. Die Opfer wurden erschossen oder erschlagen. Nach Aussagen von Zeitzeugen wurden sie auch in die Seine geworfen, wo sie starben. Diese Massendemonstration wurde in den französischen Medien lange Zeit nahezu vollständig totgeschwiegen und erst Jahrzehnte später zum Gegenstand einer öffentlichen Diskussion (Anm. d. Setzers).

„Abschaffung der Klassengesdellschaft / Rat zur Aufrechterhaltung der Besetzungen”

Wir haben nur den ersten Aufstand unserer Revolution gemacht. „Also, die richtigen Ferien, das war an dem Tag, als wir kostenlos eine Parade angucken konnten, als wir mitten auf der Straße ein riesiges Feuer anzünden konnten, ohne dass die Bullen uns daran gehindert haben." Harpo MARX (Harpo speaks)

heute über die Chancen der Revolution nachdenken, in Erinnerung zu rufen, dass die Haltungen der Matrosen von Odessa, Kronstadt und Kiel nicht der Vergangenheit angehören. Das Ungewöhnliche wurde alltäglich in dem Maße, wie das Alltägliche erstaunliche Veränderungsmöglichkeiten eröffnete. Die Forscher des Observatoriums in Meudon stellten die astronomische Beobachtung unter Selbstverwaltung. Die Nationaldruckerei streikte. Die Totengräber besetzten die Friedhöfe, die Fußballer feuerten die Vorsitzende ihrer Vereine und gaben ein Flugblatt heraus, in dem sie forderten: „Der Fußball den Fußballern". Der alte Maulwurf schonte nichts, weder die alten noch die neuen Privilegierten. Die Assistenzärzte und die jungen Ärzte hatten die Feudalstruktur, die in ihrer Fakultät herrschte, aufgelöst, auf ihre „Bosse" gespuckt, bevor sie sie hinausgejagt hatten. Sie hatten gegen das Ärztekollegium Partei ergriffen und den medizinischen Konzepten den Prozess gemacht. Die „protestierenden leitenden Angestellten" gingen so weit, dass sie sogar ihr eigenes Recht auf Autorität in Frage stellten, als ein negatives Privileg, mehr konsumieren und folglich weniger leben zu dürfen. Sogar die Werbeleute folgten dem Vorbild der Proletarier, die das Ende des Proletariats *forderten*, indem sie die Abschaffung der Werbung verlangten.

Dieser klar formulierte Wille zu einer wirklichen Veränderung brachte umso deutlicher die gemeinen, lächerlichen Manöver der Fälscher ans Licht, derer, die ihren Beruf daraus machen, die alte Welt mit scheinbaren Veränderungen zu verkleiden. Wenn die Pfaffen wieder ihre Klappe aufreißen konnten, ohne dass ihnen die Kirchen über dem Kopf zusammenbrachen, dann deshalb, weil die revolutionäre Spontaneität – die in Spanien 1936 den richtigen Gebrauch der kirchlichen Gebäude bestimmte – noch unter dem Joch des Stalino-Guevarismus stand. Denn war es nicht erstaunlich, dass sich die Synagogen, Tempel und Kirchen in „Zentren des Protestes" verwandelten, um die alten Mystifikation im neuen Gewand aufzutischen, mit dem Segen derer, die seit über einem halben Jahrhundert die modernistische Suppe kochen. Da man die besetzten Sakristeien und leninistischen Theologen duldete, wurde es schwierig, gewissen Leuten das Maul mit ihrer eigenen Unverschämtheit zu stopfen: z.B. den Museumsdirektoren, die die Sanierung ihrer Lager forderten; den Schriftstellern, die das Hotel Massa, das schon ganz anderes erlebt hatte, Fäkalienentleerern der Kultureliten vorbehalten wollten; den Filmemachern, die das auf Zelluloid rekuperierten, was die revolutionäre Gewalt keine Zeit gehabt hatte zu zerstören; schließlich den Künstlern, die wieder die alte Hostie der revolutionären Kunst auf der Zunge zergehen ließen.

„Konsumiert mehr, dann lebt ihr weniger"

Trotzdem hatten Millionen Menschen im Zeitraum einer Woche mit der schwer lastenden Vergangenheit der Entfremdungsbedingungen gebrochen, mit der Überlebensroutine, mit der ideologischen Verfälschung, mit der umgekehrten Welt des Spektakels. Zum ersten Mal seit der Kommune von 1871 und mit einer besseren Zukunftsaussicht nahm der individuelle wirkliche Mensch den abstrakten Bürger in sich auf; als individueller Mensch in seinem empirischen Leben, in seiner individuellen Arbeit, in seinen individuellen Beziehungen wurde er ein Gattungswesen und erkannte so seine eigenen Kräfte als soziale Kräfte. Das große Fest, die revolutionäre Fête, gewährte schließlich jenen richtige Ferien, die nur Arbeits- und Urlaubstage kannten. Die hierarchische Pyramide war wie Schnee in der Maisonne geschmolzen. Man sprach miteinander, man verstand sich, ehe man noch richtig ausgeredet hatte. Es gab keine Intellektuellen, keine Arbeiter mehr, sondern nur noch Revolutionäre, die sich überall unterhielten und eine Art von Kommunikation verallgemeinerten, von der sich nur die „Arbeiter"-Intellektuellen und andere Aspiranten auf Führungsrollen ausgeschlossen fühlten. In diesem Kontext hatte das Wort „Genosse" seinen authentischen Sinn wieder gefunden, es bezeichnete wirklich das Ende der Trennungen; und die, die es in stalinistischer Manier benutzten, begriffen bald, dass sie nur um so besser als Wachhunde denunziert wurden, sobald sie die Sprache der Wölfe sprachen. Die Straßen gehörten denen, die die Pflastersteine herausrissen. Das plötzlich wiederentdeckte alltägliche Leben wurde das Zentrum aller möglichen Eroberungen. Leute, die immer in Büros gearbeitet hatten, die

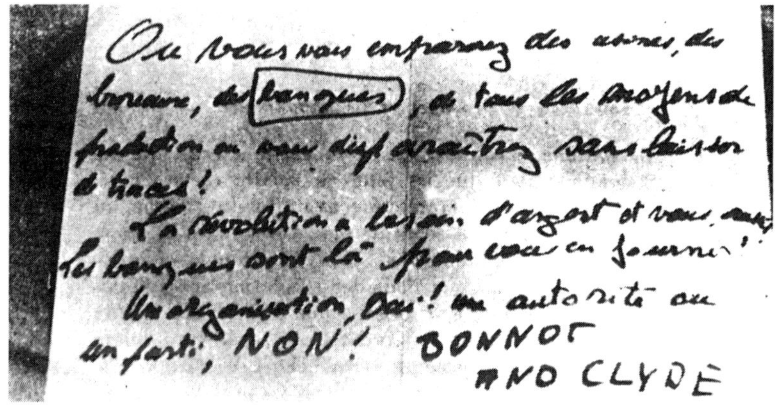

Ou vous vous emparez des usines, des bureaux, des banques, de tous les moyens de production ou vous disparaîtrez sans laisser de traces!
La révolution a besoin d'argent et vous aussi. Les banques sont là pour vous en fournir!
Une organisation, oui! une autorité ou un parti, NON! BONNOT AND CLYDE

„Entweder ihr bemächtigt euch der Fabriken, Büros und Banken, aller Produktiuonsmittel oder ihr verschwindet, ohne Spuren zu hinterlassen. Die Revolution braucht Geld und ihr auch. Die Banken sind da, um es euch zu liefern! Eine Organisation, ja! eine Autorität oder eine Partei, nein! BONNOT AND CLYDE"

jetzt besetzt waren, erklärten, dass sie nie wieder so leben könnten wie vorher, auch nicht ein wenig besser als vorher. Man fühlte genau, dass es in der beginnenden Revolution nur noch taktische Rückzüge, aber keinen Verzicht mehr geben würde. Anlässlich der Besetzung des Odéon zog sich der Intendant hinter die Bühne zurück, um, nachdem der Überraschungsmoment vorbei war, einige Schritte nach vorne auf die Bühne zu machen und auszurufen: „Jetzt, wo ihr es besetzt habt, behaltet es, gebt es nie wieder zurück, verbrennt es lieber!" Dass das Odéon dann vorübergehend wieder an seine kulturellen Galeerensklaven zurückgegeben wurde und nicht in Flammen aufging, zeigt nur, dass man sich erst im Anfangsstadium befand. Die kapitalisierte Zeit stand still. Ohne Bahn, ohne Metro, ohne Auto, ohne Arbeit holten die Streikenden die Zeit nach, die sie auf so triste Weise in den Fabriken, auf den Straßen, vor dem Fernseher verloren hatten. Man bummelte herum, man träumte, man lernte zu leben. Die Wünsche fingen an, allmählich Wirklichkeit zu werden. Zum ersten Mal gab es wirklich eine Jugend. Nicht diese soziale Kategorie, die von Soziologen und Wirtschaftswissenschaftlern zum Wohle der Warengesellschaft erfunden wurde, sondern die einzig wirkliche Jugend, die der ohne toten Punkt erlebten Zeit, die den polizeilichen Bezug auf das Alter zugunsten der Intensität ablehnt („Es lebe die kurzlebige marxistisch-pessimistische Jugend" war als Parole zu lesen). Die radikale Theorie, bei den Intellektuellen als schwierig verschrien, die unfähig waren, sie zu leben, wurde für alle erreichbar, die sie in ihren geringsten Gesten der Verweigerung spürten, und deshalb hatten sie auch kei-

Das Kommissariat der Rue Beaubourg am Tag nach dem 24. Mai.
„Diesen verschiedenen Bilanzen muss man die Schäden zurechnen, die die Polizeipräfektur erlitten hat und die sich folgendermaßen aufgliedern lassen: 9 verwüstete Polizeireviere (Odéon / Sainte Avoie / Plaisance / Saint-Thomas d'Aquin / Saint-Germain-des-Prés / Batignolles / Clignancourt / Montparnasse / Goutee d'Or); 3 Unfallwagen wurden in Brand gesteckt, 10 Polizeifahrzeuge beschädigt ..."
(Liaisons, Bulletin der Polizeipräfektur, Nr. 151)

nerlei Schwierigkeiten, das auf den Mauern theoretisch zu formulieren, was sie zu leben wünschten. Ein Abend auf den Barrikaden hatte genügt, um die Rocker zu politisieren und sie mit der fortgeschrittensten Fraktion der Bewegung der Besetzungen übereinstimmen zu lassen. Zu den objektiven Bedingungen, die die S.I. vorausgesehen hatte und die zur Untermauerung und Verbreitung ihrer Thesen beitrugen, kam die technische Hilfe der besetzten Druckereien hinzu. Unter den

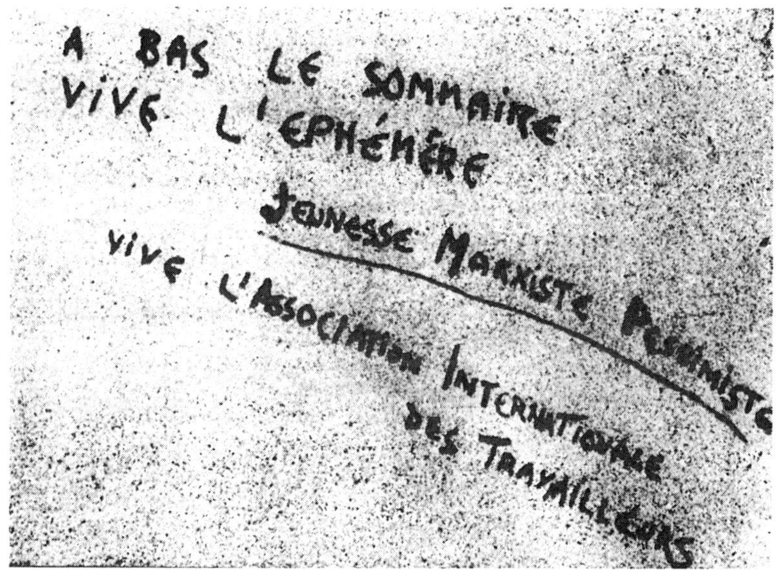

„Nieder mit dem Summarischen / Es lebe die kurzlebige marxistisch-pessimistische Jugend / Es lebe die internationale Arbeiterassoziation"

wenigen Streikenden[57], die über den sterilen Zustand der passiven Besetzung hinausgingen, waren einige Drucker, die sich entschlossen, diejenigen praktisch zu unterstützen, die an der Spitze des Kampfes standen. Flugblätter und Plakate, die zur Bildung von Arbeiterräten aufriefen, erreichten so eine sehr hohe Auflage. Die Aktion der Drucker entsprach dem klaren Bewusstsein der Notwendigkeit, in der sich die Bewegung befand, allen Streikenden die Produktionsmittel und Konsumzentren zur Verfügung zu stellen. Es war aber auch Ausdruck einer Klassensolidarität, die bei anderen Arbeitern eine andere Form annahm. Das Personal der Firma Schlumberger legte Wert darauf, festzustellen, dass sich ihre Forderungen „keineswegs auf die Löhne" bezögen, und trat in den Streik, um die besonders ausgebeuteten Arbeiter der benachbarten Danone-Fabrik zu unterstützen. Die Arbeiter des FNAC-Kaufhauses erklärten in einem Flugblatt: „Wir, die Arbeiter der FNAC, sind in den Streik getreten, nicht für die Erfüllung unserer spezifischen Forderungen, sondern um an der Bewegung teilzunehmen, die gegenwärtig zehn Millionen Hand- und Kopfarbeiter mobilisiert ..." Der Internationalismus, den die Spezialisten der fried-

57 Ein Unternehmen im westlichen Pariser Vorort stellte Walkie-Talkies für den Gebrauch der Demonstranten her. Postbeamte verschiedener Städte stellten Fernverbindungen für die Streikenden her.

„Unter dem Pflaster: der Strand"

lichen Koexistenz und des exotischen Guerillakampfes voreilig vergessen hatten oder in den Grabreden des schwachsinnigen Régis Débray[58] hatten verschwinden lassen, tauchte mit einer Stärke wieder auf, die als gutes Zeichen für die baldige Rückkehr der Internationalen Brigaden gelten kann. Gleichzeitig löste sich plötzlich das ganze Spektakel um die Außenpolitik, Vietnam an der Spitze, auf und enthüllte, was es immer gewesen war: falsche Probleme für falsche Proteste. Man applaudierte der Übernahme des Bumidom[59] durch die Antillesen, den Besetzungen der internationalen Studentenheime. Selten wurden so viele Nationalflaggen von so vielen Ausländern verbrannt; sie waren entschlossen, ein für alle Mal mit den Staatssymbolen Schluss zu machen, bevor sie den Staaten selbst ein Ende setzen würden. Die französische Regierung antwortete auf diesen Internationalismus, indem sie die Spanier, Perser, Tunesier, Portugiesen, Afrikaner und alle anderen, die in Frankreich von einer bei ihnen verbotenen Freiheit träumten, in die Gefängnisse aller Länder auslieferte.

58 Régis Jules Debray, geboren 1940, ist ein französischer Philosoph, Journalist, Schriftsteller, Professor und zeitweiliger Kampfgenosse Che Guevaras (Anm. d. Setzers).

59 Das *Bumidom* oder *Entwicklungsamt für Migration in den überseeischen Departements* war eine öffentliche Einrichtung, die für die Unterstützung der Migration von Menschen in den überseeischen Departements zum französischen Festland zuständig war (Anm. d. Setzers).

Dem ganzen Geschwätz über die partiellen Forderungen würde es nicht gelingen, einen einzigen Augenblick erlebter Freiheit auszulöschen. Innerhalb weniger Tage hatte die Gewissheit, dass eine globale Veränderung möglich ist, einen Punkt erreicht, von dem aus keine Rückkehr mehr möglich war. In ihrer wirtschaftlichen Grundlage getroffen, hörte die hierarchische Organisationsform auf, wie etwas Schicksalhaftes zu erscheinen. Die Ablehnung der Chefs und Ordnungsdienste, wie der Kampf gegen den Staat und seine Polizisten, war zunächst an den Arbeitsplätzen Wirklichkeit geworden, wo man Unternehmer und Vorgesetzte jeden Ranges verjagt hatte. Selbst die Anwesenheit von Lehrlingen der Führungsmacht, den Vertretern der Gewerkschaften und Parteien, konnte bei den Revolutionären nicht den Eindruck auslöschen, dass das, was mit der größten Leidenschaft geschaffen worden war, ohne Führer – also gegen sie – geschehen war. Der Ausdruck „Stalinist" wurde so zur allgemein anerkannten schlimmsten Beleidigung in der politischen Szene.

Die Arbeitsniederlegung als wesentliche Phase einer Bewegung, die kaum ihren aufständischen Charakter verhehlte, brachte wieder den offensichtlichen Grundsatz ins Bewusstsein, dass die entfremdete Arbeit die Entfremdung erzeugt. Das Recht auf Faulheit setzte sich durch, nicht nur in volkstümlichen Slogans wie „Arbeitet

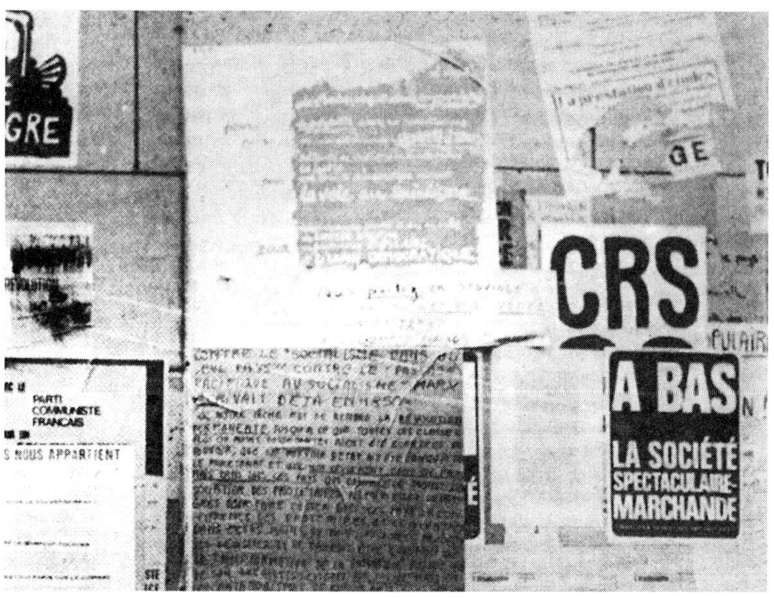

unten rechts: „Nieder mit der spektakulären Warengesellschaft" sur l'air de :

NOS SOLDATS A LA ROCHELLE
(chanté par Jacques Douai le 11 mai 68)

Refrain : DES CANONS, PAR CENTAINES
DES FUSILS, PAR MILLIERS
DES CANONS, DES FUSILS, PAR MILLIERS.

RUE GAY-LUSSAC LES REBELLES
N'ONT QU'LES VOITURES A BRÛLER
QUE VOULIEZ-VOUS DONC, LA BELLE,
QU'EST-CE DONC QUE VOUS VOULIEZ ?

DITES MOI COMMENT S'AP-ELLE
CE JEU LÀ QUE VOUS JOUIEZ ?
LA RÊGLE EN PARAIT NOUVELLE
QUEL JEU, QUEL JEU SINGULIER.

LA REVOLUTION, LA BELLE,
EST LE JEU QUE VOUS OSIEZ
ELLE SE JOUE DANS LES RUELLES
ELLE SE JOUE GRÂCE AUX PAVÉS.

Text des Liedes des CMDO (selbstverständlich hat Jacques Douai diesen Text nicht gesungen)

„An der Kreuzung der Rue des Écoles und des Boulevard Saint Germain stehen Leute um einen Sänger im Kreis. Er hat auf einer Mauer den Text eines Liedes angeschlagen, das über die jüngsten Ereignisse geschrieben wurde. ‚Gewehre zu Hunderten, Kanonen zu Tausenden', heißt es im Refrain.Endet das alles, wie andere, weit tragischere Ereignisse, mit Liedern, die an jeder Straßenecke gesungen werden?"
(*France-Soir*, 15. Juni 1968)

Text des Liedes im Anhang, Unsere Soldaten in La Rochelle

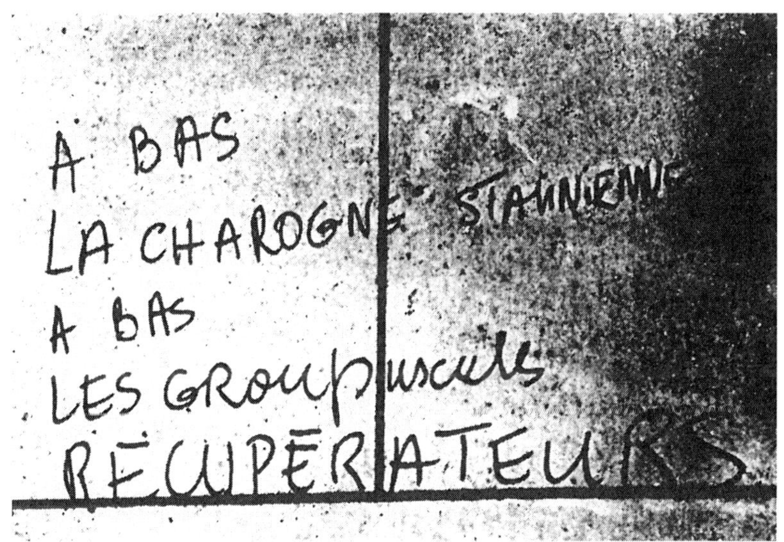

„Nieder mit dem stalinistischen Aas / Nieder mit den Grüppchen der Rekruperateure"

nie" oder „Leben ohne tote Zeit, genießen ohne Hemmungen", sondern vor allem in der Entfesselung von spielerischen Aktivitäten. Bereits Fourier[60] hatte bemerkt, dass Lohnarbeiter einige Stunden zur Errichtung einer Barrikade brauchen, die Aufständische in einigen Minuten bauen. Das Verschwinden der Zwangsarbeit fiel notwendigerweise mit dem Aufschwung der Kreativität in allen Bereichen zusammen: in den Parolen, in der Sprache, im Benehmen, in der Taktik, bei den Kampftechniken, der Agitation, den Liedern, den Plakaten und Comics. Jeder kann daran die Menge kreativer Energie ermessen, die in den Zeiten des Überlebens, den zur Leistung verurteilten Tagen, beim Einkaufen, vor dem Fernseher, bei der zum Prinzip erhobenen Passivität verpulvert wird. Mit demselben Geigerzähler kann man die Trübseligkeit der Freizeitfabriken messen, in denen man bezahlt, um gelangweilt die Waren zu konsumieren, die man mit Überdruss produziert hat, was wiederum die Freizeitvergnügungen als wünschenswert erscheinen lässt. „Unter dem Pflaster liegt der Strand", stellte ein Mauernpoet freudig fest, während gleichzeitig ein vom Nationalrat der französischen Arbeitgeber CNPF (*Conseil National du Patronat Français*) unterzeichneter Brief den Arbeitern zynisch empfahl, die

60 Charles Fourier (1772-1837) war ein Vertreter des Frühsozialismus und ein scharfer Kritiker des frühen Kapitalismus (Anm. d. Setzers).

Comic, von den Räteideen inspiriert und in Toulouse veröffentlicht.

Fabrikbesetzungen zu vergessen und von ihren Lohnerhöhungen zu profitieren, um ihre Ferien im Club Méditerranée zu verbringen.

Die Aggressivität, die von den Massen an den Tag gelegt wurde, richtete sich – darüber braucht man nicht zu streiten – gegen das Warensystem. Wenn auch wenig geplündert wurde, so erlitten doch viele Schaufenster die Kritik der Pflastersteine. Schon seit langem hatten die Situationisten vorausgesehen, dass die ständige Einladung, von den verschiedensten Gegenständen zu profitieren – gegen eine hinterlistige Geldgegenleistung – die Wut der hintergangenen und einzig als Konsumenten angesehenen Massen hervorrufen würde. Die Privatautos, die gleichermaßen die Entfremdung der Arbeit und der Freizeit, die mechanische Langeweile, die Schwierigkeit der Fortbewegung und den ständigen Groll ihrer Besitzer symbolisieren, waren ein bevorzugtes Objekt für die Feuerteufel. (Man ist mit Recht erstaunt, dass die Humanisten, die gewöhnlich prompt jede Gewalttätigkeit denunzieren, es nicht für nötig hielten, dieser heilsbringenden Tat Applaus zu spenden, die eine ganze Anzahl von Personen, die täglich bei Verkehrsunfällen ums Leben kommen, vor dem sicheren Tod bewahrten.) Der durch die Schließung der Banken herbeigeführte Geldmangel wurde nicht als Behinderung, sondern als Erleichterung der menschlichen Beziehungen verspürt. Ende Mai begann man sich an die Idee des Verschwindens von Geld zu gewöhnen. Tatkräftige Solidarität überbrückte die Mängel des persönlichen Unterhalts. Essen wurde an vielen Orten gratis verteilt, die von Streikenden besetzt worden waren. Alle wussten im Übrigen genau, dass man im Falle einer Verlängerung des Streiks zu Beschlagnahmungen übergehen musste und so eine Periode des wahren Überflusses einleiten würde.

Das war also die verwirklichte Theorie, die praktische Verweigerung der Ideologie. Diejenigen, die auf diese Weise radikal handelten, sahen sich doppelt geeignet, die Verzerrungen der Wirklichkeit zu denunzieren, die von den bürokratischen Apparaten in ihren Spiegelpalästen bei der Durchsetzung ihrer eigenen Widerspiegelung vorgenommen wird. Sie kämpften für die fortgeschrittensten Ziele des revolutionären Projektes und konnten deshalb im Namen aller und in Kenntnis der Sachlage sprechen. Sie maßen den Abstand genauer aus, der zwischen der Praxis der Basis und den Ideen der Führer besteht. Seit den ersten Versammlungen in der Sorbonne wurden diejenigen, die behaupteten, im Namen einer traditionellen Gruppe und einer spezialisierten Politik zu sprechen, ausgebuht; es wurde ihnen unmöglich gemacht, das Wort zu ergreifen. Auf den Barrikaden hielt es niemand für nötig, sich von anerkannten oder potentiellen Bürokraten erklären zu lassen, für wen sie kämpften. Durch das Vergnügen, das sie dabei empfanden, wussten sie, dass sie für sich kämpften, und das genügte ihnen. Das wurde das Antriebselement einer Revolution, die kein bürokratischer Apparat dulden konnte. Denn dort wurden hauptsächlich die Bremsklötze angezogen.

Die Kritik des alltäglichen Lebens fing an, erfolgreich die Szenerie der Entfremdung zu verändern. Die Rue Gay-Lussac wurde in „Straße des 11. Mai“ umbenannt, die roten und schwarzen Fahnen verliehen den Fassaden der öffentlichen Gebäude ein menschliches Aussehen, die Haussmannsche Perspektive der Boulevards wurde korrigiert, die Grünzonen neu verteilt und für den schnellen Durchgangsverkehr gesperrt. Jeder kritisierte auf seine Art den Urbanismus. Was die Kritik des künstlerischen Projekts angeht, so darf man diese nicht bei den Handelsreisenden des Happenings oder den Abfällen der Avantgarde suchen, sondern auf der Straße, auf den Mauern und in der allgemeinen Emanzipationsbewegung, die auch die Verwirklichung der Kunst enthielt. Ärzte, die sich ansonsten so oft der Verteidigung ihrer Standesinteressen widmen, liefen ins Lager der Revolution über und denunzierten die Polizeifunktion, die sie ausüben müssen: „Die kapitalistische Gesellschaft hat unter der Decke einer scheinbaren Neutralität (Liberalismus, ärztliche Berufung, nicht aktiv eingreifender Humanismus) den Arzt auf die Seite der Repressionskräfte gestellt: Es ist seine Aufgabe, die Bevölkerung arbeits- und konsumfähig zu erhalten (Beispiel: die Arbeitsmedizin), die Leute zur Annahme einer Gesellschaftsform zu zwingen, die sie krank macht (Beispiel: Psychiatrie)." (Auszug aus dem Flugblatt *Medizin und Repression*, herausgegeben vom Nationalen Zentrum junger Ärzte). Den Assistenzärzten und Krankenpflegern der Psychiatrie von Sainte-Anne kommt die Ehre zu, dass sie diese KZ-ähnliche Welt praktisch entlarvt haben, indem sie sie besetzten, die Schweinehunde, die André Breton[61] gern hätte krepieren sehen, verjagten und Vertreter der angeblichen Kranken in das Besetzungskomitee aufnahmen.

Selten hat man so viele Leute so viele „normale" Verhaltensweisen in Frage stellen sehen, und ohne Zweifel wird man eines Tages feststellen müssen, dass im Mai 1968 das *Gefühl von* tiefgreifenden Umwälzungen der tatsächlichen Umgestaltung der Welt und des Lebens vorausging. So ging überall ein *deutlich räteähnliches Verhalten* dem Auftauchen der Räte voraus. Das aber, was die jungen Rekruten des neuen Proletariats fertigbringen können, werden die Arbeiter besser machen, sobald sie aus den Käfigen ausgebrochen sind, in denen sie von den Affen der Gewerkschaften gehalten werden; d.h. bald, wenn man Parolen wie „Lynchen wir Séguy" ernst nimmt.

Die Bildung von Basis-Aktionskomitees war ein besonderes und positives Merkmal der Bewegung; und doch waren in ihr die wichtigsten Hindernisse enthalten, die die Bewegung zerstören sollten. Sie gingen ursprünglich aus dem entschiedenen Willen hervor, den bürokrati-

61 André Breton (1896-1966) war ein französischer Dichter, Schriftsteller und der wichtigste Theoretiker des Surrealismus (Anm. d. Setzers).

schen Manipulationen zu entgehen und an der Basis im Rahmen der allgemeinen Subversion eine autonome Aktion auf die Beine zu stellen. So konnten beispielsweise die Aktionskomitees von Rhône-Poulenc, NMPP und die einiger Kaufhäuser von Anfang an gegen alle Manöver der Gewerkschaften mit dem Streik beginnen und ihn verschärfen. Das Gleiche gilt für die Aktionskomitees „Studenten-Arbeiter", denen es gelang, die Ausdehnung und Radikalisierung des Streiks zu beschleunigen. Jedoch krankten die „Basis-Komitees" an der kläglichen Tatsache, dass sie von „Militanten" in die Diskussion gebracht worden waren. Die meisten von ihnen waren eine leichte Beute für die Unterwanderungsspezialisten: Sie ließen sich durch Sektenstreitigkeiten lähmen und entmutigten die naiven Gutwilligen. Viele verschwanden auf diese Art und Weise. Andere widerten die Arbeiter durch ihren Eklektizismus und ihre Ideologie an. Ohne direkte Einwirkungsmöglichkeiten auf die tatsächlichen Kämpfe wurden die Komitees zu einem zwitterhaften Subprodukt der revolutionären Aktion: Sie begünstigten alle Karikaturen, alle Rekuperationen (Aktionskomitee Odéon, Aktionskomitee Schriftsteller usw.)

Die Arbeiterklasse hatte spontan das realisiert, was keine Gewerkschaft, keine Partei an ihrer Stelle machen konnte oder wollte: die Ingangsetzung von Streiks und Fabrikbesetzungen. Sie hatte das Wesentliche getan, ohne das nichts möglich gewesen wäre, aber sie tat nichts darüber hinaus und gab so den von außen kommenden Kräften die Gelegenheit, ihr ihren Sieg zu nehmen und an ihrer Stelle zu sprechen. Der Stalinismus spielte da seine schönste Rolle seit Budapest. Die so genannte kommunistische Partei und ihr gewerkschaftliches Anhängsel waren die wichtigste gegen-revolutionäre Kraft, die die Bewegung hemmte. Weder die Bourgeoisie noch die Sozialdemokratie hätten sie so erfolgreich bekämpfen können. Weil sie die mächtigste Zentrale war und die meisten Illusionen aufrechterhalten konnte, war die CGT am deutlichsten als wichtigster Feind des Streiks sichtbar. Allerdings verfolgten auch die anderen Gewerkschaften das gleiche Ziel. Niemand jedoch fand so schöne Worte dafür wie die *Humanité*, die voller Entrüstung die Schlagzeile trug: „Regierung und Unternehmer verlängern den Streik".[62]

62 Ein in *ICO* (siehe S. 150 FN 82) Nr. 72 nachgedrucktes Flugblatt vom 8. Juni, unterzeichnet von dem Delegierten eines schwedischen Solidaritätskomitees von Arbeitern und Studenten aus Göteborg, berichtet, dass Thomasi, der Vertreter der CGT-Renault, die gesammelte Geldsumme zurückwies mit dem Argument, dass der gegenwärtige Streik eine französische Angelegenheit sei und die anderen Länder nichts angehe; dass die französischen Arbeiter „fortgeschritten" seien und es ihnen daher an nichts fehle, schon gar nicht an Geld ... dass der

In der modernen kapitalistischen Gesellschaft sind die Gewerkschaften weder eine entartete Arbeiterorganisation noch eine revolutionäre Organisation, die von ihren bürokratisierten Führern verraten worden ist, sondern sie sind ein Mechanismus der Integration des Proletariats in das Ausbeutungssystem. Ihrem Wesen nach reformistisch, ist die Gewerkschaft – was auch immer der politische Inhalt der in ihr herrschenden Bürokratie ist – der beste Stützpfeiler der Unternehmer, die ihrerseits reformistisch geworden sind. (Das konnte man 1960-1961 bei der Sabotage des großen wilden Streiks der belgischen Arbeiter durch die sozialistische Gewerkschaft sehen). Sie ist der Hauptbremsklotz jedes Willens zur totalen Emanzipation des Proletariats. Von nun an wird jede Revolte der Arbeiterklasse in erster Linie gegen ihre eigenen Gewerkschaften gerichtet sein. Das ist die grundlegende Wahrheit, die die Neobolschewiken sich weigern anzuerkennen.

Obgleich sie die Parole „Revolution" ausgaben, sind sie in der Sphäre der Konterrevolution geblieben: Die Maoisten und Trotzkisten haben sich stets in Bezug zum offiziellen Stalinismus definiert. Dadurch haben sie dazu beigetragen, die Illusionen des Proletariats über die KPF und die Gewerkschaften zu erhalten. Es war so keineswegs erstaunlich, dass sie wieder „Verrat" riefen, wo es nur um ein natürliches bürokratisches Verhalten ging. Indem sie die „revolutionären" Gewerkschaften verteidigen, träumen sie alle davon, sie einmal zu unterwandern. Sie erkennen nicht nur das Neue nicht, sondern sie versteifen sich darauf, die Irrtümer der Vergangenheit zu reproduzieren: Sie stellen das schlechte Gedächtnis des Proletariats dar, indem sie alle missglückten Revolutionen unserer Epoche wieder aufleben lassen, von 1917 bis zu den Revolutionen bäuerlich-bürokratischen Charakters in China und Kuba. Ihre anti-historische tote Kraft hat schwer auf der Waagschale der Konterrevolution gelastet, und ihre ideologische Sprache hat dazu beigetragen, die wirklichen Dialoge, die überall begannen, zu verfälschen.

Aber all diese objektiven Hindernisse außerhalb der Aktion und des Bewusstseins der Arbeiterklasse hätten der Dauer einer Fabrikbesetzung nichts anhaben können, wenn die subjektiven Hindernisse innerhalb

gegenwärtige Streik keineswegs revolutionär sei, dass nur die „Forderungen" auf dem Spiel stünden, dass die Ingangsetzung eine romantische Idee sei und der französischen Situation nicht angemessen; dass dieser Streik das Ergebnis einer jahrelangen geduldigen, systematischen Arbeit der Gewerkschaften sei und dass unglücklicherweise kleine infiltrierte Gruppen versuchten, Arbeiter und Gewerkschaftsführer gegeneinander aufzuhetzen, indem sie glauben machten, dass die Gewerkschaften den Arbeitern in den Streik gefolgt wären und nicht umgekehrt.

des Proletariats nicht auch bestanden hätten. Denn die revolutionäre Strömung, die in wenigen Tagen Millionen von Werktätigen mobilisierte, ging von einem sehr niedrigen Niveau aus. Man erträgt nicht ungestraft mehrere Jahrzehnte konterrevolutionärer Geschichte. Etwas bleibt immer nach, und diesmal war der Rückstand des theoretischen Bewusstseins das Schwerwiegendste. Die Entfremdung durch die Ware, die spektakuläre Passivität und die organisierte Trennung sind die Haupterrungenschaften des modernen Überflusses; gegen diese Aspekte richtete sich der Maiaufstand in erster Linie, aber der im Bewusstsein der Leute selbst versteckte Anteil dieser Aspekte rettete die alte Welt. Die Proletarier sind spontan in den Kampf gezogen, einzig mit der Waffe ihrer revoltierenden Subjektivität; die Tiefe und die Heftigkeit dessen, was sie getan haben, ist die unmittelbare Antwort auf die unerträgliche herrschende Ordnung; aber letzten Endes hatten die revolutionären Massen keine Zeit, ein genaues und wirkliches Bewusstsein dessen zu entwickeln, was sie taten. Und dieses Auseinanderfallen zwischen dem Bewusstsein und der Praxis bleibt das grundsätzliche Kennzeichen unvollendeter proletarischer Revolutionen. Das geschichtliche Bewusstsein ist die Bedingung *sine qua non* der sozialen Revolution. Sicher gab es bewusste Gruppen, die den tieferen Sinn der Bewegung geahnt und ihre Entwicklung verstanden haben; sie haben am konsequentesten und radikalsten gehandelt. Denn es waren nicht die radikalen Ideen, die gefehlt haben, sondern vor allem eine *kohärente und organisierte Theorie*.

Diejenigen, die von Marcuse[63] als „Theoretiker" der Bewegung sprachen, wussten nicht, wovon sie redeten. Sie haben weder Marcuse verstanden *geschweige* denn die Bewegung selbst. Die *Ideologie* Marcuses, bereits in sich lächerlich, ist der Bewegung als Markenzeichen verpasst worden, wie Geismar, Sauvageot und Cohn-Bendit als ihre Vertreter „ausgewählt" wurden. Selbst diese gestanden im Übrigen, dass sie Marcuse nicht kannten[64]. Wenn die revolutionäre Krise des

63 Herbert Marcuse (1898-1979) war ein deutsch-amerikanischer Philosoph, Politologe und Soziologe. Seine Werke *Triebstruktur und Gesellschaft* (1955) und *Der eindimensionale Mensch* (1964) sowie die Schriften zur *Repressiven Toleranz* (1965) und zu dem Sammelband *Studien über Autorität und Familie* von 1936 gehören zu den wichtigsten Arbeiten der Kritischen Theorie und zählten zu den Standardwerken der Student*innenbewegung in aller Welt, vorwiegend in den USA und Deutschland (Anm. d. Setzers).

64 Obwohl sie tatsächlich sehr wenig gelesen haben, lassen es sich diese Rekuperations-Intellektuellen nicht nehmen, auch noch ihre wenigen Lektüren zu verheimlichen, um als reine Männer der Tat zu erscheinen. Indem sie eine Unabhängigkeit voraussetzen, die ihnen aus der Aktion erwachsen soll, hoffen sie, vergessen lassen zu können, dass sie nur die Werbe-Marionetten dieser inszenierten Ak-

Mai wirklich etwas verdeutlicht hat, dann das Gegenteil der Thesen Marcuses: eben dass das Proletariat nicht integriert ist, sondern die entscheidende revolutionäre Kraft der modernen Gesellschaft darstellt. Pessimisten und Soziologen müssen ihre Rechnungen neu stellen. Die „Unterentwickelten", die Black-Power-Bewegung und die Dutschkisten[65] ebenfalls.

Dieser theoretische Rückstand hat auch alle praktischen Unzulänglichkeiten hervorgebracht, die dazu beigetragen haben, den Kampf zu lähmen. Wenn auch das Prinzip des Privateigentums, die Grundlage der bürgerlichen Gesellschaft, überall mit Füßen getreten wurde, so gab es doch nur wenige, die bis zum Letzten zu gehen wagten. Die Verweigerung der Plünderung war nur ein Detail: Nirgends gingen die Arbeiter so weit, die Warenlager der Kaufhäuser zu verteilen. Fast nie wurde die Ingangsetzung bestimmter Produktions- oder Verteilungssektoren im Dienst der Streikenden beschlossen, trotz einiger isolierter Aufrufe im Sinne einer solchen Perspektive. Tatsächlich setzt ein solches Unterfangen bereits eine andere Organisationsform des Proletariats als die der Gewerkschaftspolizei voraus. Und das Fehlen dieser autonomen Form machte sich grausam bemerkbar.

Wenn es dem Proletariat nicht gelingt, sich revolutionär zu organisieren, kann es nicht siegen. Die Seufzer der Trotzkisten über das Fehlen einer „Avantgarde-Organisation" sind das direkte Gegenteil des historischen Projekts der Emanzipation der Arbeiter. Der Zugang der Arbeiterklasse zum geschichtlichen Bewusstsein wird das Werk der Arbeiter selbst sein, und nur durch das Mittel einer autonomen Organisation können sie dorthin gelangen. Die Form der Arbeiterräte bleibt das Mittel und das Ziel dieser totalen Emanzipation.

Diese subjektiven Hindernisse bewirkten, dass das Proletariat nicht für sich selbst das Wort ergreifen konnte, und erlaubten gleichzeitig den Spezialisten der Sprache – die zu den Hauptverantwortlichen dieser Hindernisse zählen – weiter ihr Hochamt zu zelebrieren. Aber

tion waren. Was soll man von der zynischen Erklärung halten, die Geismar in *La révolté étudiante* (Editions du Seuil) von sich gibt: „*Vielleicht in zwanzig Jahren, wenn es uns gelingt, eine neue Gesellschaft aufzubauen und innerhalb dieser eine neue Universität*, werden sich Historiker oder Ideologen finden, um in einer Reihe von Pamphleten oder Werkchen von Philosophen oder anderen die schöpferischen Quellen dessen, was geschehen wird, zu entdecken; aber ich glaube, zur Stunde sind diese Quellen informeller Natur."(Vom Autor hervorgehoben). Der ungeschickte Geismar kann seine Maske abnehmen, man hat ihn erkannt!

65 Bezieht sich auf Rudi Dutschke (1940-1979), einer der Wortführer der Student*innenbewegung der 1960er Jahre in West-Berlin und in Westdeutschland. Bei einem Attentat auf ihn im April 1968 erlitt er schwere Hirnverletzungen, an deren Spätfolgen er 1979 starb (Anm. d. Setzers).

überall, wo sie auf die radikale Theorie gestoßen sind, trugen sie ihren Schaden davon. Nie wurden so viele Leute, die es so sehr verdient hatten, *als Pack* abgestempelt: nach den offiziellen Wortführern des Stalinismus waren Leute wie Axelos[66], Godard[67], Châtelet, Morin[68], Lapassade[69] an der Reihe; sie wurden beschimpft und verjagt, sobald sie in den Vorlesungssälen der Sorbonne oder auf der Straße auftauchten, um dort ihre guten Dienste und ihre Karriere fortzusetzen. Gewiss liefen diese Reptilien keine Gefahr, vor Scham zu sterben. Sie warteten auf ihre Stunde: die Niederlage der Bewegung der Besetzungen, um von neuem ihre auf den Tagesgeschmack abgestimmte Nummer abzuziehen. Konnte man nicht sehen, wie im Programm der schwachsinnigen „Sommeruniversität" (siehe *Le Monde* vom 3. Juli) Lapassade für Vorlesungen über Selbstverwaltung, Lyotard[70] mit Châtelet für zeitgenössische Philosophie sowie Godard, Sartre[71] und Butor[72] als Mitglieder ihres „Unterstützungskomitees" angekündigt wurden?

Es ist völlig klar, dass alle, die sich der revolutionären Umgestaltung der Welt entgegenstellten, sich selbst nicht einen Deut verändert haben. Genauso unerschütterlich wie die Stalinisten, die diese unheilvolle Bewegung durch die einfache Tatsache anzeigten, dass sie die Wahlen verloren, fanden die Leninisten der trotzkistischen Parteien darin nur die Bestätigung ihrer These, dass eine Avantgarde-Partei zur Führung der Massen fehlte. Was die gewöhnlichen Zuschauer angeht, sammel-

66 Kostas Axelos (1924-2010) war ein griechischer Philosoph, der in Frankreich lehrte (Anm. d. Setzers).

67 Jean-Luc Godard (1930-2022), war ein französisch-schweizerischer Regisseur und Drehbuchautor (Anm. d. Setzers).

68 Dieses Schwein übertreibt. In seinem idiotischen Buch *Mai 68 – La Brèche* schreckt er nicht davor zurück, die Situationisten anzuklagen, sie hätten sich „zu mehreren auf einzelne" gestürzt. Bei dem Ex-Argumentisten ist die Lüge entschieden ein Beruf. Er müsste doch eigentlich wissen, dass ein einziger Situationist ihn im Laufschritt bis nach Versailles oder selbst bis nach Plodemet jagen würde.

69 Georges Lapassade (1924-2008) ist ein französischer Psychosoziologe (Anm. d. Setzers).

70 Jean-François Lyotard (1924-1998) war ein französischer Philosoph, der mit dem Poststrukturalismus in Verbindung gebracht wird und vor allem für seine kritische Verwendung des Begriffs der Postmoderne bekannt ist (Anm. d. Setzers).

71 Jean-Paul Sartre (1905-1980) ist ein französischer Schriftsteller und Philosoph, Vertreter der existentialistischen Strömung, dessen Werk und Persönlichkeit das intellektuelle und politische Leben Frankreichs von 1945 bis Ende der 1970er Jahre geprägt haben (Anm. d. Setzers).

72 Michel Butor (1926-2016) ist ein französischer Dichter, Schriftsteller, Lehrer, Essayist, Kunstkritiker und Übersetzer. Berühmt ist er für seinen Roman *La Modification* (1957), ein Hauptwerk des New Roman (Anm. d. Setzers).

ten oder verkauften sie die revolutionären Veröffentlichungen; und kauften geschwind die Poster mit den Barrikadenfotos.

KAPITEL VII

DER HÖHEPUNKT

„Fassen wir zusammen: diejenigen, die nicht in der Lage sind, ihre Methode zu ändern, wenn die Zeiten es erfordern, gedeihen ohne Zweifel solange gut, wie ihre Gangart mit der des Glücks übereinstimmt; oder sie gehen zugrunde, sobald diese wechselt. Im Übrigen sollte man meiner Meinung nach lieber zu übermütig als zu umsichtig sein."

Machiavelli, *Der Fürst*

Im Verlauf des Vormittags vom 27. Mai legte Séguy den Arbeitern der Renault-Werke in Billancourt die Abkommen vor, die zwischen Gewerkschaften, Regierung und Unternehmern ausgehandelt worden waren. Einstimmig pfiffen die Arbeiter den Bürokraten aus, der – wie seine ganze Rede bezeugt – in der Hoffnung gekommen war, eine „Volkszustimmung" zu diesem Ergebnis zu erhalten. Vor der Wut der Basis zog der Stalinist sich eiligst hinter ein bis dahin verschwiegenes, aber tatsächlich wichtiges Detail zurück: Nichts würde ohne die Zustimmung der Arbeiter unterzeichnet werden. Da diese die Vereinbarungen ablehnten, mussten Streik und Verhandlungen weitergehen. Im Anschluss an Renault wiesen alle anderen Unternehmen die Krümel zurück, mit denen die Bourgeoisie und ihre Helfershelfer gedacht hatten, die Wiederaufnahme der Arbeit zu bezahlen.

Der Inhalt der „Abkommen von Grenelle" enthielt sicher nichts, was die Arbeitermassen zu Begeisterungsstürmen hätte hinreißen können, die wussten, dass sie schon die virtuellen Herren der Produktion waren, die sie seit zehn Tagen stillgelegt hatten. Diese Abkommen erhöhten die Löhne um 7% und setzten den gesetzlich festgelegten Mindestlohn (SMIG[73]) von 2,22 auf 3,00 Francs herauf. Das heißt, dass der am meisten ausgebeutete Teil der Arbeiterklasse – besonders in der Provinz – der 348,80 Franc im Monat verdiente, nun mit 520 Francs über eine der „Überflussgesellschaft" besser angepasste Kaufkraft verfügen durfte. Die Streiktage sollten erst dann bezahlt werden, wenn sie in Form von Überstunden abgearbeitet worden waren. Dieses Trinkgeld belastete das normale Funktionieren der französischen Wirtschaft bereits schwer genug, besonders in ihren Zwangsbeziehungen mit der EWG und in allen anderen Aspekten der kapitalistischen Konkurrenz auf internationaler Ebene. Alle Arbeiter wussten, dass solche „Vorteile" ihnen durch unmittelbar bevorstehende Preiserhöhungen wieder abgeknöpft werden würden – und noch mehr. Sie *fühlten*, dass es wesentlich zweckmäßiger wäre, das ganze System, das bis zu seinen äußersten Zugeständnissen gegangen war, wegzufegen und die Gesellschaft auf einer anderen Basis zu organisieren. Der Sturz des gaullistischen Systems war ein notwendiges Vorspiel zu dieser Umkehrung der Perspektiven.

73 Der *Salaire minimum interprofessionnel garanti* (SMIG – Garantierter branchenübergreifender Mindestlohn) wurde 1950 als Reaktion auf die wirtschaftliche Situation nach dem Zweiten Weltkrieg eingeführt und 1970 durch den *Salaire minimum interprofessionnel de croissance*, (SMIC – deutsch etwa: Wachstumsorientierter berufsgruppenübergreifender Mindestlohn) abgelöst (Anm. d. Setzers).

Die Stalinisten sahen, wie gefährlich die Situation war. Trotz ihrer ständigen Unterstützung war die Regierung in ihrem Bemühen, sich durchzusetzen, wieder einmal gescheitert. Nach dem Misserfolg Pompidous am 11. Mai – er hatte versucht, die Krise dadurch aufzuhalten, dass er seine persönliche Autorität im Universitätsbereich opferte – hatten nun eine Rede von de Gaulle und die Vereinbarungen, die hastig zwischen Pompidou und den Gewerkschaften verhandelt worden waren, eine Krise nicht überwinden können, die zutiefst sozial geworden war. Die Stalinisten begannen, die Hoffnung auf das Überleben des Gaullismus aufzugeben, weil sie ihn bis jetzt nicht hatten retten können und weil der Gaullismus die nötige Triebkraft verloren zu haben schien, um sich an der Macht zu halten. Sie sahen sich zu ihrem großen Bedauern gezwungen, sich in das andere Lager hineinzuwagen, dort, wo sie immer zu sein behauptet hatten. Am 28. und 29. Mai setzten sie auf die Karte des Sturzes des Gaullismus. Sie mussten verschiedene Faktoren berücksichtigen, die sie unter Druck setzten, an erster Stelle die Arbeiter, dann die verschiedenen Teile der Opposition, die zu behaupten begannen, dass sie an die Stelle des Gaullismus treten würden und denen es also passieren konnte, dass sich ihnen ein Teil derer anschloss, die in erster Linie den Sturz des Regimes wollten. Es handelte sich dabei um die christlichen Gewerkschaftler der CFDT wie auch um Mendès-France[74], um die „Fédération" des zweideutigen Mitterand und die Versammlung der äußersten Linken zwecks einer bürokratischen Organisierung im Stadion Charléty[75]. Alle diese Träumer erhoben im Übrigen ihre Stimme nur im Namen der angeblichen Kraft, die die Stalinisten ins Spiel bringen würden, um *ihren* Nach-Gaullismus zu beginnen. Albernheiten, die in der unmittelbaren Folge sanktioniert werden sollten.

Viel realistischer waren die Stalinisten. Sie fanden sich damit ab, in den zahlreichen und entschlossenen Demonstrationen der CGT am 29. Mai eine „Volksregierung" zu fordern, und waren schon bereit, diese zu verteidigen. Sie wussten wohl, dass dies für sie nur ein gefährlicher Notbehelf war. Wenn sie auch dazu beitragen konnten, die revolutionäre Bewegung zu besiegen, bevor diese den Gaullismus gestürzt hatte,

74 Pierre Mendès-France (1907-1982), aktiv im Widerstand, 1956 Staatsminister ohne Geschäftsbereich, „linksradikaler" Theoretiker und Technokrat (Anm. d. Setzers).

75 Es war eines der Verdienste der Anhänger Cohn-Bendits im „22. März", die Annäherungsversuche des Stalinisten Barjonet (siehe S 146 FN 78), der mit den Konventionen gebrochen hatte, und anderer gauchistischer Ökumenehäuptlinge zurückzuweisen. Es versteht sich von selbst, dass die Situationisten darauf nur mit Verachtung antworteten (siehe im Anhang: „Adresse an alle Arbeiter").

QUE PEUT
LE MOUVEMENT
REVOLUTIONNAIRE
MAINTENANT?
TOUT
QUE DEVIENT-IL
ENTRE LES MAINS DES PARTIS
ET DES SYNDICATS?
RIEN
QUE VEUT-IL? LA REALISATION
DE LA SOCIETE SANS CLASSE
PAR LE POUVOIR
DES CONSEILS OUVRIERS

conseil pour le maintien des occupations

„Was vermag die revolutionre Bewegung jetzt? Alles / Was wird in den Händen der Parteien und Gewerkschaften aus ihr? Nichts / Was will sie? Die Verwirklichung der klassenlosen Gesellschaft durch die Macht der Arbeiterräte.
Rat für die Aufrechterhaltung der Besetzungen"

so fürchteten sie zu Recht, dass sie diese Bewegung *danach* nicht mehr besiegen konnten. Bereits am 28. Mai verkündete ein Kommentar im Radio mit verfrühtem Pessimismus, dass die KPF sich nie wieder erholen würde und dass die Hauptgefahr von den „situationistischen Gauchisten" drohe.

Am 30. Mai offenbarte eine Rede de Gaulles seinen festen Willen, um jeden Preis an der Macht zu bleiben. Er schlug vor, zwischen baldigen Wahlen und dem sofortigen Bürgerkrieg zu wählen. Regierungstreue Regimenter wurden rund um Paris aufgestellt – und häufig genug fotografiert. Die äußerst erfreuten Stalinisten hüteten sich sehr wohl, zur Aufrechterhaltung des Streiks bis zum Fall des Regimes aufzurufen. Sie beeilten sich, sich den gaullistischen Wahlen anzuschließen, was auch immer der Preis dafür sein würde.

Unter solchen Bedingungen bestand die unmittelbare Alternative in der autonomen Bestätigung des Proletariats oder in der totalen Niederlage der Bewegung; in einer Räterrevolution oder den Abkommen von Grenelle. Die revolutionäre Bewegung konnte die KPF nicht entmachten, ohne vorher de Gaulle verjagt zu haben. Die Form der Arbeitermacht, die sich in der nach-gaullistischen Phase der Krise hatte entwickeln können, fand sich durch die erneute Behauptung des alten Staates und durch die KPF blockiert und hatte somit keine Chance mehr, ihrer bereits in Gang gesetzten Niederlage noch zuvorzukommen.

KAPITEL VIII

DER RAT ZUR AUFRECHTERHALTUNG DER BESETZUNGEN UND DIE TENDENZEN ZUM RÄTESYSTEM

„Diese Explosion ist hervorgerufen worden von einigen Gruppen, die sich gegen die moderne Gesellschaft auflehnen, gegen die Konsumgesellschaft, gegen die Mechanik der Gesellschaft, sei sie nun kommunistisch im Osten oder kapitalistisch im Westen. Gruppen, die im übrigen überhaupt nicht wissen, durch was sie die bisherige Gesellschaft ersetzen würden, die sich aber an der Negation, der Zerstörung, der Gewalt, der Anarchie ergötzen, die die schwarze Fahne schwingen."

De Gaulle in einer Rede im Fernsehen am 7. Juni 1968

Der „Rat zur Aufrechterhaltung der Besetzungen“ (*Conseil pour le maintien des occupations,* CMDO) wurde am Abend des 17. Mai von Mitgliedern des ersten Besetzungskomitees der Sorbonne gebildet, die sich in ihm zurückzogen, um im Verlauf der Krise das Programm der Rätedemokratie aufrechterhalten zu können, das untrennbar mit einer quantitativen und qualitativen Ausdehnung der Bewegung der Besetzungen verbunden war.

Der CMDO umfasste rund 40 Personen; zu ihnen stießen zeitweise andere Revolutionäre und Streikende aus verschiedenen Unternehmen, aus dem Ausland oder der Provinz, die hinterher wieder dorthin zurückkehrten. Der CMDO setzte sich so gut wie ständig aus zehn Situationisten und Wütenden (unter ihnen Debord, Khayati, Riesel und Vaneigem), genauso vielen Arbeitern, rund zehn „Studenten“ und Gymnasiasten sowie etwa zehn weiteren Räteanhängern ohne bestimmte soziale Funktion zusammen.

Dem CMDO gelang es während der Zeit seiner Existenz, eine Erfahrung direkter Demokratie zu ermöglichen, die durch eine gleichberechtigte Teilnahme aller an den Debatten, Entscheidungen und der Ausführung garantiert wurde. Im Wesentlichen war er eine ununterbrochene Vollversammlung, die Tag und Nacht tagte. Es gab keine Fraktion, keine spezielle Versammlung existierte außerhalb der gemeinsamen Debatte.

Als spontan gegründete Einheit unter den Bedingungen eines revolutionären Moments war der CMDO offensichtlich weniger ein Rat im eigentlichen Sinne als eine Räteorganisation – die also selbst gemäß dem Modell der *Sowjetdemokratie* funktionierte. Als improvisierte Antwort auf diesen bestimmten Augenblick konnte der CMDO sich weder als eine permanente Räteorganisation ausgeben, noch anstreben, sich – so wie er war – in eine solche zu verwandeln. Jedoch verstärkte eine fast einstimmige Zustimmung zu den situationistischen Hauptthesen den Zusammenhalt der Gruppe.

Drei Kommissionen hatten sich innerhalb der Vollversammlung gebildet, um ihre praktische Handlungsfähigkeit zu ermöglichen. Die Kommission für den Druck übernahm es, für die Umsetzung und Vervielfältigung der Veröffentlichungen zu sorgen, indem sie einerseits die zur Verfügung stehenden Maschinen nutzte und andererseits mit den Streikenden gewisser Druckereien zusammenarbeitete. Die Kommission für Verbindung war im Besitz von rund zehn Autos, sorgte für Kontakte mit den besetzten Fabriken und transportierte das Material, das verteilt werden sollte. Die Bedarfskommission, die sich in den schwierigsten Tagen besonders bewährte, achtete darauf, dass nie

Papier, Benzin, Geld und Wein fehlten. Um die schnelle Ausarbeitung der Texte zu ermöglichen, deren Inhalt von allen gemeinsam festgelegt wurde, gab es keine ständige Kommission; vielmehr wurden jedes Mal einige Mitglieder ernannt, die der Versammlung ihr Ergebnis vorlegten.

Der Rat zur Aufrechterhaltung der Besetzungen hatte die Gebäude des Nationalen Pädagogischen Instituts (INP) in der Rue d'Ulm am 19. Mai besetzt und nutzte sie. Gegen Ende des Monats Mai zog er in die Keller des benachbarten Gebäudes, einer Kunstgewerbeschule. Für die Besetzung des INP sprach, dass, wenn auch die Pädagogen aller Art sich in ihrem unglücklichen Beruf[76] denunziert und verhöhnt fühlten, viele Angehörige des Personals, Arbeiter und Techniker die Gelegenheit ergriffen, die Selbstverwaltung ihres Arbeitsplatzes zu fordern und für die Bewegung und alle ihre Kampfformen Partei ergriffen. So befand sich das „paritätische Besetzungskomitee" in den Händen von Revolutionären. Ein „Wütender" aus Nanterre wurde als Verantwortlicher für den Sicherheitsdienst ernannt. Alle konnten sich zu dieser Wahl nur beglückwünschen, selbst die Pädagogen. Die demokratische Ordnung wurde von niemandem gestört, was die größtmöglichste Toleranz erlaubte: Man ließ sogar einen Stalinisten, der dem Personal angehörte, vor der Tür die *Humanité* verkaufen. Die schwarze und die rote Fahne hingen gemeinschaftlich von der Fassade des Gebäudes herab.

Der CMDO veröffentlichte eine Reihe von Texten[77]. Ein *Bericht über die Besetzung der Sorbonne* zog am 19. Mai den Schluss: „Der Kampf der Studenten ist jetzt überholt. Noch viel mehr überholt sind alle bürokratischen Ersatzführungen, die es in dem Moment für geschickt halten, Respekt vor den Stalinisten vorzuheucheln, in dem die CGT und die so genannte kommunistische Partei *zittern*. Der Ausgang der aktuellen Krise liegt in den Händen der Arbeiter selbst, wenn es ihnen gelingt, bei der Besetzung ihrer Fabriken das zu verwirklichen, was bei der Universitätsbesetzung nur angedeutet werden konnte." Am 22. Mai stellte die Erklärung *Für die Macht der Arbeiterräte* fest: „Innerhalb von zehn Tagen sind Hunderte von Fabriken durch die Arbeiter besetzt worden, und ein spontaner Generalstreik hat die Aktivitäten des Landes vollständig unterbrochen, und darüber hinaus sind verschiedene Gebäude, die dem Staat gehören, durch de facto-Komitees vereinnahmt worden,

76 Ein Plakat riet: „Sagt nicht mehr: Herr Pädagoge! Sagt: Krepiere, du Schwein!" Ein anderes erinnerte daran, dass „der Erzieher selbst erzogen werden muss."

77 Siehe auch die Dokumente im Anhang.

die deren Verwaltung übernommen haben. Angesichts einer solchen Situation, die in keinem Fall andauern kann und die vor der Alternative steht, sich auszuweiten oder zu verschwinden (durch Repression oder Verhandlungen, die zur Liquidierung führen), werden alle alten Ideen vom Tisch gefegt, bestätigen sich alle radikalen Hypothesen über die Wiederkehr der revolutionären proletarischen Bewegung." Dieser Text zeigte drei Lösungsmöglichkeiten auf, mit stets geringer werdender Wahrscheinlichkeit: 1. eine Vereinbarung zwischen der PCF und der Regierung „zwecks Demobilisierung der Arbeiter im Austausch gegen ökonomische Vergünstigungen"; 2. die Machtübergabe an die Linke, „die dieselbe Politik, aber von einer geschwächten Position aus" machen würde; und schließlich, dass die Arbeiter für sich selbst sprechen, „indem sie sich der Forderungen bewusst werden, die dem radikalen Niveau der Kampfformen entsprechen, die sie bereits praktiziert haben." Er zeigte weiter, worin eine solche Perspektive liegen könnte: „Die Notwendigkeit, bestimmte Sektoren der Wirtschaft *unter der Kontrolle der Arbeiter* wieder in Gang zu setzen, kann die Basis dieser neuen Macht bilden, die durch ihren Charakter und die gesamte Lage dazu gebracht wird, alle bestehenden Gewerkschaften und Parteien zu überflügeln. Man wird die Eisenbahnen und die Druckereien für die Bedürfnisse des Kampfes der Arbeiter wieder in Gang setzen müssen. Die neuen, tatsächlichen Autoritäten werden die Lebensmittel beschlagnahmen und verteilen müssen ..."

Am 30. Mai verkündete die *Adresse an alle Arbeiter*: „Das, was wir in Frankreich getan haben, geht um in Europa und wird bald alle herrschenden Klassen der Welt, die Bürokraten in Moskau und Peking und die Milliardäre in Washington und Tokio bedrohen. *Wie wir Paris zum Tanzen gebracht haben*, so wird jetzt das internationale Proletariat noch einmal gegen die Hauptstädte aller Staaten, gegen alle Festungen der Entfremdung Sturm laufen. Die Besetzungen der Fabriken und öffentlichen Gebäude im ganzen Land haben nicht nur die wirtschaftliche Produktion blockiert, sondern auch dazu geführt, dass die Gesellschaft global in Frage gestellt worden ist. Eine tiefe Bewegung treibt fast alle Sektoren der Bevölkerung dahin, eine Veränderung des Lebens zu verlangen. Es ist von nun an eine revolutionäre Bewegung, der es nur noch an *Bewusstsein darüber* fehlt, *was sie schon getan hat*, um sich diese Revolution tatsächlich zu eigen zu machen." Weiterhin verwarf die *Adresse* „das bürokratisch-revolutionäre Flickwerk", das in Charléty zwecks Einigung der kleinen gauchistischen Parteien versucht worden war und schlug das schamlose Angebot des stalinistischen Dissidenten

La survie
et sa fausse
contestation

TRAITE DE SAVOIR-VIVRE A L'USAGE DES JEUNES GENERATIONS
par Raoul Vaneigem

(Gallimard)

„Das Überleben und seine falsche Opposition."
Text aus: Handbuch der Lebenskunst für die jungen Generationen von Raoul Vaneigem.

La survie est aujourd'hui, donc, la vie réduite au consommable

Les faits répondent à la question du dépassement avant que les prétendus révolutionnaires actuels aient songé à la poser.

favorisant le dépassement, comme on dit parfois d'un assassiné
i.s

qu'il a favorisé la tâche de son meurtrier.

Et dès lors...
Il faut désormais reprendre le noyau d'exigences radicales
i.s

abandonné par les mouvements initialement révolutionnaires

André Barjonets[78] aus, das dieser den Situationisten gemacht hatte. Die *Adresse* machte deutlich, dass die Macht der Arbeiterräte die einzige revolutionäre Lösung sei – eine, die bereits aus den Klassenkämpfen dieses Jahrhunderts herauszulesen war. Später intervenierte der CMDO in die Kämpfe bei Flins und verteilte am 8. Juni das Flugblatt *Es ist noch nicht vorbei,* in dem die Ziele und Methoden der Gewerkschaften denunziert wurden: „Die Gewerkschaften kennen den Klassenkampf nicht, sie kennen nur die Gesetze des Marktes, und in ihrem Handel halten sie sich für die Eigentümer der Arbeiter … Das schändliche Manöver, um zu verhindern, dass die Arbeiter in Flins unterstützt werden, ist nur einer der ekelhaften ‚Siege' der Gewerkschaften in ihrem Kampf gegen den Generalstreik ... Keine Einheit mit den Spaltern."

Der CMDO veröffentlichte auch eine Reihe von Plakaten, etwa fünfzig Comics und einige Lieder. Die wichtigsten Texte erreichten eine Auflage von 150.000 bis 200.000 Exemplaren. Der CMDO hatte sich natürlich bemüht, seine Theorie auf die Praxis anzuwenden, und daher an die Arbeiter der besetzten Druckereien appelliert, die gern dadurch mitarbeiteten, dass sie die ausgezeichneten Maschinen in Gang setzten, die ihnen zur Verfügung standen[79]. Diese Texte wurden auch zahlreich in der Provinz und im Ausland nachgedruckt, sobald die ersten Exemplare dort angekommen waren[80]. Der CMDO sorgte selbst für die Übersetzung ins Englische, Deutsche, Spanische, Italienische, Dänische

78 André Barjonet (1921-2005) war ein französischer Gewerkschafter. Antistalinist, bereits 1956 von der Repression in Budapest erschüttert, verließ er im Mai 1968 die Kommunistische Partei und die CGT. Anschließend veröffentlichte er *La Révolution trahie* (Die verratene Revolution). Barjonet trat der *Parti socialiste unifié* (PSU) und ihrem nationalen Büro bei. Die PSU existierte von 1960 bis 1989 (Anm. d. Setzers).

79 Die Werkdruckereien sind bekanntlich nicht so weitgehend mit Stalinisten durchsetzt wie die der Presse.

80 Zu den ersten Nachdrucken dieser Dokumente gehören eine schwedische Broschüre des revolutionären Verlags „Libertad", eine Sondernummer der Untergrundzeitung *Proletario* in Venezuela sowie die in Japan von den Zengakuren herausgegebene Broschüre *Lehren aus der Niederlage der Mairevolte in Frankreich.*

und Arabische sowie für eine jeweilige erste Auflage. Die spanische und arabische Version wurden zuerst unter den Arbeitsemigranten verteilt. Eine verfälschte Version der *Adresse* wurde im *Combat* vom 3. Juni abgedruckt; die Angriffe auf die Stalinisten sowie die Bezugnahme auf die Situationisten waren darin gestrichen.

Der CMDO bemühte sich mit bemerkenswertem Erfolg, Verbindung mit den Unternehmen, isolierten Arbeitern, Aktionskomitees und Gruppen in der Provinz herzustellen und aufrechtzuerhalten; diese Verbindung klappte besonders gut mit Nantes. Außerdem war der CMDO in allen Aspekten der Kämpfe in den Vororten und Paris vertreten.

Der Rat zur Aufrechterhaltung der Besetzungen kam am 15. Juni überein, sich aufzulösen. Der Rückgang der Bewegung der Besetzungen hatte bereits eine Woche zuvor dazu geführt, dass einige Mitglieder die Frage nach einer solchen Auflösung gestellt hatten; sie war aufgrund noch andauernder Kämpfe der Streikenden verschoben worden, die die Niederlage nicht hinnehmen wollten, besonders in Flins. Der CMDO hatte nicht versucht, irgendetwas *für sich selbst* zu erreichen, noch nicht einmal die Rekrutierung von Mitgliedern, die ihm eine dauernde Existenz verliehen hätten. Seine Teilnehmer trennten ihre persönlichen Zielsetzungen nicht von den allgemeinen der Bewegung. Es waren unabhängige Individuen, die sich für einen Kampf zusammengefunden hatten, auf genau definierter Grundlage zu einem bestimmten Zeitpunkt; danach wurden sie wieder das, was sie vorher gewesen waren: unabhängige Individuen. Einige von ihnen sahen in der Situationistischen Internationale die Fortsetzung ihrer eigenen Tätigkeit und schlossen sich ihr an[81].

Andere „Räte"-Tendenzen – in dem Sinne, dass sie für die Räte waren, aber ohne ihre Theorie und Wahrheit zu verstehen – manifestierten sich im Nebengebäude der philosophischen Fakultät in Censier, wo sie im Rahmen des „Aktionskomitees Studenten-Arbeiter" eine etwas lahme Diskussion führten, die kaum zu einer praktischen Klärung ge-

81 Einige außerhalb stehende Kräfte haben sich fälschlicherweise gerühmt, dem CMDO angehört zu haben, genauso wie es öfter vorkommt, dass sich Leute fälschlicherweise als Mitglieder der S.I. vorstellen, um irgendwelchen Ruhm einzustreichen oder aus noch unklareren Motiven. Zwei oder drei ehemalige Mitglieder haben es in nostalgischer Erinnerung an den CMDO nicht unterlassen, in ärmlich spektakulärem Stil Nutzen aus ihrer Vergangenheit zu ziehen. Das trifft auf die anderen CMDO-Mitglieder nicht zu, die so viele bemerkenswerte Fähigkeiten einsetzten, ohne dass jemand versuchte, sich in den Vordergrund zu drängen. Der Rat zur Aufrechterhaltung der Besetzungen wird eines Tages wiederkehren mit seiner Zeit, die selbst wiederkehren muss.

LE PROLÉTARIAT COMME SUJET ET COMME REPRÉSENTATION

LA SOCIETE DU SPECTACLE
par Guy Debord

(Buchet-Chastel)

„Das Poletariat als Subjekt und als Repräsentation."
Text aus: Die Gesellschaft des Spektakels
von Guy Debord.

ue,
pour la première fois,
c'est la théorie

en tant qu'intelligence
de la pratique humaine
qui doit être
reconnue et vécue
par les masses.

ainsi elle demande
aux *hommes sans*
qualité
IS

bien plus que la révolution
bourgeoise ne demandait aux
hommes qualifiés
qu'elle déléguait
à sa mise en
œuvre :

rale
dans laquelle cette classe
était déjà au pouvoir.

Le développement même
de la société de classes
jusqu'à l'organisation
spectaculaire de la non-vie
mène donc le projet
révolutionnaire à devenir
visiblement
ce qu'il était déjà
essentiellement.

langen konnte. Gruppen wie „Pouvoir Ouvrier“ (Arbeitermacht), die „Verbindungs- und Aktionsgruppe der Arbeiter“ sowie eine gewisse Zahl von Einzelnen aus Unternehmen begingen den Fehler, zu ihren ohnehin schon konfusen und sich ständig wiederholenden Debatten alle Arten von Gegnern oder Saboteuren ihrer Position zuzulassen: Trotzkisten oder Maoisten, die die Diskussion lähmten – einige erlaubten es sich sogar, öffentlich eine anti-bürokratische Plattform zu verbrennen, die von einer zu diesem Zweck ernannten Kommission erarbeitet worden war. Diese Fürsprecher des Rätesystems konnten in einige praktische Kämpfe eingreifen, insbesondere zu Beginn des Generalstreiks, indem einige von ihnen bei der Initierung des Streiks oder der Verstärkung der Streikposten halfen. Aber ihre Beteiligung litt häufig unter den Fehlern, die ihrer Vereinigung selbst anhafteten: Es kam vor, dass Mitglieder der gleichen Delegation den Arbeitern völlig entgegengesetzte Perspektiven vorschlugen. Die anti-gewerkschaftlich eingestellte Gruppe „Information Correspondance Ouvrière“ (ICO)[82],

82 *Information Correspondance Ouvrière* (dt. Informations- und Arbeiterkorrespondenz) wurde 1958 nach einer Spaltung von *Socialisme ou barbarie* von Claude Lefort (1924-2010) und Henri Simon, geboren 1922, gegründet und löste sich 1973 auf. Die ICO betrachtet spontane Bewegungen als wesentlich und setzt sich folgende Ziele: Arbeiter*innen zusammenzubringen, die traditionellen Parteien oder Gewerkschaften nicht mehr vertrauen; den Arbeiter*innen zu ermöglichen, sich an ihrem Arbeitsplatz gegenseitig zu informieren, Gewerkschaftsmanöver anzuprangern, Forderungen zu erörtern, gegenseitige Hilfe zu leisten, individuell als Arbeitnehmer und nicht als Organisation in Kämpfe einzugreifen; die Kämpfe der Arbeiter*innen, die Kämpfe des Widerstands gegen den gesamten modernen Herrschaftsapparat und die Schritte zur Führung von Unternehmen und Gesellschaft durch die Arbeiter selbst bekannt zu machen (Anm. d. Setzers).

die nicht so weit ging, das Rätesystem zu unterstützen, und die sich selbst nicht so genau darüber im Klaren war, ob sie eine Gruppe war, tagte währenddessen in einem eigenen Saal nebenan. Der Situation gegenüber gleichgültig, kaute sie dort den in ihrem Bulletin üblichen Kram durch und führte ihr Verschleppungs-Psychodrama auf: Sollte man sich an die von jedem theoretischen Körnchen rein gefilterte Information halten oder musste man nicht bereits die Informationsauswahl von versteckten theoretischen Voraussetzungen trennen? Allgemeiner gesagt, der Fehler aller dieser Gruppen, die ihre stolze Erfahrung aus der fernen Vergangenheit der Niederlage der Arbeiter zogen und niemals aus den aktuellen Bedingungen und dem neuen Kampfstil, die sie aus Prinzip ignorierten, war, dass sie ständig ihre gewohnte *Ideologie* mit dem gleichen langweiligen Tonfall wiederholten, den sie im Laufe von ein oder zwei Jahrzehnten Nichtstun angenommen hatten. Sie schienen nichts Neues in der Bewegung der Besetzungen bemerkt zu haben. Sie hatten bereits alles gesehen. Sie waren blasiert. Ihre gelehrte Mutlosigkeit wartete nur noch auf die Niederlage, um aus ihr wie aus allen vorangegangenen die Konsequenzen zu ziehen. Der Unterschied ist, dass sie in der Vergangenheit nicht die Gelegenheit gehabt hatten, an den Bewegungen, die sie analysierten, teilzunehmen, und dass sie diesmal den Augenblick selbst miterlebten, den sie aber bereits jetzt *vorzugsweise* unter dem Blickwinkel des historischen Spektakels betrachteten oder unter dem einer wenig lehrreichen Neuauflage.

Neue Räteströmungen – vom CMDO abgesehen – tauchten in der Krise nicht auf, da die alten so unbedeutend waren, sowohl was die theoretische Ebene betrifft, als auch die der praktischen Wirksamkeit. Der „22. März" hatte sicher einige Intentionen in dieser Richtung, wie er von allem etwas hatte, aber er stellte sie nie in den Vordergrund seiner Veröffentlichungen und zahlreichen Interviews. Dennoch verschaffte sich im Verlauf der revolutionären Krise die Parole der Arbeiterräte ein immer breiteres Gehör. Das war eine ihrer wichtigsten Auswirkungen, und das bleibt eines ihrer sichersten Versprechen.

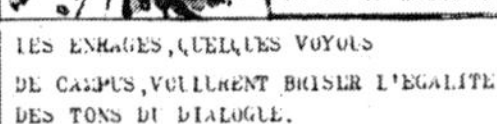

26 JANVIER 1968

POUR DEFENDRE LES FLICS EN CIVIL, GRAPPIN-LA-MATRAQUE FAIT APPEL A DES FLICS EN UNIFORME. ILS SONT REPOUSSES PAR DIVERS PROJECTILES.

AUCUN MENTEUR NE MANQUAIT: NI LES "ANARCHISTES" DE RESIDENCE UNIVERSITAIRE, NI MEME QUELQUES STALINIENS. LES ENRAGES SE RETIRERENT EN INJURIANT L'ASSISTANCE.

Qui pue du cul, idéologise!

ILS FINIRENT AGREABLEMENT LA NUIT DU COTE DES HALLES.

KAPITEL IX

DIE WIEDERHERSTELLUNG DES STAATES

„Jeder muss wieder den Kopf erheben, wieder seine Verantwortung übernehmen und den intellektuellen Terrorismus zurückweisen ... Es gibt überhaupt keinen Grund dafür, dass der Staat die Verwaltung, die öffentlichen Gebäude den Erstbesten ausliefert, seine Verantwortung aufgibt und seine Pflichten vergisst."

Robert Poujade, Einwurf in der Nationalversammlung am 24.Juni 1968

Die Bourgeoisie hatte bis zum 30. Mai gewartet, um dem Staat offen ihre Unterstützung auszusprechen. Mit der Rede de Gaulles ergriff die gesamte herrschende Klasse wieder das Wort und behauptete massiv ihre Anwesenheit, nachdem sie sich mehrere Wochen lang vorsichtig hinter dem Schutz der CRS versteckt hatte. Die Demonstration auf der Place de la Concorde und die Champs-Elysée hinunter war die subversaillistische Form der CGT-Paraden, die eine „Volksregierung" verlangten. Man ließ der reaktionären Hysterie freien Lauf, von der Angst vor den „Roten" bis zu den die wahre Einstellung enthüllenden Parolen wie „Cohn-Bendit nach Dachau!". In diesem Zug fanden sich die alten Frontkämpfer, die Überlebenden sämtlicher Kolonialkriege, die Minister, Gorillas, Kleinkrämer, die Schätzchen aus dem 16. Arrondissement und ihre Zuhälter aus den besseren Vierteln, die alten Arschgeigen und alle, die ihre Interessen und ihr seniler Geschmack dazu veranlassten, die Republik zu verteidigen und zu schmücken. Der Staat fand so seine Grundlage wieder und die Polizei ihre Hilfskräfte, die Gaullisten von der UDR (*Union pour la Défense de la République*) und die Bürgerinitiativen. Von dem Moment an, in dem der Gaullismus sich entschlossen hatte, an der Macht zu bleiben, schickte die nackte Gewalt die stalinistische Repression in Urlaub, die es bis dahin auf sich genommen hatte, jede revolutionäre Öffnung, besonders in den Fabriken, zuzustopfen. Nach knapp drei Wochen fast vollständiger Abwesenheit konnte der Staat seine Komplizen von der KPF ablösen. Er sollte sich mit ebensoviel Hartnäckigkeit daran machen, die Arbeiter aus den Fabriken zu jagen, wie die Gewerkschaften es geschafft hatten, sie darin einzusperren. De Gaulle ersparte den Stalinisten die Perspektive einer „Volksregierung", in der ihre darin offen gelegte Rolle als letzte Feinde des Proletariats so gefährlich hätte werden können. Jetzt sollten sie mithelfen, das übrige zu erledigen.

Für die einen wie den anderen handelte es sich von nun an darum, den Streik zu beenden, damit die Wahlen stattfinden konnten. Die Ablehnung der Abkommen von Grenelle hatte die Führenden gelehrt, jeder Verhandlung auf nationaler Ebene zu misstrauen. Man musste den Streik genauso auflösen, wie er begonnen hatte: Sektor für Sektor, Unternehmen für Unternehmen. Die Aufgabe war langwierig und nicht einfach. Überall legten die Streikenden eine erklärte Feindschaft gegenüber der Wiederaufnahme der Arbeit an den Tag. Am 5. Juni verkündete ein Kommuniqué des Büros der CGT, „dass überall dort, wo die wesentlichsten Forderungen erfüllt worden sind, das Interesse der Lohnabhängigen darin besteht, einheitlich und massenweise der Wiederaufnahme der Arbeit zuzustimmen.»

Vom 6. Juni an begannen die Angestellten der Banken und Versicherungen wieder zu arbeiten. Als Hochburg der CGT stimmte die Bahn (SNCF) ebenfalls für die Wiederaufnahme. Für den Staat setzte man die Züge wieder in Bewegung, die den Streikenden nie zur Verfügung gestellt worden waren – wie dies die belgischen Eisenbahner während des Streiks von 1961 getan hatten. Die ersten verfälschenden Berichte über die Abstimmung zur Wiederaufnahme der Arbeit fanden bei der Post und der Pariser Metro (RATP) statt, wo sich nur eine Minderheit von gewerkschaftlich Organisierten äußern konnte; die Delegierten der CGT setzten die Wiederaufnahme der Arbeit durch, indem sie an jeder Metrostation behaupteten, dass alle anderen den Streik beendet hätten. Die Angestellten der Station Nation bemerkten dieses unverschämte Manöver und legten sofort die Arbeit nieder, aber es gelang ihnen nicht, die Bewegung wieder in Gang zu setzen.

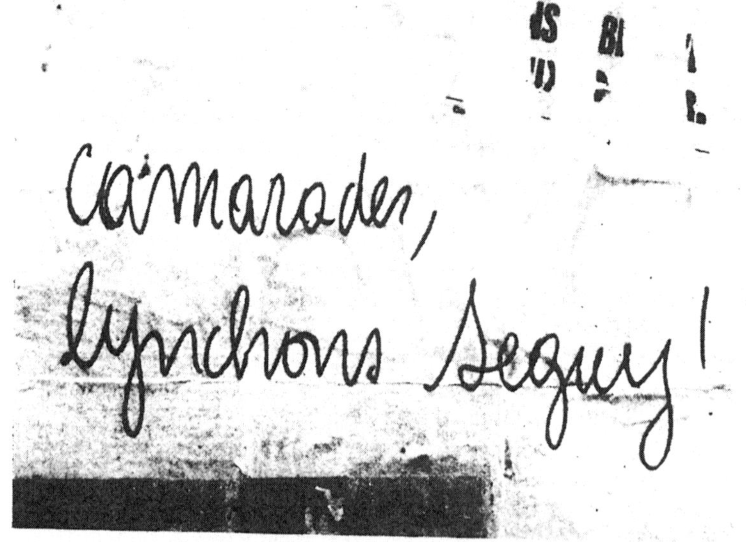

„Genossen, lynchen wir Séguy!"

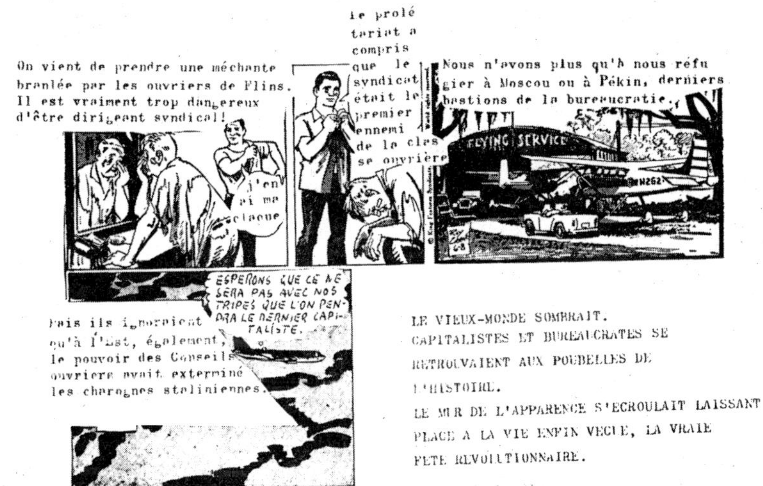

Die CRS griffen als Hilfstruppen ein, indem sie die streikenden Techniker von France-Inter (einem Sender des staatlichen Rundfunks) hinausjagten und sie durch Techniker der Armee ersetzten. An diesem selben 6. Juni vertrieben sie die Arbeiter aus den Renaultwerken in Flins. Das war der erste Versuch, den bis dahin in der Metallindustrie immer noch totalen Streik mit anderen als mit ideologischen Mitteln zu brechen: mit der Waffe in der Hand. „Die Zeit der Plänkelei ist vorbei", schrieben die Arbeiter aus Flins in ihrem Appell vom 6. Juni zur Wiederbesetzung der Fabrik. Sie bekamen damals zu spüren, wie sehr die Isolierung ihnen geschadet hatte. Tausende von Revolutionären antworteten auf ihren Aufruf, aber nur einigen Hundert gelang es, sich zu ihnen durchzuschlagen, um an ihrer Seite zu kämpfen. Anlässlich eines Meetings, das von den Gewerkschaften in Elisabethville organisiert worden war, zwangen die Arbeiter den Vertreter der CGT, Geismar und einem Mitglied des „22. März" das Wort zu erteilen, nicht weil sie diesen irgendeine Bedeutung zuerkannten, sondern aus einfacher Sorge um die Demokratie.

Um zehn Uhr löste das Einschreiten der Gendarmerie Zusammenstöße aus. Zwölf Stunden lang boten 2.000 Arbeiter und „Studenten" 4.000 Gendarmen und CRS die Stirn, auf den Feldern und in den umliegenden Ortschaften. Sie warteten vergeblich auf Verstärkung aus Paris. In der Tat hatten die CGT-Anhänger jeden Aufbruch der Arbeiter

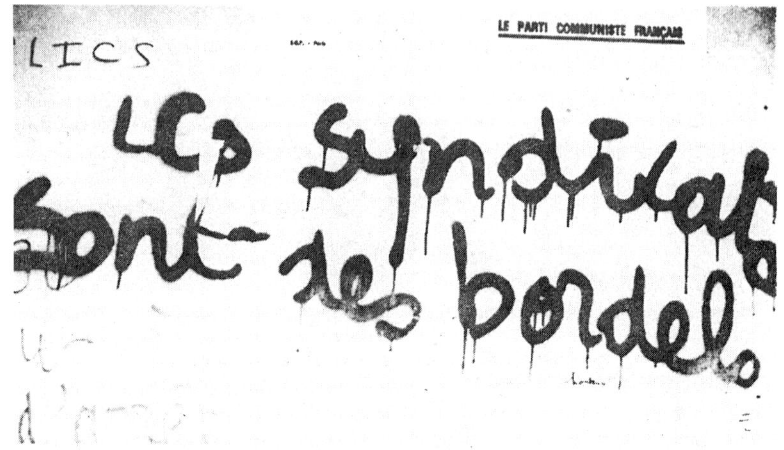

„Gewerkschaften sind Bordelle"

von Boulogne-Billancourt[83] verhindert, und setzten am Bahnhof Saint-Lazare durch, dass den Tausenden von Demonstranten, die gekommen waren, um in Flins zu kämpfen, keine Züge zur Verfügung gestellt wurden. Die Organisatoren der Demonstration, Geismar und Sauvageot, waren auch nicht besser. Sie wichen vor der CGT zurück und vollendeten das, was diese angefangen hatte: Sie hielten diejenigen, die zur Unterstützung nach Flins fahren wollten, davon ab, einen Zug zu kapern, und riefen bei den ersten Absperrungen der Polizei die Teilnehmer der Demonstration dazu auf, sich zu zerstreuen. Der arme Geismar erhielt dafür jedoch keine gerechte Belohnung. Dieser Schwindler wurde trotzdem als „Spezialist der Provokation" abgestempelt, in einem besonders gemeinen Kommuniqué der CGT. Darin ließ es sich die CGT nicht nehmen, die Revolutionäre aus Flins als Gruppen, „die der Arbeiterklasse fern stehen", abzuqualifizieren, als „quasi-militärische Formationen, die sich schon bei Vorgängen gleicher Art in der Pariser Region bemerkbar gemacht haben" und die „offenbar im Dienste der schlimmsten Feinde der Arbeiterklasse handeln." „Denn", so die CGT weiter, „es ist schwierig zu glauben, dass die Arroganz der Arbeitgeber der Metallindustrie, die Unterstützung, die ihnen die Regierung zu-

83 In der Nacht vom 9. zum 10. Juni war eine Delegation von Arbeitern aus Flins in die besetzte Fakultät sowie nach Boulogne-Billancourt gekommen, um um Hilfe zu bitten. Studenten zogen los; in Billancourt schlossen aber die CGT-Streikposten der Delegation die Fabriktore. Die unüberwindbaren Mauern, die die Arbeiter gefangen hielten, trennten genauso gut die Arbeiter aus zwei Fabriken wie ein und desselben Unternehmens (Renault Boulogne-Billancourt und Renault Flins).

kommen lässt, die Brutalitäten der Polizei gegen die Arbeiter und die Provokationsversuche keine abgekartete Sache sind."

So gut wie überall gelang es den Gewerkschaften, die Wiederaufnahme der Arbeit durchzusetzen; man hatte ihnen bereits einige Krümel hingeworfen. Nur die Metallarbeiter leisteten weiterhin Widerstand. Nach dem Scheitern in Flins versuchte der Staat noch einmal sein Glück in Sochaux, bei Peugeot. Am 11. Juni griffen die CRS die Arbeiter an, die Auseinandersetzung war sehr gewalttätig und dauerte mehrere Stunden. Zum ersten Mal im Verlauf dieser langen Krise feuerten die Ordnungskräfte Schüsse in die Menge ab. Zwei Arbeiter wurden getötet. Zu dem Zeitpunkt konnten die CRS das riskieren, ohne Proteste hervorzurufen. Die Bewegung war bereits besiegt und die politische Repression begann. Jedoch am 12. Juni kam es zu einer letzten Nacht der Meuterei, nachdem bei den Kämpfen um Flins ein Gymnasiast getötet worden war. In dieser Nacht wurden sogar einige Neuerungen eingeführt: die rasche Vervielfältigung der Barrikaden und das systematische Werfen von Molotowcocktails auf die Ordnungskräfte von den Dächern herab.

Am Tag danach verordnete der Staat die Auflösung der trotzkistischen und maoistischen Organisationen sowie des „22. März" aufgrund eines Gesetzes der Volksfront, das ursprünglich gegen die paramilitärischen Organisationen der äußersten Rechten gerichtet war[84]. Mit dieser äußersten Rechten liebäugelte jetzt der Gaullismus. Bei der Gelegenheit erweckte man den 13. Mai wieder zu neuem Leben[85]. Die ausgewiesenen OAS[86]-Verantwortlichen kamen nach Frankreich zu-

84 Dieser Vorwand war schlecht gewählt: Diese Gruppen hatten nie Milizen bewaffnet. Alle Revolutionäre bezeugten natürlich ihre praktische Solidarität angesichts dieser Repression. Solche Polizeimaßnahmen sind übrigens besonders unangemessen angesichts einer Bewegung, deren originellster Charakterzug die autonome und nicht-hierarchische Organisationsform war. Viele Kommentare über diese Auflösungsanordnungen gefielen sich darin, die Situationisten und den „22. März" in einen Topf zu werfen. Einzig und allein unter solchen Umständen dementierte die S. I. diese Behauptung in der Öffentlichkeit nicht.

85 Anspielung auf die Ereignisse vom 13. Mai bis zum 2. Juni 1958, wo de Gaulle mit Hilfe eines OAS-Putsches die IV. Republik beendete und sich selbst an die Macht brachte. Siehe dazu Situationistische Internationale „Ein Bürgerkrieg in Frankreich", deutsch in *Der Beginn einer Epoche,* Edition Nautilus, Hamburg 1995 (Anm. d. Übersetzer).

86 Die *Organisation de l'armée secrète,* oder *Organisation armée secrète,* bekannt unter der Abkürzung OAS, ist eine der extremen Rechten nahestehende französische klandestine Terrororganisation, die am 11. Februar 1961 gegründet wurde, um die französische Präsenz in Algerien mit allen Mitteln zu verteidigen (Anm. d. Setzers).

Conseil National du Patronat Français
31, rue Pierre Ier de Serbie - Paris 16^e^

A tous les travailleurs:

Mesdames,

Mesdemoiselles,

Messieurs,

Nous vous avons consenti, en accord avec l'ensemble de vos syndicats, plusieurs dizaines d'heures de congés payés supplémentaires et de substantielles augmentations de salaires.

A la veille des vacances d'été, nous vous suggérons donc de partir avec le *Club Meditérranée* et de ne plus vous préoccuper de «conseils ouvriers» et de «luttes de classes».

Évitez même, s'il-vous-plaît, les occupations d'usines.

Bien sincèrement,

Paris, le 7 juin 1968
Pour le C.N.P.F., le Président,

P. HUVELIN

Der Nationarat der französischen Unternehmer
An alle Arbeiter:
Meine Damen. Meine Herren,
wir haben Ihnen, in Übereinstimmung mit allen Ihren Gewerkschaften, einige Dutzend zusätzlich bezahlte Freistunden und beträchtliche Lohnerhöhungen zugestanden. Am Vorabend der Sommerferien legen wir Ihnen daher nahe, mit dem Club Méditerranée zu vereisen und sich nicht mehr um „Arbeiterräte" und „Klassenkampf" zu kümmern.
Vermeiden Sie, bitte, Fabrikbesetzungen.
Mit freundlichen Grüßen / Paris, 7. Juni 1968 / Für die Unternehmerschaft / Präsident P. Huvelin

rück. Salan[87] durfte Tulle[88] verlassen, während die äußerste Linke begann, die Festung Gravelle[89] zu bevölkern.

Es lag ein verfaulter Geruch in der Luft, seit die Trikoloren auf der Place de la Concorde wieder aufgetaucht waren. Händler, Provokateure, Pfaffen und Patrioten krochen hervor und machten sich auf den Straßen wichtig, wohin sie noch vor einigen Tagen keinen Fuß zu setzen gewagt hatten. Von der Polizei bezahlte Spitzel provozierten Araber und Juden in Belleville und erzeugten so in dem Augenblick eine Spaltung, als überall die Bemühungen fortgesetzt wurden, um noch besetzte Unternehmen und öffentliche Gebäude zu räumen. Eine Verleumdungskampagne sah es auf die „Katangeser der Sorbonne" ab. Die jämmerlichen Gauchisten verfehlten es nicht, in diese Falle zu tappen.

Nach dem Scheitern des Versuchs der direkten Demokratie hatten sich in der Sorbonne verschiedene Feudalherren niedergelassen; sie waren ebenso lächerlich wie bürokratisch. Diejenigen, die die Presse „Katangeser" nannte – Ex-Söldner, Arbeitslose und Deklassierte – hatten sich schnell zu den wahren Chefs einer Republik kleiner Chefs aufgeschwungen. Die Sorbonne erhielt so die Meister, die sie gerufen hatte, und obwohl auch die Katangeser das Autoritätspiel mitspielten, hätten sie doch so jämmerliche Mitspieler nicht verdient. Gekommen, um an der großen Fête teilzunehmen, fanden sie nichts als pedantische Lieferanten der Langeweile und der Ohnmacht, Leute wie Kravetz[90],

87 Raoul Salan (1899-1984) ist ein französischer General. Er war auch der Leiter der OAS, die für die Aufrechterhaltung des Status quo in Französisch-Algerien kämpfte. Zu lebenslanger Haft verurteilt, wurde er 1968 amnestiert und wieder in das Offizierskorps aufgenommen (Anm. d. Setzers).

88 Nach dem Putsch der Generäle vom 21. April 1961 beherbergte das Gefängnis von Tulle 18 putschistische Militärs, darunter die vier anstiftenden Generäle Raoul Salan, Edmond Jouhaud, Maurice Challe, André Zeller (Anm. d. Setzers).

89 Die Gravelle Redoute ist eine Festung im Südosten des Bois de Vincennes in Paris (Anm. d. Setzers).

90 Marc Kravetz, geboren 1942, ist ein französischer Reporter, Journalist bei *France Culture* und *Libération.* Er war ein linker Generalsekretär des Nationalbüros der

Peninou[91] & Co. Als die Studenten sie verjagten, taten sie dies in der dümmlichen Hoffnung, durch diese Gemeinheit zu erreichen, dass man ihnen die dauerhafte Verwaltung einer desinfizierten Sorbonne als „Sommeruniversität" überlassen würde. Einer der Katangeser bemerkte mit Recht: „Die Studenten sind vielleicht gebildet, aber sie sind nicht intelligent. Wir waren gekommen, um ihnen zu helfen …" Der Rückzug der Unerwünschten ins Odéon führte dort zum sofortigen Zugriff der Ordnungskräfte. Die letzten Besetzer der Sorbonne hatten genau 48 Stunden Zeit, um die Mauern zu säubern und die Ratten hinauszujagen, bevor die Polizei auftauchte und ihnen klarmachte, dass der Spaß zu Ende war. Sie gingen, ohne auch nur den Anschein von Widerstand zu verbreiten. Nach dem Scheitern der Bewegung konnten nur noch diese geistigen Idioten glauben, dass der Staat die Sorbonne nicht wieder übernehmen würde.

Um den Erfolg der Wahlkampagne zu garantieren, musste man die letzten Inseln des Widerstandes zerstören. Die Gewerkschaften – und nicht das Kapital – gaben bezüglich der Abkommen nach. Was dann

Studentenvereinigung UNEF von April 1964 bis zum April 1965. Kravetz musste im Januar 1965 als Generalsekretär zurücktreten (Anm. d. Setzers).

91 Jean-Louis Peninou, geboren 1942, ist ein französischer antikolonialistischer Aktivist, Studentengewerkschafter und Journalist, der die Tageszeitung *Libération* von 1987 bis Februar 1995 leitete. Er war wie sein Freund Kravetz in nationalen Büro der UNEF aktiv und musste auch im Januar 1965 zurücktreten (Anm. d. Setzers).

Von der Polizei verhaftete „Katangesen" der Sorbonne, nachdem sie von Studenten desavouiert worden waren.

„Eine solche Aufnahme pflegt die erste Reaktion des Wissens, dem etwas unbekannt war, dagegen zu sein, um die Freiheit und eigene Einsicht, die eigene Autorität gegen die fremde (denn unter dieser Gestalt erscheint das jetzt zuerst Aufgenommene) zu retten, – auch um den Schein und die Art von Schande, die darin liegen soll, daß etwas gelernt worden sei, wegzuschaffen ..."

Hegel, *Vorrede zur Phänmenologie des Geistes*

der *Humanité* erlaubte, der „siegreichen Wiederaufnahme der Arbeit" zu applaudieren, und der CGT, die Metallarbeiter dazu aufzufordern, „ihren Erfolg durch einen Sieg der vereinten Kräfte der Linken auf der Basis des gemeinsamen Programms bei den nächsten Wahlen" zu vervollständigen. Renault, Rhodiaceta und Citroën nahmen die Arbeit am 17. bzw. 18. Juni wieder auf. Der Streik war zu Ende. Die Arbeiter wussten, dass sie fast nichts erreicht hatten; aber indem sie den Streik über den 30. Mai hinaus verlängerten und ihn so langsam abbrachen, machten sie auf ihre Art klar, dass sie etwas anderes wollten als ökonomische Vorteile. Ohne es sagen zu können, ohne die Zeit gehabt zu haben, sie zu machen, hatten sie die Revolution gewollt.

Nach der Niederlage der Revolution war es nur natürlich, dass der Wahlkampf der verschiedenen Parteien der Ordnung mit einem überwältigenden Erfolg der Partei endete, die diese am besten zu verteidigen wusste.

Der Erfolg der Gaullisten wurde von den letzten Maßnahmen begleitet, die die Lage wieder an den Ausgangspunkt bringen sollten. Alle besetzten Gebäude wurden geräumt. Es darf an dieser Stelle bemerkt werden, dass der Staat bis zur ersten Juliwoche gewartet hatte, um das grundlegende juristische Argument anzuführen, dass „die Besetzung der für den öffentlichen Dienst bestimmten Gebäude illegal ist". Zwei Monate lang hatte er dieses Argument der Bewegung der Besetzungen nicht entgegenhalten können.[92]

Die Akte des Vandalismus, die den Beginn der Bewegung geprägt hatten, waren am Ende mit größerer Gewalt ein Zeichen der Ablehnung der Niederlage und der eindeutigen Absicht, den Kampf fortzusetzen. So konnte man in *Le Monde* vom 6. Juli lesen, um nur zwei exemplarische Aktionen anzuführen: „Mit Eiern, Butter, Talkumpuder, Waschmittel, schwarzer Farbe und Öl vollgeschmierte Teppichböden; herausgerissene, rot angestrichene Telefone; durch Hammerschläge zerstörte IBM-Schreibmaschinen; schwarz bemalte Fensterscheiben; verstreute und mit Farbe besprengte Medikamente; unbrauchbar gemachte, mit Tinte bekleckste Krankenblätter; mit Spritzlack geschwärzte Behandlungskarteien; obszöne oder beleidigende Inschriften: das ist das Bild, das am Mittwochmorgen alle Behandlungsräume (das Sekretariat und die Sozialabteilung mit inbegriffen, die mit Hilfe einer wütenden Inschrift in ‚Un-Sozial-Abteilung' umgetauft worden war) eines der wichtigsten psychiatrischen Krankenhäuser, des Hospitals Sainte-Anne, boten. Ein Bild, das auf erstaunliche Weise demjenigen ähnelt, das sich in Nanterre geboten hatte, wo man die gleichen Mittel der Verwüstung praktizierte und wo man ebenfalls auf allen Mauern Inschriften ähnlichen Stils oder Geistes fand. Man kann sich fragen, ob es nicht eine Verbindung gab zwischen den in dieser Abteilung vor

92 Man hatte zu mehr oder weniger trügerischen Vorwänden Zuflucht nehmen müssen, um die Wiedereroberung des Odéon, der Sorbonne und der Akademie der Künste durch die Polizei zu rechtfertigen.

LA REPRISE "GLORIEUSE" DU TRAVAIL
Après avoir négocié avec le patronat et le gouvernement, le délégué syndical annonce la reprise du travail.
Arrêtez la grève! Reprenez le travail !
Nous avons gagné!!
Mais cela ne se passe pas aussi bien qu'il le voudrait.
Les syndicats sont vendus au pouvoir! la grève doit continuer!
Vivent les Conseils ouvriers!
Arrêtez ces provocateurs! Ce sont des ennemis des travailleurs!
Vive l'autogestion!
Sales flics! Vous voulez sauver votre avenir de bureaucrates!
Vous aurez toujours besoin des syndicats!
A bas la spécialisation! Révocation des délégués!
Le patronat ne vous supporterait pas si nous n'étions pas là!
Cette fois, on a compris! C'est à nous de jouer, camarades!
LA SEMAINE PROCHAINE : LES SYNDICATS SONT DANS LA MERDE- LES TRAVAILLEURS S'ORGANISENT EUX-MÊMES.

Militante baldige Liquidierung

kurzem eingetretenen Veränderungen rein beruflicher Art und diesen Akten der Verwüstung." Und im *Combat* vom 2. Juli stand: „Monsieur Jacquenod, der Direktor des Modellgymnasiums von Montgeron, schreibt uns: ‚Im Interesse der Allgemeinheit ist es meine Pflicht, Ihnen die absolut skandalösen Vorgänge mitzuteilen, die sich in letzter Zeit in der Region Essone Kommandos unverantwortlicher ‚Wütender', die sich auf eine gewisse ‚situationistische Internationale' berufen, zu Schulden kommen ließen. Im Gegensatz zu dem, was die Presse dazu hat verlauten lassen, haben sich diese traurigen Individuen als schädlicher und gar nicht ‚folkloristisch' erwiesen. Die Zeit des Wohlwollens ist zu Ende, und diese schändlichen Beschädigungen von Grabsteinen, Kirchen, Klöstern und öffentlichen Gebäuden, zu denen sie sich haben hinreißen lassen, dürfen ganz einfach nicht mehr toleriert werden. Nachdem sich diese Elemente in der Nacht vom 13. auf den 14. Juli in unsere Gebäude eingeschlichen haben, haben sie rund dreihundert Plakate, Flugblätter, Lieder, Comicstrips verklebt. Aber die wichtigsten Schäden sind durch die systematische Farbschmiererei hervorgerufen worden, mit der die Mauern des großen und des technischen Schulgebäudes bedeckt worden sind. Am 21. Juni, als die Polizei bereits eine Untersuchung eingeleitet hatte und als ob man sie damit herausfordern wollte, wurden am hellichten Tage neue Beschädigungen

(Plakate, Flugblätter, Aufschriften mit Tinte) im Inneren der Gebäude begangen." Herr Jaquenod hält es für seine Pflicht, die öffentliche Meinung auf diese „Akte des Vandalismus" aufmerksam zu machen, die „dem friedlichen Klima, zu dem wir allmählich wieder gelangen, stark schaden."

QUELLE MAGNIFIQUE SOIRÉE NOUS AVONS PASSÉE. AH! JE CROIS QUE L'ON S'EN SOUVIENDRA LONGTEMPS!
OUI! IL FAUT DIRE QUE LE PROGRAMME DE TÉLÉVISION ÉTAIT PARTICULIÈREMENT BON QUEL FILM! QUELLES COULEURS!
ET QUELLE VIE! ON SE CROIRAIT DANS LA RÉALITÉ!
MOI, CE QUE J'AI SURTOUT AIMÉ C'EST LE DEBAT! QUELLE VIOLENCE!

BON! IL FAUT ALLER DORMIR
OUI! DEMAIN ON TRAVAILLE. APRÈS UN SI BEAU WEEK END...

AH! JE VOIS QUE VOUS ÊTES RAISONNABLES: IL EST À PEINE MINUIT C'EST TRÈS BIEN! AU LIT! VITE!

BON! MAINTENANT QU'ILS SONT PARTIS TU PEUX TÉLÉPHONER À TON PATRON IL DOIT ATTENDRE TON APPEL
C'EST JUSTE! JE VAIS LUI DIRE QU'IL N'AURA VRAIMENT RIEN A CRAINDRE, QU'ILS SONT TRANQUILLES!

ALLO! NON. ILS NE PENSENT PLUS A RIEN OUBLIÉE LA GRÈVE... ILS NE VOIENT MÊME PLUS LES FLICS
ALORS ILS SONT REDEVENUS NORMAUX, COMME AVANT... C'EST BIEN MADEMOISELLE...

MAIS DITES-MOI: SI VOTRE SYNDICAT APPREND À QUEL GENRE DE TRAVAIL VOUS VOUS LIVREZ QUELLE SERA SA RÉACTION ? ... ?
MAIS JE FAIS CELA EN ACCORD AVEC MON SYNDICAT MR LE DIRECTEUR! OUI! BONSOIR!

KAPITEL X

DIE PERSPEKTIVE DER WELTREVOLUTION NACH DER BEWEGUNG DER BESETZUNGEN

„Die Situationistische Internationale hat Wind gesät; sie wird Sturm ernten."

Situationistische Internationale Nr. 8, Januar 1963

Die Bewegung der Besetzungen ist umgehend in aller Welt als historisches Ereignis von entscheidender Bedeutung empfunden worden: als Auftakt einer neuen Epoche, deren bedrohliches Programm den Tod aller bestehenden Regime proklamiert. Die bestürzende Unruhe, die sie auf Seiten der Verantwortlichen und Wortführer aller herrschenden Klassen hervorgerufen hat – genau wie in Frankreich – wurde sofort mit einer Erneuerung des Internationalismus und einer Radikalisierung der revolutionären Tendenzen beantwortet. Die Solidarität der organisierten Arbeiter hat sich auf verschiedene Arten ausgedrückt: die Docker von Savone und Antwerpen lehnten es ab, Waren zu entladen, die für Frankreich bestimmt waren, und die belgischen Setzer verhinderten das totgeborene Referendum, das de Gaulle am 24. Mai angekündigt hatte, indem sie sich weigerten, die Wahlzettel zu drucken. Mitte Mai ließ die Radical Student Alliance aus London den Arbeitern und Studenten eine französisch verfasste Adresse zukommen: „Auch wir haben die Gummiknüppel der Polizei und die Wirkungen des Tränengases zu spüren bekommen; der Verrat von Seiten unserer so genannten Führer ist uns nicht unbekannt. Die Gesamtheit dieser Erfahrungen genügt uns als Beweis für das Bedürfnis, uns dem lebendigen Kampf gegen die Strukturen der Unterdrückung in der Gesellschaft im Allgemeinen und an den Universitäten im Besonderen solidarisch anzuschließen … Aber Euch, Genossen, ist es gelungen, den Kampf über die Prüfungsordnung der Klassenuniversität hinauszutreiben und Euren Kampf mit dem der Arbeiter zu vereinigen, einen Kampf, der auf die vollständige Kapitulation der kapitalistischen Gesellschaft abzielt … Zusammen mit Euren Genossen aus den Fabriken, den Häfen und Büros habt Ihr den Mythos der Stabilität des kapitalistischen Europa zerstört und dadurch die Regierungen ebenso wie die Bürokratie das Fürchten gelehrt. An den Börsen Europas zittern die Kapitalisten, die Professoren und die alternden Gerontokraten verdrehen die Worte, um diese Massenaktion zu erklären … Genossen, Ihr habt die Traditionen von 1871 und 1917 wiederbelebt und dem internationalen Sozialismus einen neuen Auftrieb gegeben!“ Das Koordinationskomitee des Streiks der Studenten der Columbia-Universität veröffentlichte Anfang Juni in New York ein Flugblatt, in dem erklärt wurde: „Seit mehr als zwei Wochen führen zwölf Millionen Arbeiter und Studenten in Frankreich einen massenhaften Generalstreik gegen dieselben Verhältnisse, die wir in Amerika bekämpfen … Trotz der Anstrengungen der Gewerkschaftsbürokraten – darunter die CGT mit ‚kommunistischer' Führung – die Bewegung zu zügeln und einen Kompromiss mit den Unternehmern und der gaullistischen Regierung zu erzielen, haben die Arbeiter für die Fortsetzung des Streiks bis zur vollständigen Erfüllung ihrer Forderungen gestimmt … Wenn wir in Frankreich gewinnen, gibt das der internationalen Bewegung, die sich bereits in Westdeutschland, Spanien, Italien, Japan und selbst hier in den Vereinigten Staaten abzeichnet, neues Leben. Wenn wir hier unsere eigenen Kämpfe kämpfen, tragen wir dazu bei, die Bedingungen für einen Sieg in Frankreich und überall auf der Welt zu schaffen. Ihr Kampf ist unser Kampf. Die Arbeiter und Studenten Frankreichs suchen hier bei uns in Amerika eine Antwort auf ihren ersten Riesenschritt in der Schlacht um eine neue Gesellschaft."

Die Barrikaden und Molotow-Cocktails der Studenten von Berkeley, die drei Jahre vorher die studentischen Unruhen losgetreten hatten, antworteten Ende Juni. Ab Mitte Mai hatte sich in der österreichischen Jugend eine revolutionäre Organisation auf der Basis des einfachen Programms „Machen wir's wie in Frankreich" gebildet. Ende des Monats fanden Besetzungen von Universitätsgebäuden in Deutschland, Stockholm, Brüssel und der Londoner Kunstschule in Hornsey statt. Am 31. wurden Barrikaden in Rom errichtet. Im Juni besetzten die wie eh und je kampfbereiten Studenten in Tokio kurz entschlossen das Universitätsviertel mit der Absicht, es „in ein Quartier Latin zu verwandeln", indem sie ihre Fakultäten besetzten und sie gegen die Polizei verteidigten. Selbst die Schweiz wurde von den Unruhen nicht verschont: am 29. und 30. Juni kam es zu Aufständen in Zürich, wo Hunderte von Demonstranten, mit Pflastersteinen und Molotow-Cocktails bewaffnet, das Polizeihauptquartier stürmen. „Die gewalttätigen Demonstrationen in Zürich", stellte *Le Monde* am 2. Juli fest, „haben eine gewisse Bestürzung ausgelöst. Viele Schweizer, die glaubten, ihrem Land bliebe die allgemeine Protestbewegung erspart, die sich über Europa ausbreitet, wurden aus ihrer Ruhe aufgeschreckt." Der Kampf in den modernen kapitalistischen Ländern hat natürlich auch den Aufruhr der Studenten gegen die Diktaturen wiederbelebt, ebenso wie den in den unterentwickelten Ländern. Ende Mai kam es zu gewalttätigen Auseinandersetzungen in Buenos Aires, Dakar, Madrid und zu einem Studentenstreik in Peru. Im Juni weiteten sich die Zwischenfälle bis nach Brasilien, nach Uruguay – wo sie in einem Generalstreik gipfeln sollten –, nach Argentinien aus; in die Türkei, wo die Universitäten von Istanbul und Ankara besetzt und bis auf weiteres geschlossen wurden; in den Kongo, wo die Gymnasiasten die Abschaffung der Prüfungen verlangten.

Die wichtigste unmittelbare Folge der französischen Bewegung war eine erste Erschütterung der Macht der bürokratischen Klassen in Osteuropa, als die jugoslawischen Studenten Anfang Juni die Belgrader

Universität besetzten. Die Studenten bildeten Aktionskomitees, denunzierten die bürokratische Aneignung der Gesellschaft und forderten eine *wirkliche Selbstverwaltung* als freies Recht und als Mittel der Auflösung der Klassen; sie stimmten für die Beibehaltung des Namens Karl-Marx-Universität. Sie wandten sich an die Arbeiter: „Wir sind empört über die enormen sozialen und wirtschaftlichen Unterschiede in unserer Gesellschaft … Wir sind für die Selbstverwaltung, aber gegen die Bereicherung einzelner auf Kosten der Arbeiterklasse." Ihre Bewegung traf bei breiten Kreisen der Arbeiter auf Zustimmung. Wie in der Sorbonne „ergriffen verschiedene Arbeiter während des endlosen Meetings in der philosophischen Fakultät ebenfalls das Wort, wo im allgemeinen Enthusiasmus eine Rede auf die andere folgte" (*Le Monde* vom 7. Juni). Das Regime war vom Tode bedroht. Die demagogische Selbstkritik und die rührseligen Zugeständnisse Titos, der davon sprach, seinen Abschied zu nehmen, wenn es ihm nicht gelänge, die berechtigten Forderungen zu erfüllen, zeigen die Schwäche der jugoslawischen Bürokratie und ihre Panik. Denn sie weiß sehr genau, dass die radikalen Forderungen der Bewegung, wie viel Spielraum sie auch der Person Titos noch gelassen haben, nichts weniger bedeuten als ihre Beseitigung als herrschende Klasse und die proletarische Revolution, die dort wie anderswo wieder ans Tageslicht tritt. Die Zugeständnisse der Bürokraten wurden in *klassischer Weise* von der Dosis Repression begleitet, die sie sich leisten konnten, und von den üblichen Verleumdungen, die die umgekehrte Wahrheit ihrer *Ideologie* ausdrücken: Die so genannte Liga der Kommunisten denunzierte also die „Radikalen der extremen Linken …, die es darauf abgesehen haben, das demokratische Regime und die Selbstverwaltung zu zerstören." Selbst *Le Monde* vom 12. Juni ist sich darüber im Klaren, dass es sich hierbei „um den wichtigsten *Alarm* seit dem Krieg" handelt, „den das Regime in seinem Inneren erlebt hat"[93].

Auch Frankreich gehört weiterhin zur Vulkankette der neuen Geographie der Revolutionen. Nichts ist geregelt worden. Der revolutionäre Ausbruch wurde nicht von einer ökonomischen Krise hervorgebracht, sondern hat ganz im Gegenteil dazu beigetragen, eine solche Krisensituation zu schaffen. Was im Mai offen angegriffen wurde, war die entwickelte, gut *funktionierende* kapitalistische Ökonomie; aber

93 Seitdem hat der Aufstand der mexikanischen Studenten an Breitenwirkung alle anderen Antworten auf unsere Bewegung der Besetzungen übertroffen. Es handelt sich im Falle Mexikos um ein Land, dass die lateinamerikanische Unterentwicklung zur Hälfte hinter sich gelassen hat. (Im Oktober 1968 eingefügte Fußnote, R. V.)

diese Ökonomie, einmal durch die negativen Kräfte ihrer geschichtlichen Aufhebung gestört, kann danach nur *weniger gut funktionieren:* Dadurch wird sie um so hassenswerter und trägt so zur Verstärkung der „schlechten Seite“ bei, des revolutionären Kampfes, der sie umgestaltet. Das studentische Milieu ist zu einer dauerhaften Festung der Unordnung in der französischen Gesellschaft geworden; und dieses Mal handelt es sich nicht mehr um Unordnung in einer *getrennten* Jugend. Die großen bürokratischen Apparate zur Einhegung der Arbeiterklasse haben ihren Sieg über den Streik sehr teuer bezahlt: Viele Arbeiter haben verstanden, wie sie funktionieren. Was die kleinen gauchistischen Parteien angeht, die anscheinend gestärkt sind – insbesondere durch die ungerechte Auflösung durch die Polizei – sind sie von nun an praktisch verurteilt. Der unauffällige Korb voller Krebse, den sie bildeten, hat sich während des Streiks unter den *Blitzlichtern* ausgebreitet, aber immer noch rückwärts krabbelnd.

Die Perspektive der Weltrevolution holte einen immensen Rückstand auf – ihr halbes Jahrhundert Abwesenheit –, als sie in Frankreich wieder auftauchte, und sie hatte von daher sogar einige *verfrühte* Aspekte. Die Bewegung der Besetzungen ist, *bevor* sie die Macht des Staates gebrochen hatte, mit dem sie zusammenstieß, dorthin gelangt, wo alle anderen revolutionären Bewegungen – mit Ausnahme der von 1905[94] – erst *hinterher* gelandet sind. Die bewaffneten Kommandos, die dem Staat zur Verfügung stehen, sind nicht vernichtet worden. Und doch erinnerte die Besetzung der Gebäude, ihre berüchtigte Verteilung unter verschiedenen subversiven Gruppierungen an einige Eigenschaften Barcelonas im Sommer 1936[95]. Zum ersten Mal ist in Frankreich der Staat *ignoriert* worden: Das war die erste handelnde

94 Die *Russische Revolution von 1905* umfasst eine Reihe von 1905 bis ins Jahr 1907 andauernder revolutionärer Unruhen im russischen Zarenreich, ausgelöst vor allem durch den russisch-japanischen Krieg (1904/1905) und den *Petersburger Blutsonntag* von 1905. In den ersten Januartagen 1905 erfasste ein Generalstreik zuerst die Putilow-Werke und bald darauf auch die Werften, Manufakturen und Webereien. Am Sonntag, dem 9. Januar begaben sich Zehntausende von Arbeiter*innen, auf einen Sternmarsch aus den Vororten Sankt Petersburgs zum Winterpalast, der Residenz des Zaren, in der Absicht, friedlich und gesetzeskonform für menschenwürdigere Betriebsbedingungen, Agrarreformen, Abschaffung der Zensur und religiöse Toleranz zu demonstrieren. Die Demonstrant*innen forderten überdies die Schaffung einer Volksvertretung. Bis zu Zar Nikolaus II. drangen die Demonstrant*innen allerdings nicht vor. Bereits vor dem Narwa-Tor wurden sie durch Soldaten aufgehalten, die auf die Menschenmenge schossen. Es gab mindestens 130 Tote (Anm. d. Setzers).

95 Nach einem Putsch des General Francisco Franco (1892-1975) brach am 19. Juli 1936 der Spanische Bürgerkrieg aus, der u.a. auch in Barcelona eine soziale Revolution war, die durch die stalinistische Konterrevolution beendet wurde. Der

Kritik am Jakobinismus[96], der so lange der schlechte Traum der revolutionären französischen Bewegungen gewesen ist, die Kommune[97] eingeschlossen. Das heißt, dass sich der plötzlichen Wiederkehr der revolutionären französischen Eigenart – ein weiteres Mal weckten die Barrikaden von Paris Europa auf – radikal neue Elemente beimischten. Wie es *nicht genug war*, den Staat einfach zu ignorieren, gab es sicherlich noch nicht ausreichend klare Perspektiven. Zu wenig Leute hatten sich das Wissen um die kohärente radikale Theorie angeeignet und ihre massenhafte Verbreitung musste äußerst schwierige Bedingungen überwinden: Neben der bestehenden Ordnung der Macht der spektakulären Information bestanden die konterrevolutionären Bürokratien, die erst von zu wenig Beteiligten entlarvt worden waren. So darf man sich nicht über die zahlreichen Schwächen der Bewegung wundern, man sollte lieber über ihre Kraft staunen.

Die radikale Theorie ist bestätigt worden. Sie hat sich immens verstärkt. Sie muss sich nun überall als das zu erkennen geben, was sie ist, und alle neuen Anstrengungen der aus dem letzten Loch pfeifenden Rekuperateure unterbinden. Diejenigen, die sie weitergeben, durften bereits keine Konzessionen machen. Sie müssen noch anspruchsvoller werden, ausgehend von der Position der Stärke, die die Geschichte ihnen gibt. Nichts weniger als die internationale Macht der Arbeiterräte kann sie zufrieden stellen: Sie können keine revolutionäre Kraft anerkennen außerhalb der Räteorganisationen, die sich in allen Ländern bilden werden. Die objektiven Bedingungen der Revolution haben

Kampf gegen den Faschismus dauert aber noch bis Ende März 1939 (Anm. d. Setzers).

96 „Jakobiner“ wurde die Mitglieder des revolutionären politischen Klubs *Société des amis de la constitution* („Gesellschaft der Verfassungsfreunde“) genannt. Im Dominikanerkloster St. Jakob (Paris) hatten sie Räumlichkeiten für ihre Treffen angemietet, daher die Bezeichnung „Jakobiner“. Die Jakobiner*innen – allen voran Georges Danton (1759-1794) und Maximilien de Robespierre (1758-1794) – spielten als anti-monarchistische Republikaner eine bedeutende Rolle in der *Französischen Revolution*. Aufgrund der mit ihnen verbundenen Vorstellung einer zentralisierten „unteilbaren Republik“ und des von ihnen befürworteten (Tugend-)Terrors im Namen der Revolution, wurden sie von Anarchist*innen immer wieder als Inbegriff der etatistischen politischen Revolution, im Gegensatz zur föderalistischen sozialen Revolution, gebrandmarkt. In der französischen politischen Kultur des 20. Jahrhunderts bezeichnet der Begriff des Jakobinismus innerhalb der linken Parteien eine nationalistische und etatistische Position sowie moralisierende Tendenzen, Bürger durch Gesetze und Verbote zu einem „ethischen Verhalten“ zu erziehen (statt das „gute Verhalten“ zu belohnen). Damit stehen sie im Gegensatz zu den liberaleren und antiautoritären Strömungen der Linken (Anm. d. Setzers).

97 Gemeint ist hier die *Pariser Kommune 1871* (Anm. d. Setzers).

ihre Anwesenheit ans Tageslicht gebracht, sobald die Revolution wieder angefangen hat, als subjektive Kraft zu sprechen. Hier ist ein Feuer angezündet worden, das nicht erlöschen wird. Die Bewegung der Besetzungen hat dem Schlaf aller Herren der Ware ein Ende gesetzt, und nie wieder wird die spektakuläre Gesellschaft ruhig schlafen können.

DOKUMENTE

I

DIE ANFÄNGE

Über das Elend im Studentenmilieu[1]

**betrachtet
unter seinen ökonomischen, politischen, psychologischen, sexuellen und besonders intellektuellen Aspekten und über einige Mittel, ihm abzuhelfen
von Mitgliedern der Situationistischen Internationale und Straßburger Studenten**

Die Schmach noch schmachvoller machen, indem man sie publiziert

Ohne große Gefahr, uns zu irren, können wir behaupten, dass der Student in Frankreich nach dem Polizisten und dem Priester das weitestgehend verachtete Wesen ist. Wenn auch die Gründe für seine Verachtung oft die falschen sind und aus der herrschenden Ideologie stammen, so werden die Gründe, aus denen er vom Standpunkt der revolutionären Kritik her wirklich verachtungswürdig ist und verachtet wird, verdrängt und nicht eingestanden. Die Befürworter der falschen Kritik können sie dennoch erkennen, und sich in ihnen wieder erkennen. Sie kehren diese wirkliche Verachtung in eine gefällige Bewunderung um. So betet die ohnmächtige linke Intelligenz (von den *Temps Modernes* bis zum *Express*) den angeblichen „Aufstieg der Studenten" an, und die wirklich im Niedergang befindlichen bürokratischen Organisationen (von der sog. kommunistischen Partei zur UNEF) streiten sich eifersüchtig um ihre „moralische und materielle" Unterstützung. Wir werden die Gründe für dieses Interesse an den Studenten aufzeigen, und wie diese Gründe positiv an der herrschenden Wirklichkeit des überentwickelten

1 Deutsche Erstveröffentlichung: Flugschrift Nr. 21, Edition Nautilus Hamburg 1977. Nachauflage in: Situationistische Internationale, *Der Beginn einer Epoche*. Edition Nautilus Hamburg 1995 (Übersetzung Pierre Gallissaires, Hanna Mittelstädt, Roberto Ohrt).

Kapitalismus teilhaben; wir werden diese Broschüre dazu benutzen, sie einen nach dem anderen zu entlarven: Die Auflösung der Entfremdung geht keinen anderen Weg als den der Entfremdung.

Alle Analysen und Studien über das Studentenmilieu haben bisher das Wesentliche vernachlässigt. Sie gehen nie über den Standpunkt der universitären Spezialisierung hinaus (Psychologie, Soziologie, Ökonomie), bleiben also grundsätzlich falsch. Alle begehen das, was Fourier schon eine *methodische Zerstreuthei*t nannte, „da sie sich regelmäßig auf die Kernfragen bezieht", ohne die *Totalität* der modernen Gesellschaft im Auge zu haben. Die Anbetung der Fakten verhüllt die wesentliche Kategorie, und die Details lassen die Totalität vergessen, über diese Gesellschaft wird alles gesagt, nur nicht das, was sie wirklich ist: eine Gesellschaft der *Ware und des Spektakels*. In ihrer Untersuchung „Die Erben – Die Studenten und die Kultur" stehen die Soziologen Bourderon und Passedieu entwaffnet vor den wenigen Teilwahrheiten, die sie letzten Endes bewiesen haben. Und trotz all ihres guten Willens fallen sie in die Moral der Professoren zurück, die unvermeidliche kantsche Ethik einer „wirklichen Demokratisierung durch eine wirkliche Rationalisierung des Systems der Lehre", d.h.: der Lehre des Systems. Währenddessen glauben ihre Schüler wie Kravetz[2] und Konsorten zu Tausenden an ihr eigenes Erwachen, wobei sie ihre kleinbürokratische Verbitterung mit dem Trödel einer unbrauchbaren revolutionären Phraseologie kompensieren.

Die Inszenierung der Verdinglichung als Spektakel[3] innerhalb des modernen Kapitalismus zwingt jedem eine Rolle in der generalisierten Passivität auf. Der Student entgeht diesem Gesetz nicht. Er hat eine provisorische Rolle, die ihn auf die endgültige vorbereitet, die er als positives und bewahrendes Element im Getriebe des Warensystems erfüllen wird. Nichts anderes als eine Initiation.

Dieser Initiationsritus hat auf magische Weise zu allen Kennzeichen der mythischen Initiation zurückgefunden. Sie bleibt völlig von der historischen, individuellen und gesellschaftlichen Wirklichkeit abgeschnitten. Der Student ist ein Wesen, das zwischen einem gegenwärtigen und einem zukünftigen Status steht, die säuberlich voneinander getrennt sind,

2 Kravetz, Marc, genoss einen gewissen Ruf in der Führungsschicht der UNEF-Kreise; ein eleganter Parlamentarier, beging er den Fehler, sich in die „theoretische Forschung" zu wagen: 1964 veröffentlichte er in den *Temps Modernes* eine Verherrlichung des studentischen Syndikalismus, die er ein Jahr später in derselben Zeitschrift widerrief.

3 Selbstverständlich gebrauchen wir die Begriffe Spektakel, Rolle usw. im situationistischen Sinn.

und deren Grenze mechanisch überschritten wird. Sein schizophrenes Bewusstsein erlaubt es ihm, sich innerhalb einer „Initiationsgesellschaft" zu isolieren, seine Zukunft zu verkennen und sich am Erlebnis der mystischen Einheit zu berauschen, die ihm von einer vor der Geschichte geschützten Gegenwart angeboten wird. Der Hebel für die Umkehrung der offiziellen Wahrheit, d.h. der ökonomischen, kann so einfach entlarvt werden: Es ist hart, der studentischen Realität ins Gesicht zu sehen. Innerhalb einer „Überflussgesellschaft" befindet sich der Student im Zustand der gegenwärtig äußersten Armut. Obwohl mehr als 80% von ihnen aus Bevölkerungsschichten stammen, deren Einkommen das eines Arbeiters übersteigt, verfügen 90% von ihnen über weniger Mittel als der einfachste Lohnempfänger. Das studentische Elend steht noch unterhalb des Elends der Gesellschaft des Spektakels, unter dem neuen Elend des neuen Proletariats. In einer Zeit, wo ein wachsender Teil der Jugend sich immer mehr von den moralischen Vorurteilen und der familiären Autorität befreit, um so früh wie möglich in die offenen Ausbeutungsverhältnisse einzutreten, verharrt der Student auf jeder Ebene in einer verantwortungslosen, gefügigen und „verlängerten Unmündigkeit". Während seine verspätete jugendliche Krise ihn etwas in Opposition zu seiner Familie bringt, akzeptiert er ohne weiteres, in den verschiedenen Institutionen, die sein alltägliches Leben regeln, wie ein Kind behandelt zu werden.[4]

Die Kolonisierung der verschiedenen Sektoren der gesellschaftlichen Praxis findet nur in der Studentenwelt ihren grellsten Ausdruck. Die Übertragung des gesamten schlechten Gewissens der Gesellschaft auf die Studenten verschleiert das Elend und die Knechtschaft aller.

Aber die Gründe für unsere Verachtung des Studenten sind ganz anderer Art. Sie betreffen nicht nur sein wirkliches Elend, sondern seine Gefälligkeit gegenüber jedem Elend, seine ungesunde Neigung, die Entfremdung glückselig zu konsumieren – in der Hoffnung, angesichts allgemeinen Mangels an Interesse das Interesse auf seinen besonderen Mangel zu lenken. Der moderne Kapitalismus bewirkt zwangsläufig, dass der größte Teil der Studenten ganz einfach zu kleinen Kadern wird (d.h. das Äquivalent für den Facharbeiter im 19. Jahrhundert)[5]. Angesichts des elenden, leicht vorauszusehenden Charakters dieser mehr oder weniger nahen Zukunft, die ihn für das schmachvolle Elend der Gegenwart „entschädigen" soll, zieht der Student es vor, sich sei-

4 Wo ihn keiner anscheißt, tritt man ihm in den Arsch.

5 Aber ohne das revolutionäre Bewusstsein; der Arbeiter hatte nicht die Illusion des Aufstiegs.

ner Gegenwart zuzuwenden und sie mit illusorischem Prestige auszuschmücken. Die Kompensierung selbst ist allzu kläglich, als dass man sich mit ihr befasst; die Zukunft wird kein Paradies sein und zwangsläufig in der Mittelmäßigkeit schwimmen. Deshalb flieht der Student in eine unwirklich gelebte Gegenwart.

Wie ein stoischer Sklave glaubt der Student sich um so freier, je mehr alle Ketten der Autorität ihn fesseln. Genau wie seine neue Familie, die Universität, hält er sich für das gesellschaftliche Wesen mit der größten „Autonomie", während er doch gleichzeitig und unmittelbar von den zwei mächtigsten Systemen der gesellschaftlichen Autorität abhängt: der Familie und dem Staat. Er ist ihr ordentliches und dankbares Kind. Nach derselben Logik eines unterwürfigen Kindes hat er an allen Werten und Mystifikationen des Systems teil und konzentriert sie in sich. Was den Lohnabhängigen aufgezwungene Illusionen waren, wurde zu einer von der Masse der zukünftigen kleinen Kader verinnerlichten und getragenen Ideologie.

Während das alte soziale Elend noch die grandiosesten Kompensierungssysteme der Geschichte (die Religionen) erzeugte, hat das marginale studentische Elend seinen Trost nur in den abgenutztesten Bildern der herrschenden Gesellschaft gefunden, in der grotesken Wiederholung all ihrer entfremdeten Produkte.

Der französische Student kommt in seiner Eigenschaft als ideologisches Wesen zu allem zu spät. Alle Werte und Illusionen, auf die seine geschlossene Welt stolz ist, sind als unhaltbare Illusionen seit langem durch die Geschichte lächerlich gemacht und verworfen worden.

Da für ihn noch etwas vom zerschlagenen Prestige der Universität abfällt, freut sich der Student immer noch, Student zu sein. Zu spät. Der mechanisierte und spezialisierte Unterricht, den er erhält, ist ebenso heruntergekommen (im Verhältnis zum früheren Niveau bürgerlicher Allgemeinbildung)[6] wie sein eigenes intellektuelles Niveau im Augenblick seines Studienantritts, und zwar allein aufgrund der Tatsache, dass das alles beherrschende ökonomische System die Massenproduktion ungebildeter und zum Denken unfähiger Studenten verlangt. Der Student ignoriert, dass die Universität zu einer institutionalisierten Organisation des Unwissens geworden ist, dass selbst die „hohe Kultur" sich im Takt der Serienproduktion von Professoren auflöst und dass *alle* Professoren Kretins sind, von denen die meisten sich vor jedweder Gymnasialklasse blamieren würden. Er hört seine Lehrer auch weiterhin mit Respekt,

6 Wir sprechen hier nicht von der École Normale Superieure oder den Sorbonne-Ärschen, sondern von der der Enzyklopädisten oder Hegels.

mit dem bewussten Vorsatz, jeden kritischen Geist aufzugeben, um sich mit den anderen besser in der mystischen Illusion verbunden zu fühlen, „Student" geworden zu sein, jemand, der ernsthaft damit beschäftigt ist, sich ein *ernsthaftes* Wesen anzueignen in der Hoffnung, man werde ihm auch die letzten Wahrheiten anvertrauen. Das sind die Wechseljahre des Geistes. Alles, was sich heute in den Amphitheatern der Schulen und Fakultäten abspielt, wird in der zukünftigen revolutionären Gesellschaft als gesellschaftlich schädlicher Lärm verurteilt. Schon jetzt bringt der Student alle zum Lachen.

Dem Studenten wird nicht einmal bewusst, dass die Geschichte auch seine lächerliche „geschlossene" Welt verändert. Die berühmte „Universitätskrise", Detail einer allgemeineren Krise des modernen Kapitalismus, bleibt Gegenstand eines Dialogs tauber Fachidioten. In ihr kommen ganz einfach die Schwierigkeiten einer verspäteten Anpassung dieses besonderen Produktionssektors an die Veränderungen des gesamten Produktionsapparates zum Ausdruck. Die Überreste der alten Ideologie einer liberal-bürgerlichen Universität werden in dem Augenblick nichtssagend, wo ihre gesellschaftliche Basis verschwindet. Die Universität konnte sich in der Epoche des Freihandelskapitalismus und seines liberalen Staates als autonome Macht verstehen, da er ihr eine gewisse marginale Freiheit gewährte. Sie hing in Wirklichkeit eng von den Bedürfnissen dieser Art von Gesellschaft ab: der privilegierten studierenden Minderheit eine angemessene Allgemeinbildung zu vermitteln, bevor sie sich wieder in die herrschende Klasse einreiht, die sie kaum verlassen hatte. Daher das Lächerliche an diesen nostalgischen Professoren[7], die darüber verbittert sind, ihre alten Funktionen als Hofhunde der zukünftigen Herren gegen die viel weniger edle von Schäferhunden eingetauscht zu haben, die gemäß dem geplanten Bedarf des Wirtschaftssystems die „Weiße-Kragen"-Herren zu ihren jeweiligen Fabriken und Büros begleiten. Gerade sie setzen ihre Altertümlichkeit gegen die Technokratisierung der Universität und halten unbeirrt daran fest, die kümmerlichen Reste einer so genannten Allgemeinbildung an künftige Spezialisten zu verfüttern, die damit nichts an zu fangen wissen.

Ernster und damit gefährlicher sind die Modernisten der Linken und der UNEF, die, von den „Ultras" der FGEL angeführt, eine „Reform der Universitätsstruktur", eine „Reintegrierung der Universität in das Gesellschafts- und Wirtschaftsleben" fordern, d.h. ihre Anpassung

7 Da sie nicht wagen, sich auf den philisterhaften Liberalismus zu berufen, erfinden sie den Bezug zu Universitätsfreiheiten des Mittelalters, der Epoche der „Demokratie der Unfreiheit."

an die Bedürfnisse des modernen Kapitalismus. Die verschiedenen Fakultäten und Schulen, die noch mit anachronistischem Prestige dekoriert sind, werden von Verteilungsstätten der „Allgemeinbildung" zu Diensten der herrschenden Klassen in Fabriken der hastigen Aufzucht von unteren und mittleren Kadern umgewandelt. Weit davon entfernt, diesen geschichtlichen Prozess infrage zu stellen, der einen der letzten relativ autonomen Sektoren des gesellschaftlichen Lebens direkt den Anforderungen des Warensystems unterwirft, protestieren unsere Fortschrittsjünger gegen Verspätungen und Schwächen auf dem Weg zu seiner Verwirklichung. Sie sind die Befürworter der zukünftigen kybernetisierten Universität, die sich schon hier und dort ankündigt[8]. Das Warensystem und seine modernen Diener, das ist der Feind.

Diese ganze Debatte spielt sich aber, wie nicht anders zu erwarten, über den Köpfen der Studenten im Himmel ihrer Lehrer ab, und entgeht ihnen völlig: Die Gesamtheit ihres Lebens, und erst recht des Lebens überhaupt, entgeht ihnen.

Seine äußerst ärmliche ökonomische Lage verurteilt den Studenten zu einer nicht sehr beneidenswerten Form des *Überlebens*. Aber immer mit sich zufrieden erhebt er sein triviales Elend zu einem originellen „Lebensstil": Armutskult und Bohème, die „Bohème", die schon lange keine originelle Lösung mehr ist, wird nur nach einem völligen und unabänderlichen Bruch mit dem Universitätsmilieu wirklich gelebt. Ihre Anhänger unter den Studenten (und alle kokettieren damit, es ein wenig zu sein) klammern sich also lediglich an eine künstliche und heruntergekommene Version dessen, was bestenfalls nur eine mittelmäßige individuelle Lösung ist. Damit verdienen sie sogar die Verachtung von alten Damen auf dem Lande. Dreißig Jahre nach Wilhelm Reich[9], diesem hervorragenden Erzieher der Jugend, haben diese „Originale" immer noch die traditionellsten Verhaltensweisen in der Erotik und der Liebe; sie reproduzieren in ihren sexuellen Beziehungen die allgemeinen Beziehungen der Klassengesellschaft. Die Fähigkeit des Studenten, einen Aktivisten jeden Kalibers abzugeben, sagt viel über seine Impotenz. Innerhalb des Spielraums individueller Freiheit, der ihm vom totalitären Spektakel zugestanden wird, und trotz seines mehr oder weniger flexiblen Stundenplanes ignoriert der Student immer noch das Abenteuer und zieht die knapp bemessene tägliche Raum-Zeit vor, die von den Wächtern des Spektakels für ihn eingerichtet worden ist.

8 Vgl. Situationistische Internationale Nr. 9, „Korrespondenz mit einem Kybernetiker" und das situationistische Flugblatt „Die Schildkröte im Schaufenster" gegen den Neo-Professor A. Moles (siehe S. 208 FN 47).

9 Vgl. *Der sexuelle Kampf der Jugend* und *Die Funktion des Orgasmus.*

Ohne dazu gezwungen zu sein, trennt er von sich aus Arbeit und Freizeit, wobei er eine scheinheilige Verachtung für die „Büffler" und diejenigen an den Tag legt, die „den Scheinen nachjagen". Er billigt alle Trennungen und jammert dann in verschiedenen religiösen, sportlichen, politischen oder gewerkschaftlichen „Zirkeln" über die Nichtkommunikation. Er ist so dumm und so unglücklich, dass er sich massenweise sogar spontan der para-polizeilichen Kontrolle von Psychiatern und Psychologen anvertraut, die ihm die Avantgarde der modernen Unterdrückung zur Verfügung stellt, und die dann natürlich von seinen „Repräsentanten" begrüßt wird, die diese „Universitätsbüros für psychologische Hilfe" BAPU für eine unerlässliche und verdiente Errungenschaft halten.[10]

Aber das wirkliche Elend des studentischen Alltags findet seinen unmittelbaren und fantastischen Ausgleich in seinem Opium ersten Ranges: der kulturellen Ware. Im kulturellen Spektakel findet der Student ganz natürlich seinen Platz als respektvoller Schüler wieder. Nahe am Ort der Produktion, aber ohne ihn jemals zu betreten – das Heiligtum bleibt ihm verschlossen – entdeckt der Student die „moderne Kultur" als bewundernder Zuschauer. In einer Epoche, in der *die Kunst tot ist*, bleibt er nahezu allein den Theatern und Filmklubs treu und ist der gierigste Konsument ihres Kadavers, der tiefgekühlt und zellophanverpackt in Supermärkten an die Hausfrauen des Überflusses ausgegeben wird. Er nimmt ohne Vorbehalt, ohne Hintergedanken und ohne Distanz daran teil. Da ist er in seinem natürlichen Element. Wären die „Häuser der Kultur" nicht vorhanden, der Student hätte sie erfunden. Er bestätigt vollkommen die banalsten Marktanalysen amerikanischer Soziologen: ostentativer Konsum, werbungsmäßige Differenzierung zwischen Produkten gleicher Nichtigkeit (Pérec[11] oder Robbe-Grillet[12], Godard oder Lelouch[13]).

10 Für die übrige Bevölkerung ist die Zwangsjacke nötig, bevor sich jemand dem Psychiater in seiner Anstalt stellt. Nur den Studenten genügt die Bekanntmachung, dass vorgeschobene Kontrollposten innerhalb des Ghettos eröffnet worden sind: Schon stürmen sie dorthin, so dass die Ausgabe von Wartenummern nötig wird.

11 Georges Perec (1936-1982) war ein französischer Schriftsteller, Dichter und Wortkünstler. Er gründete seine Werke auf die Verwendung formaler, literarischer oder mathematischer Zwänge, die seinen Stil prägen (Anm. d. Setzers).

12 Alain Robbe-Grillet (1922-2008) war ein französischer Agraringenieur, Filmemacher, Schriftsteller und Mitglied der Académie française. Durch seine Werke gilt Robbe-Grillet als einer der Väter des Nouveau Roman (Anm. d. Setzers).

13 Claude Barruck Joseph Lelouch, geboren 1937, ist ein französischer Filmregisseur, Kameramann, Drehbuchautor, Produzent und Schauspieler. Sein Markenzeichen sind betont ästhetische Kameraeinstellungen (Anm. d. Setzers).

Sobald die „Götter", die sein kulturelles Spektakel produzieren und organisieren, auf der Bühne leibhaftig werden, ist er ihr Hauptpublikum und so treu, wie sie es sich erträumt haben. Massenhaft nimmt er an ihren obszönsten Darstellungen teil; wer, wenn nicht er, würde die Säle füllen, in denen z.B. die Pfaffen der verschiedenen Kirchen ihre uferlosen Dialoge öffentlich vortragen (Wochen des so genannten marxistischen Denkens, Tagungen katholischer Intellektueller) oder wenn die heruntergekommene Literatur ihre Unfähigkeit bekanntgibt (fünftausend Studenten bei der Veranstaltung „Was kann Literatur?").

Zu echter Leidenschaft unfähig findet er seine höchste Lust in leidenschaftslosen Polemiken zwischen den Stars der Nicht- Intelligenz über falsche Probleme, deren Funktion es ist, die wirklichen zu verschleiern; Althusser – Garaudy – Sartre – Barthes – Picard – Lefebvre – Levi-Strauss – Halliday – Chatelet – Antoine. Humanismus – Existenzialismus – Strukturalismus – Szientismus – Neuer Kritizismus – Dialektischer Naturalismus – Kybernetismus – Planetismus – Metaphilosophismus.

In seiner Beflissenheit wähnt er sich zur Avantgarde gehörig, weil er den letzten Film Godards gesehen, das letzte argumentistische[14] Buch gekauft, beim letzten Happening Lapassades, dieses Arschlochs, mitgemacht hat. Dieser Ignorant hält den blassesten Ersatz alter und zu ihrer Zeit wirklich wichtiger Erfahrungen für „revolutionäre" Neuheiten, weil sie für den Markt versüßt worden sind und das Etikett es so garantiert. Die Hauptsache ist immer, seinen kulturellen Standard zu wahren. Der Student ist wie jedermann stolz darauf, die Taschenbuchausgaben einer Reihe wichtiger und schwieriger Texte zu kaufen, die die „Massenkultur" in beschleunigtem Rhythmus auf den Markt wirft.[15] Nur kann er nicht lesen. Er begnügt sich damit, sie mit den Augen zu konsumieren.

Seine bevorzugte Lektüre bleiben die Fachzeitschriften, die den wahnsinnigen Konsum an Kulturgadgets orchestrieren: willig akzeptiert er ihre Werbebefehle und macht daraus das Standardmuster seines Geschmacks. Er findet seine größte Freude immer noch beim Lesen von *L'Express* und *Le Nouvel Observateur* oder glaubt, *Le Monde*, dessen Stil ihn bereits überfordert, sei eine wahrhaft „objektive" Zeitung, die die Aktualität wiedergibt. Um seine Allgemeinbildung zu vertiefen, verschlingt er *Planète*, die magische Zeitschrift, die alle Falten und Pickel der alten Gedanken glättet. Mit Hilfe solcher Führer glaubt er, an der

14 Über die Gang von *Arguments* und das Eingehen ihres Organs siehe das 1963 von der S.I. verteilte Flugblatt „In den Mülleimer der Geschichte".

15 Hier kann man nur die Lösung empfehlen, die von den Intelligentesten schon praktiziert wird: die Bücher zu stehlen.

modernen Welt teilzuhaben und sich mit der Politik vertraut zu machen.

Denn der Student freut sich mehr als alle anderen, *politisiert zu* sein. Er ignoriert bloß, dass er hieran durch dasselbe Spektakel teilhat. So eignet er sich all die Reste lächerlicher Fetzen einer Linken wieder an, die schon vor *mehr als vierzig Jahren* durch den „sozialistischen" Reformismus und die stalinistische Konterrevolution vernichtet wurde. Während die Macht das klar und die Arbeiter es auf konfuse Weise sehen, ignoriert der Student es immer noch. Mit schwachsinnigem Stolz nimmt er an den lächerlichsten Manifestationen teil, die nur ihn anziehen. Bei ihm findet man das falsche politische Bewusstsein im Reinzustand, und er bildet die ideale Basis für die Manipulationen der gespensterhaften Bürokraten aus den sterbenden Organisationen (von der so genannten KP bis zur UNEF). Diese programmieren totalitär seine politische Linie; jede Abweichung oder Anwandlung von „Unabhängigkeit" fügt sich nach einer Parodie des Widerstands wieder in eine Ordnung ein, die niemals einen Augenblick lang in Frage gestellt wurde.[16] Wenn er glaubt, sich darüber hinwegzusetzen – wie diese Leute, die sich durch eine wirkliche Krankheit der werbemäßigen Umkehrung Revolutionäre Kommunistische Jugend (JCR) nennen, während sie weder jung, kommunistisch noch revolutionär sind – dann nur, um freudig die päpstliche Parole nachzubeten: „Friede in Vietnam".

Der Student ist stolz darauf, sich den „Archaismen" eines de Gaulle zu widersetzen, versteht aber nicht, daß er es im Namen vergangener Irrtümer tut, *abgekühlter Verbrechen* (wie z.B. der Stalinismus in der Zeit von Togliatti – Garaudy – Chruschtschow – Mao), und dass damit seine *Jugend* noch viel *archaischer* ist als die Macht, die effektiv über alles verfügt, was nötig ist, um eine moderne Gesellschaft zu verwalten.

Aber beim Studenten kommt es auf einen Archaismus mehr oder weniger nicht an. So glaubt er, dass er allgemeine Ideen über alles haben muss, geschlossene Weltanschauungen, die seinem Bedarf an Unruhe und asexueller Promiskuität einen Sinn geben. Getäuscht durch die letzten Fieberanfälle der Kirche stürzt er sich auf das Gerümpel des Gerümpels, um den stinkenden Kadaver Gottes anzubeten und sich an die zerfallenen Trümmer vorgeschichtlicher Religionen zu klammern, die er seiner selbst und seiner Zeit für würdig hält. Man wagt kaum zu

16 Vgl. die letzten Abenteuer der Vereinigung der kommunistischen Studenten UEC und ihrer christlichen Brüder mit den entsprechenden Hierarchien; sie zeigen, dass die einzige Gemeinsamkeit unter all diesen Leuten ihre bedingungslose Unterwerfung unter ihre Herren ist.

betonen, dass das studentische Milieu, zusammen mit den alten Damen aus der Provinz, der Sektor mit dem größten Prozentsatz an praktizierter Religion ist; es bleibt immer noch das beste „Missionsgebiet" (während in allen anderen die Pfaffen entweder aufgefressen oder verjagt worden sind), in dem Studentenpriester unverhohlen mit Tausenden von Studenten in ihrem geistlichen Scheißhaus weiter Sodomie treiben.

Sicherlich gibt es trotz allem unter den Studenten einige von ausreichendem intellektuellen Niveau. Diese meistern ohne Mühe die elenden Leistungskontrollen, die auf die Mittelmäßigen zugeschnitten sind, und sie meistern sie gerade deswegen, weil sie *das System durchschaut* haben, es verachten und wissen, dass sie seine Feinde sind. Sie nehmen sich das Beste, was das Studiensystem zu bieten hat: die Stipendien. Indem sie die Lücken der Kontrolle ausnutzen, deren eigene Logik sie hier und heute dazu zwingt, einen kleinen, rein intellektuellen Bereich der „Forschung" aufrechtzuerhalten, treiben sie in aller Ruhe den Ärger auf die Spitze: Ihre offene Verachtung für das System paart sich mit der Hellsichtigkeit, die es ihnen gerade ermöglicht, stärker als die Diener des Systems zu sein und zwar zuerst auf intellektuellem Gebiet. Diejenigen, von denen wir sprechen, gehören bereits zu den Theoretikern der kommenden revolutionären Bewegung, und sie bilden sich sogar etwas darauf ein, mit ihr – wenn man von ihr zu sprechen beginnen wird – gleichermaßen bekannt zu werden. Sie verheimlichen niemandem, dass sie das, was sie so leicht dem „Studiensystem" entnehmen, zu dessen Zerstörung benutzen. Denn der Student kann gegen nichts rebellieren, ohne gegen sein *Studium* zu rebellieren, und er spürt die Notwendigkeit dieser Rebellion nicht so selbstverständlich wie der Arbeiter, der spontan gegen seine Lage rebelliert. Aber der Student ist ein Produkt der modernen Gesellschaft, genau wie Godard und Coca-Cola. Seine extreme Entfremdung kann nur durch die Infragestellung der ganzen Gesellschaft kritisiert werden. Auf dem studentischen Gebiet kann diese Kritik in keiner Form vollzogen werden: Der Student als solcher maßt sich einen Pseudowert an, der ihm verbietet, sich seiner wirklichen Enteignung bewusst zu werden, und er bleibt damit auf dem Gipfel des falschen Bewusstseins. Aber überall dort, wo die moderne Gesellschaft in Frage gestellt zu werden beginnt, bricht eine Revolte der Jugend los, die direkt mit einer totalen Kritik des studentischen Verhaltens zusammengeht.

Es genügt nicht, dass der Gedanke zur Verwirklichung drängt, die Wirklichkeit muss sich selbst zum Gedanken drängen

Nach einer langen Periode lethargischen Schlafs und permanenter Konterrevolution zeichnet sich seit einigen Jahren eine neue Periode der Infragestellung ab, deren Träger die Jugend zu sein scheint. Doch die Gesellschaft des Spektakels zwingt durch die Vorstellung, die sie von sich selbst und von ihren Feinden hat, ihre ideologischen Kategorien dem Verständnis der Welt und der Geschichte auf. Sie führt alles, was geschieht, auf den natürlichen Lauf der Dinge zurück, und schließt alles wirklich neue, das ihre *Aufhebung* ankündigt, in dem beschränkten Rahmen ihrer illusorischen Neuheit ein. Die Revolte der Jugend gegen die ihr aufgezwungene Lebensweise ist in Wirklichkeit nur der Vorläufer einer umfassenderen Subversion, bei der alle mitwirken werden, die zunehmend die Unmöglichkeit zu leben empfinden, das Vorspiel der nächsten revolutionären Epoche. Die herrschende Ideologie und ihre täglichen Organe können allerdings nach erprobten Mechanismen der Umkehrung der Wirklichkeit diese wirkliche historische Bewegung nur auf eine sozio-natürliche Pseudo-Kategorie reduzieren: die Idee der Jugend (in deren Wesen die Rebellion liegen soll). So führt man eine neue Jugend der Revolte auf die ewige Revolte der Jugend zurück, die in jeder Generation aufs neue hervorbricht, um sich zu verflüchtigen, wenn „der junge Mensch vom Ernst der Produktion und der auf wirkliche und konkrete Ziele gerichteten Tätigkeit erfasst wird". Die „Revolte der Jugend" war und ist immer noch Gegenstand einer regelrechten journalistischen Inflation, die aus ihr das Spektakel einer möglichen, zur Betrachtung dargebotenen „Revolte" macht, um zu verhindern, dass sie gelebt wird, eine abweichende – und schon integrierte – Sphäre, die zum Funktionieren des gesellschaftlichen Systems notwendig ist. Diese Revolte gegen die Gesellschaft beruhigt die Gesellschaft, da sie nach ihrer Meinung partiell bleibt, innerhalb der *Apartheid* der „Probleme" der Jugend – wie es auch die Probleme der Frau oder der Schwarzen geben soll – und nur einen Teil des Lebens dauern wird. In Wirklichkeit gibt es ein Problem der „Jugend" in der modernen Gesellschaft, weil die tiefe Krise dieser Gesellschaft am schärfsten von der Jugend gespürt wird.[17] Die Jugend ist als typisches Produkt der modernen Gesellschaft selbst modern, wenn sie sich bedenkenlos integriert oder sie radikal ablehnt. Das wirklich Erstaunliche ist nicht so sehr die Revolte der

17 Und zwar in dem Sinn, dass die Jugend es nicht nur spürt, sondern auch ausdrücken will.

Jugend, als vielmehr die Resignation der „Erwachsenen“. Dafür gibt es keine mythologische, sondern eine historische Erklärung: Die vorherige Generation hat alle Niederlagen kennengelernt und alle Lügen auslöffeln müssen, die die Periode des schmachvollen Zerfalls der revolutionären Bewegung begleitet haben.

Für sich genommen ist die „Jugend“ ein Werbemythos, der mit der kapitalistischen Produktionsweise als Ausdruck ihrer Dynamik bereits tief verbunden ist. Dieser illusorische Vorrang der Jugend wurde mit dem Wiederaufschwung der Wirtschaft nach dem Zweiten Weltkrieg möglich, als eine ganze Schicht von leicht beeinflussbaren Konsumenten massenweise Zugang zum Markt bekam, eine Rolle, die mit einem Patent auf die Integration in die Gesellschaft des Spektakels ausstattet. Aber die herrschende Interpretation der Welt findet sich von neuem im Widerspruch mit der sozio-ökonomischen Wirklichkeit (denn sie kommt ihr gegenüber zu spät), und gerade die Jugend behauptet als erste eine unwiderstehliche Lebensgier und lehnt sich spontan gegen die alltägliche Langeweile und die tote Zeit auf, die die alte Welt weiterhin durch ihre verschiedenen Modernisierungen erzeugt. Der rebellierende Teil der Jugend verkörpert die reine Verweigerung ohne das Bewusstsein einer Perspektive der Aufhebung, ihre nihilistische Verweigerung. Diese Perspektive ist überall auf der Welt auf der Suche nach sich selbst und ihrer eigenen Herausbildung. Sie muss zur Kohärenz der theoretischen Kritik und zur praktischen Organisation dieser Kohärenz gelangen.

Auf der elementarsten Ebene zeigen die „Rocker“ in allen Ländern die Verweigerung ihrer Integration mit der größten sichtbaren Gewalt. Aber der abstrakte Charakter ihrer Verweigerung lässt ihnen keine Chance, den Widersprüchen eines Systems zu entkommen, dessen spontanes negatives Produkt sie sind. Die „Rocker“ sind das Ergebnis aller Aspekte der gegenwärtigen *Ordnung*: des Urbanismus der Trabantensiedlungen, der Auflösung der Werte, der Ausdehnung einer immer langweiliger werdenden Konsumfreizeit, der zunehmenden humanistisch-polizeilichen Kontrolle über das gesamte alltägliche Leben, des ökonomischen Fortlebens der bedeutungslos gewordenen Familienzelle. Sie verachten zwar die Arbeit, *aber* sie akzeptieren die Waren. Sie möchten sofort alles haben, was die Werbung ihnen zeigt, ohne es bezahlen zu können. Dieser Grundwiderspruch beherrscht ihre ganze Existenz und bildet den Rahmen, in dem sowohl die Behauptung ihres Versuchs, einen wirklich freien Gebrauch der Zeit zu finden, als auch die individuelle Behauptung und die Bildung einer Art Gemeinschaft eingeschlossen werden. (Allein, solche Mikrogemeinschaften stellen am Rand der entwickelten Gesellschaft einen Primitivismus wieder her, in dem das Elend zwangsläufig die Hierarchie innerhalb der Bande erzeugt. Diese Hierarchie kann sich nur im Kampf gegen andere Banden behaupten; sie *isoliert* jede Bande und in jeder Bande das Individuum). Um diesen Widerspruch zu verlassen, muss der „Rocker" schließlich arbeiten; dann kann er sich Waren kaufen – und dann steht ein ganzer Produktionssektor eigens für seine Rekuperierung als Konsument bereit (Motorräder, elektrische Gitarren, Kleidung, Schallplatten usw.) – oder er muss die Warengesetze angreifen, entweder ganz direkt, indem er die Waren stiehlt, oder bewusst, indem er sich die revolutionäre Kritik der Warenwelt aneignet. Der Konsum bändigt die Sitten dieser jungen Rebellen, und ihre Revolte fällt in den schlimmsten Konformismus zurück. Aus der Welt der Rocker gibt es nur zwei Ausgangsmöglichkeiten: das revolutionäre Bewusstsein oder der blinde Gehorsam in den Fabriken.

Die *Provos*[18] überwinden zum ersten Mal die Erfahrung der „Rocker", sie sind die Organisation ihres ersten politischen Ausdrucks: Sie sind hervorgegangen aus dem Zusammenkommen einiger Überreste der aufgelösten Kunst auf der Suche nach Erfolg und einer Masse junger Rebellen auf der Suche nach Selbstbehauptung. Ihre Organisation hat beiden Teilen das Weiterkommen zu einer neuen Art von Kritik erlaubt. Die „Künstler" haben einige spielerische Tendenzen eingebracht, immer noch mit viel Mystik und ideologischem Ballast; die jungen Rebellen hatten ihrerseits nur die Gewalt ihrer Revolte. Von Anfang an blieben beide Tendenzen in der Organisation voneinander getrennt; ohne Theorie geriet die Masse gleich unter die Vormundschaft einer kleinen Schicht zweifelhafter Führer, die versuchten, ihre „Macht" durch Absonderung einer provotarischen Ideologie aufrechtzuerhallen. Statt dass die Gewalt der „Rocker" die Ideen erfasst und auf die Überwindung der Kunst abzielt, gewinnt der neokünstlerische Reformismus die Oberhand. Die Provos sind der Ausdruck des letzten, vom modernen Kapitalismus erzeugten Reformismus: ein Reformismus des alltäglichen Lebens. Während nicht weniger als eine ununterbrochene Revolution nötig ist, um das

18 Die *Provos* waren eine niederländische anarchistisch geprägte Protestbewegung in den 1960er Jahren, deren Ziel es war, durch gewaltlose Aktionen gewalttätige Reaktionen von Behörden und sonstigen Autoritäten zu provozieren. Gegründet wurde die Gruppe am 25. Mai 1965 vom anarchistischen Philosophen Roel van Duijn (*1943), dem Nichtraucher-Aktivisten Robert Jasper Grootveld (1932-2009), dem Drucker Rob Stolk (1946-2001), dem Erfinder Luud Schimmelpennink (*1935) und Peter Bronkhorst (1946-2007) (Anm. d. Setzers).

Leben zu verändern, glaubte die Provo-Hierarchie – wie Bernstein[19] den Kapitalismus durch Reformen in den Sozialismus zu überführen meinte – einige Verbesserungen würden genügen, um das alltägliche Leben zu verändern. Die Provos wählen das Fragmentarische und akzeptieren damit schließlich die Totalität. Als Plattform haben sich ihre Führer die lächerliche Ideologie des Provotariats ausgedacht (einen Salat aus Kunst und Politik, naiv gemischt aus den verfaulten Resten eines Festes, das sie nicht gekannt haben). Sie glauben damit der angeblichen Passivität und Verbürgerlichung des Proletariats entgegenzuwirken zu können, dieser Binsenweisheit aller Dummköpfe des Jahrhunderts. Da sie daran verzweifeln, die Totalität umzuwandeln, verzweifeln sie an den einzigen Kräften, die die Hoffnung auf eine mögliche Aufhebung bergen. Das Proletariat ist die Triebkraft der kapitalistischen Gesellschaft und deshalb ihre tödliche Gefahr: Alles wird getan, um es zu unterdrücken (Parteien, Gewerkschaftsbürokratien, häufigere Polizeieinsätze als gegen die Provos, Kolonisierung seines gesamten Lebens), denn es ist die einzige wirklich bedrohliche Kraft. Die Provos haben davon nichts verstanden; sie bleiben also unfähig, das Produktionssystem zu kritisieren und werden folglich Gefangene des gesamten Systems. Als ihre Basis sich – im Zuge eines Arbeiteraufstands gegen die Gewerkschaften – der direkten Gewalt angeschlossen hatte, wurden die Führer durch die Bewegung völlig überrannt; in ihrer Verblüffung fiel ihnen nichts besseres ein, als die „Exzesse" zu denunzieren und an den Pazifismus zu appellieren; ein jämmerlicher Verrat ihres Programms: die Autoritäten zu provozieren, um ihren repressiven Charakter zu zeigen (und sie schrien laut heraus, die Polizei habe provoziert). Und als Höhepunkt haben sie die jungen Aufrührer im Radio dazu aufgefordert, sich von den Provos belehren zu lassen, d.h. von ihren Führern, die hinreichend gezeigt hatten, dass ihr vager „Anarchismus" nur eine weitere Lüge war. Die rebellierende Provo-Basis kann erst dann zur revolutionären Kritik gelangen, wenn sie damit anfängt, sich gegen ihre Chefs aufzulehnen, d.h. sich den objektiv revolutionären Kräften des Proletariats anzuschließen, und sich des königlich-niederländischen Hofkünstlers

19 Der sozialdemokratische Theoretiker Eduard Bernstein (1850-1932) gilt als Begründer des *theoretischen Revisionismus* innerhalb der SPD. Bernstein trat nun mit der These hervor, dass die bisherige Ausrichtung auf Klassenkampf und Abschaffung des Kapitalismus durch die Realität überholt sei. Dieser habe sich als krisenfest und anpassungsfähig erwiesen, so dass die SPD nur im Rahmen der bestehenden Produktionsweise durch Sozialreformen Verbesserungen für die Arbeiter*innen und eine allmähliche Angleichung des Lebensstandards erreichen könne (Anm. d. Setzers).

Constant[20] oder des missglückten Parlamentariers und Bewunderers der englischen Polizei De Vries zu entledigen. Nur so können die Provos mit der authentischen modernen Kritik zusammenkommen, die schon eine wirkliche Basis bei ihnen hat. Wenn sie die Welt wirklich verändern wollen, brauchen sie diejenigen nicht, die sich damit begnügen, sie weiß anzustreichen.

Die amerikanischen Studenten haben mit ihrer Revolte gegen ihr Studium unmittelbar eine Gesellschaft in Frage gestellt, die solch ein Studium braucht. In derselben Art hat sich ihre Revolte (in Berkeley und anderswo) gegen die Universitätshierarchie von Anfang an als eine Revolte behauptet, die *gegen das ganze, auf der Hierarchie und der Diktatur von Ökonomie und Staat basierende gesellschaftliche System gerichtet war.* Durch die Weigerung, in *die Unternehmen integriert zu werden,* für die ihre spezialisierten Studien sie ganz selbstverständlich prädestinierten, stellen sie tiefgreifend ein Produktionssystem in Frage, in dem alle Tätigkeiten wie auch das Produkt völlig dem Produzenten entgleiten. So gelangt die rebellierende amerikanische Jugend durch tastende Versuche und immer noch mit sehr viel Konfusion innerhalb der „Überflussgesellschaft" zu dem Entwurf einer kohärenten revolutionären Alternative. Noch hält sie sich bei zwei relativ zufälligen Aspekten der amerikanischen Krise auf: den Schwarzen und Vietnam; und die kleinen Organisationen der „Neuen Linken" haben darunter schwer zu leiden. Wenn sich auch in ihrer Form eine authentische Forderung nach Demokratie ankündigt, so lässt die Schwäche ihres subversiven Inhalts sie doch in gefährliche Widersprüche zurückfallen. Ihre Feindseligkeit gegenüber der traditionellen Politik alter Organisationen wird leicht durch Unkenntnis der politischen Welt absorbiert, die in einem großen Informationsmangel und Illusionen über das tatsächliche Geschehen in der Welt ihren Ausdruck findet. Die abstrakte *Feindseligkeit* gegenüber ihrer Gesellschaft führt sie dazu, deren offensichtlichsten Feinde – die so genannten sozialistischen Bürokratien, China oder Kuba – zu bewundern und zu unterstützen. Daher findet man in einer Gruppe wie „Resurgence Youth Movement" das Todesurteil für den Staat neben der Verherrlichung der „Kulturrevolution", des Werkes von Maos China, der gigantischsten Bürokratie der Neuzeit. Ihre halb libertäre und führungslose Organisation läuft aufgrund offensichtlich fehlenden Inhalts jeden Augenblick Gefahr, in die Ideologie der „Gruppendynamik" oder die geschlossene Welt einer Sekte zurückzufallen. Der Massenkonsum

20 Constant, d.i. Constant Anton Nieuwenhuys (1920–2005), war ein niederländischer Maler und Bildhauer, kurzzeitiges Mitglied der S.I. (Anm. d. Setzers).

von Drogen ist Ausdruck für ein wirkliches Elend und Protest gegen dieses wirkliche Elend: Er ist die trügerische Suche nach Freiheit in einer Welt ohne Freiheit, die religiöse Kritik einer Welt, die selbst über die Religion hinausgegangen ist. Nicht zufällig findet man ihn vor allem bei den Beatniks (diesem rechten Flügel der rebellierenden Jugend), einem Herd der ideologischen Verweigerung und der Akzeptanz des fantastischsten Aberglaubens (Zen, Spiritismus, Mystizismus der „New Church“ und sonstige verfaulte Waren wie Ghandiismus oder Humanismus …). Auf der Suche nach einem revolutionären Programm verfallen die amerikanischen Studenten in denselben Irrtum wie die Provos und proklamieren sich als „die am stärksten ausgebeutete Klasse der Gesellschaft“; sie müssen von nun an begreifen, dass ihre Interessen mit den Interessen aller identisch sind, die der generalisierten Unterdrückung und der Warensklaverei unterworfen sind.

Aber auch im Osten beginnt der bürokratische Totalitarismus, seine negativen Kräfte hervorzubringen. Dort ist die Revolte der Jugendlichen besonders heftig, und sie wird nur durch die Denunziation der verschiedenen Organe des Apparats bekannt oder durch polizeiliche Maßnahmen, mit denen sie in Schach gehalten werden sollen. So erfahren wir, dass ein Teil der Jugend die Ordnung von Moral und Familie (die dort in ihrer hassenswertesten bürgerlichen Form existiert) nicht mehr „respektiert“, „ausschweifend“ lebt, die Arbeit verachtet und sich nicht länger der Parteipolizei fügt. In der UdSSR hat man speziell einen Minister für die Bekämpfung des Hooliganismus ernannt. Aber parallel zu dieser diffusen Revolte versucht eine reflektiertere Kritik sich zu behaupten und kleine Untergrund-Gruppen oder -Zeitschriften erscheinen und verschwinden im Rhythmus der polizeilichen Repression. Das bedeutendste Ereignis war die Veröffentlichung des „Offenen Briefes an die polnische Arbeiterpartei“ der jungen Polen *Kuron* und *Modzelewski*.[21] In diesem Text fordern sie ausdrücklich „die Abschaffung der Produktionsverhältnisse und der gegenwärtigen gesellschaftlichen Beziehungen“ und sind überzeugt, dass zu diesem Zweck „die Revolution unvermeidlich ist“. Die Intelligenzia der

21 Der offene Brief von Jacek Kuron (1934-2004) und Karol Modzelewski (1937-2019) wurde 1969 auf deutsch unter dem Titel *Monopolsozialismus. Offener Brief an die Polnische Vereinigte Arbeiterpartei* veröffentlicht. Beide waren Mitglied der *Polska Zjednoczona Partia Robotnicza* (Polnische Vereinigte Arbeiterpartei). Modzelewski wurde 1964 wegen Opposition gegen die Parteipolitik ausgeschlossen. Beide nahmen an den März-Unruhen 1968 in Polen teil und wurden für ihre Aktivitäten zu 3½ Jahren Haft verurteilt. Während der August-Streiks 1980 in Polen war Modzelewski der Erfinder des Namens *Solidarność* (Solidarität) für die neue Gewerkschaft, in der dann beide aktiv waren (Anm. d. Setzers.).

Ostblockländer bemüht sich gegenwärtig um Bewusstmachung und klare Formulierung der Ursachen für die Kritik, die proletarische Kritik an der bürokratischen Klassenmacht, die von den Arbeitern in Ost-Berlin, Warschau und Budapest konkretisiert worden ist. Diese Revolte leidet schwer unter dem Nachteil, auf Anhieb die wirklichen Probleme sowie ihre Lösungen offenzulegen. Während in den anderen Ländern die Bewegung zwar möglich ist, das Ziel aber mystifiziert bleibt, ist in den östlichen Bürokratien die Kritik frei von Illusionen und ihre Ziele sind bekannt. Sie muss die Formen ihrer Verwirklichung erfinden und sich den Weg dorthin bahnen.

In England hat die Revolte der Jugend ihren ersten organisierten Ausdruck in der Anti-Atom-Kampagne gefunden. Dieser partielle Kampf – den das „Komitee der 100" mit seinem vagen Programm und immerhin 300.000 Demonstranten aufnahm – verwirklichte seine schönste Aktion im Frühling 1963 mit dem RSG-6-Skandal[22]. Er konnte aus Mangel an Perspektiven nur zurückfallen und wurde von den Trümmern der traditionellen Politik und den pazifistischen Schöngeistern rekuperiert. Die für England charakteristische archaische Form der Kontrolle über das alltägliche Leben konnte dem Ansturm der modernen Welt nicht widerstehen; die beschleunigte Auflösung jahrhundertealter Werte löst grundlegend revolutionäre Tendenzen in der Infragestellung aller Aspekte der Lebensweise aus[23]. Die Forderungen dieser Jugend müssen sich mit dem Widerstand einer Arbeiterklasse verbinden, die mit ihren *shopstewards* und wilden Streiks zu den kampflustigsten der Welt gehört; nur in einer gemeinsamen Perspektive kann ihr Kampf erfolgreich sein. Durch den Zusammenbruch der Sozialdemokratie an der Macht wird diesem Zusammentreffen nun eine zusätzliche Chance gegeben. Ein solches Zusammentreffen wird zu einer Explosion führen, die viel schreckenserregender sein wird als alles, was man in Amsterdam bisher gesehen hat. Im Vergleich dazu wird der provotarische Aufstand nur ein Kinderspiel gewesen sein. Nur daraus kann eine wirkliche revolutionäre Bewegung entstehen, in der die praktischen Bedürfnisse ihre Antwort finden werden.

Das einzige industriell entwickelte Land, in dem sich eine Fusion von studentischer Jugend und Avantgarde der Arbeiter bereits vollzogen hat, ist Japan.

22 Bei dem die Anhänger der Anti-Atom-Kampagne Top-Secret-Atombunker, die für die Mitglieder der Regierung bestimmt waren, entdeckt, öffentlich bekannt gemacht und dann besetzt haben.

23 Hier denken wir an die ausgezeichnete Zeitschrift *Heatwave*, die sich anscheinend zu einem immer strengeren Radikalismus entwickelt.

„Zengakuren", die berühmte Organisation der revolutionären Studenten und die „Liga junger marxistischer Arbeiter" sind die beiden wichtigen Organisationen, die sich in der gemeinsamen Perspektive der „Revolutionären kommunistischen Liga" herausgebildet haben. Diese Gruppen haben bereits das Problem der revolutionären Organisation in Angriff genommen. Ohne Illusionen bekämpfen sie gleichzeitig den Kapitalismus des Westens und die Bürokratie der so genannten sozialistischen Länder. Auf der Basis demokratischer und anti-hierarchischer Teilnahme aller Mitglieder an allen Aktivitäten haben sie bereits einige tausend Studenten und Arbeiter versammelt. So führen die japanischen Revolutionäre als erste auf der Welt schon groß angelegte Kampagnen durch mit weit entwickeltem Programm und breiter Massenbeteiligung. Unermüdlich gehen Tausende von Arbeitern und Studenten auf die Straße, wobei es zu heftigen Zusammenstößen mit der japanischen Polizei kommt. Aber obwohl die Liga die beiden Systeme stark bekämpft, analysiert sie diese weder vollständig noch konkret. Sie sucht noch nach einer präzisen Definition der bürokratischen Ausbeutung, und es ist ihr auch noch nicht gelungen, die Merkmale des modernen Kapitalismus, die Kritik des alltäglichen Lebens und des Spektakels ausdrücklich zu formulieren. Die Liga bleibt grundsätzlich eine politische Organisation der Avantgarde und die Erbin der besten klassischen proletarischen Organisationsform. Gegenwärtig ist sie die wichtigste revolutionäre Gruppierung, und von nun an muss sie einer der Diskussions- und Kristallisationspole für die neue revolutionäre proletarische Kritik auf der Welt sein.

Endlich die Situation schaffen, die jede Rückkehr unmöglich macht

„Avantgarde sein heißt, mit der Wirklichkeit Schritt halten"[24]. Die radikale Kritik an der modernen Welt muss jetzt die *Totalität* zum Gegenstand und zum Ziel haben. Sie muss untrennbar ihre wirkliche Vergangenheit, das, was sie wirklich ist, und die Perspektiven ihrer Veränderung betreffen. Um die ganze Wahrheit der gegenwärtigen Welt aussprechen und mehr noch das Projekt ihrer totalen Subversion formulieren zu können, muss man imstande sein, ihre gesamte *verborgene Geschichte zu enthüllen*, d.h. völlig entmystifiziert und grundsätzlich kritisch die Geschichte der gesamten internationalen revolutionären Bewegung mit ihren „Niederlagen" und „Siegen" zu betrachten, das, was das Proletariat

24 Vgl. *Situationistische Internationale* Nr. 8.

der westlichen Länder vor mehr als einem Jahrhundert ausgelöst hat. „Diese Bewegung gegen die gesamte Organisation der alten Welt ist längst zuende“[25] und gescheitert. Mit der Niederlage der proletarischen Revolution in Spanien (Barcelona im Mai 1937) ist sie zum letzten Mal geschichtlich in Erscheinung getreten. Ihre offiziellen „Niederlagen“ oder „Siege“ müssen jedoch im Licht ihrer Nachwirkungen beurteilt und ihre Wahrheit wiederhergestellt werden. So können wir behaupten, dass „es Niederlagen gibt, die Siege sind, und Siege, die beschämender sind als Niederlagen“ (Karl Liebknecht am Tag vor seiner Ermordung). Die erste große „Niederlage“ der proletarischen Macht, die Pariser Kommune, stellt in Wirklichkeit ihren ersten großen Sieg dar, denn zum ersten Mal hat das ursprüngliche Proletariat seine geschichtliche Fähigkeit behauptet, frei alle Aspekte des öffentlichen Lebens zu gestalten. Entsprechend war ihr erster großer „Sieg“, die bolschewistische Revolution, letzten Endes nur ihre folgenschwerste Niederlage. Der Triumph der bolschewistischen Ordnung fällt mit der Bewegung der internationalen Konterrevolution zusammen, die mit der Zerschlagung der Spartakisten durch die deutsche „Sozialdemokratie“ ihren Anfang nahm. Ihr gemeinsamer Triumph war tiefer als ihr scheinbarer Gegensatz, und die bolschewistische Ordnung stellte schließlich nur eine neue Verkleidung und eine besondere Gestalt der alten Ordnung dar. Die russische Konterrevolution führte im Inneren zur Einführung und Entwicklung eines neuen Ausbeutungssystems, des *bürokratischen Staatskapitalismus*; im Äußeren vermehrten sich die Sektionen der so genannten Kommunistischen Internationale als Zweigstellen für die Verteidigung und Ausweitung seines Modells. In seinen bürokratischen und bürgerlichen Varianten blühte der Kapitalismus von neuem auf über den Gräbern der Kronstädter Matrosen und der ukrainischen Bauern, der Arbeiter aus Berlin, Kiel, Turin, Shanghai und später Barcelona.

Die Bolschewiken hatten die III. Internationale[26] scheinbar mit dem Ziel gegründet, die Überreste der reformistischen Sozialdemokratie der II. Internationale zu bekämpfen und die proletarische Avantgarde innerhalb der „revolutionären kommunistischen Parteien“ zu sammeln.

25 Vgl. *Situationistische Internationale* Nr. 7.

26 Die *Kommunistische Internationale* (kurz *Komintern*), auch *Dritte Internationale* genannt, wurde 1919 in Moskau auf Initiative Lenins gegründet, der die *Zweite Internationale* mit Ausbruch des Ersten Weltkrieges 1914 für tot erklärt hatte. Während des Zweiten Weltkrieges löste Stalin im Jahre 1943 die *Kommunistische Internationale* als Zugeständnis an seine westlichen Alliierten in der *Anti-Hitler-Koalition* überraschend auf (Anm. d. Setzers).

Aber sie war mit ihren Gründern und deren Interessen zu sehr verbunden, um die wirkliche sozialistische Revolution, wo es auch sein mochte, verwirklichen zu können. Tatsächlich war die II. Internationale die Wahrheit der III. Sehr bald drängte sich das russische Modell den Arbeiterorganisationen im Westen auf, und sie entwickelten sich in ein und dieselbe Richtung. Der totalitären Diktatur der Bürokratie als neuer herrschender Klasse über das russische Proletariat entsprach innerhalb dieser Organisationen die Herrschaft einer Schicht von politischen und gewerkschaftlichen Bürokraten über die breite Arbeitermasse, deren Interessen eindeutig in Widerspruch zu ihren stehen. Das stalinistische Ungeheuer geisterte im Bewusstsein der Arbeiter umher, während der Kapitalismus auf dem Weg zur Bürokratisierung und Überentwicklung seine inneren Krisen bewältigte und sich stolz dieses angeblich dauerhaften Siegs rühmte. Eine und dieselbe Gesellschaftsform, nur scheinbar gegensätzlich und verschieden, bemächtigt sich der Welt, und die Prinzipien der *alten Welt* herrschen auch weiterhin über die *moderne Welt*. Die Toten lasten immer noch wie ein Alp auf dem Gehirn der Lebenden.

Innerhalb dieser Welt können angeblich revolutionäre Organisationen sie nur scheinbar bekämpfen, auf ihrem eigenen Terrain und mit den größten Mystifikationen. Alle berufen sich auf mehr oder weniger versteinerte *Ideologien* und tragen letzten Endes nur zur Konsolidierung der herrschenden Ordnung bei. Aus den von der Arbeiterklasse als Mittel zu ihrer eigenen Emanzipation geschmiedeten Gewerkschaften und politischen Parteien sind bloße Regulierungsorgane des Systems geworden. Privateigentum von Führungskräften, die für ihre gesonderte Emanzipation arbeiten und ihren Status in der Führungsschicht einer Gesellschaft finden, die sie niemals in Frage zu stellen gedenken. Das tatsächliche Programm dieser Gewerkschaften und Parteien übernimmt nur auf platte Weise die „revolutionäre" Phraseologie und wendet praktisch die Parolen des versüßtesten *Reformismus* an, da der Kapitalismus selbst schon offiziell reformistisch wird. Dort, wo sie die Macht ergreifen konnten – in Ländern, die rückständiger waren als Russland –, geschah dies nur, um das stalinistische Modell des konterrevolutionären Totalitarismus zu reproduzieren.[27] Anderswo sind sie die statische und notwendige Ergänzung[28] für die Selbstregulierung

27 Was sie effektiv verwirklicht haben, ist eine Bemühung um die Industrialisierung des Landes durch die klassische primitive Akkumulation, durch bürokratischen Terror beschleunigt, zum Nachteil der Bauernschaft.

28 Seit 45 Jahren hat die Kommunistische Partei in Frankreich keinen einzigen Schritt zur Machtergreifung getan; das gleiche gilt für alle entwickelten Länder,

des bürokratisierten Kapitalismus, der unerlässliche Widerspruch zur Aufrechterhaltung seines polizeilichen Humanismus. Andererseits bleiben sie gegenüber den Arbeitermassen die zuverlässigen Garanten und bedingungslosen Verteidiger der bürokratischen Konterrevolution, die gefügigen Werkzeuge ihrer Außenpolitik. In einer von Grund auf verlogenen Welt sind sie die Träger der radikalsten Lüge und arbeiten an der Verewigung der weltweiten Diktatur von Ökonomie und Staat. Wie die Situationisten behaupten, „wird ein weltweit herrschendes, zur totalitären Selbstregulierung tendierendes Gesellschaftsmodell nur scheinbar durch falsche Kritiken bekämpft, die ständig auf seinem eigenen Terrain getätigt werden – sie sind Illusionen, die dieses Modell im Gegenteil verstärken. Der bürokratische Pseudosozialismus ist nur die großartigste Verkleidung der alten hierarchischen Welt der entfremdeten Arbeit."[29] Die Idee einer Studentengewerkschaft ist in diesem Zusammenhang nur die Karikatur einer Karikatur, die groteske und unnütze Wiederholung eines degenerierten Syndikalismus.

Die theoretische und praktische Abrechnung mit dem Stalinismus in allen seinen Formen muss die Basisbanalität aller zukünftigen revolutionären Organisationen sein. Es ist klar, dass z.B. in Frankreich, wo der ökonomische Rückstand das Bewusstsein von der Krise noch mehr hinauszögert, die revolutionäre Bewegung nur auf den Trümmern des vernichteten Stalinismus neu entstehen kann. Die Zerstörung des Stalinismus muss zum *delenda Carthago*[30] der *letzten* Revolution der Vorgeschichte werden.

Diese muss selbst *endgültig* mit ihrer eigenen Vorgeschichte brechen und ihre ganze Poesie aus der Zukunft schöpfen. Die „auferstandenen Bolschewisten", die die Posse des „Aktivismus" in den verschiedenen gauchistischen Grüppchen spielen, sind Relikte der Vergangenheit; sie kündigen keineswegs die Zukunft an. Als Strandgut des großen Schiffbruchs der „verratenen Revolution" stellen sie sich selbst als die treuen Anhänger der bolschewistischen Orthodoxie vor: Die

in die die so genannte Rote Armee nicht vorgedrungen ist.

29 „Klassenkampf in Algerien", ein in *Situationistische Internationale* Nr. 10 nachgedrucktes Flugblatt.

30 *Ceterum (autem) censeo Carthaginem esse delendam* („Außerdem bin ich der Meinung, dass Karthago zerstört werden muss"), oft abgekürzt mit *Carthāgō dēlenda est* („Karthago muss zerstört werden"), ist eine lateinische Redewendung, die Cato dem Zensor, einem Politiker der Römischen Republik, zugesprochen wird. Der Ausdruck stammt aus Debatten, die im römischen Senat vor dem Dritten Punischen Krieg (149-146 v. Chr.) zwischen Rom und Karthago stattfanden. Cato soll den Satz als Abschluss all seiner Reden verwendet haben, um auf den Krieg zu drängen (Anm. d. Setzers).

Verteidigung der Sowjetunion ist ihre unerschütterliche Treue und ihr skandalöser Verzicht.

Nur noch in den berühmten unterentwickelten Ländern[31], in denen sie selbst die theoretische Unterentwicklung bestätigen, können sie Illusionen über sich aufrechterhalten. Von *Partisans* (dem Organ der stalino-trotzkistischen Versöhnung) bis zu allen Tendenzen und Halbtendenzen, die sich innerhalb und außerhalb der IV. Internationale um „Trotzki" streiten, herrscht dieselbe revolutionaristische *Ideologie*, dieselbe praktische und theoretische Unfähigkeit, die Probleme der modernen Welt zu begreifen. Vierzig Jahre konterrevolutionäre Geschichte trennen sie von der Revolution. Sie irren sich, denn sie sind nicht mehr im Jahr 1920, und schon 1920 haben sie sich geirrt. Die Auflösung der „ultra-gauchistischen" Gruppe *Socialisme ou Barbarie*[32] nach ihrer Spaltung in zwei Fraktionen – die „modernistischen Cardanisten"[33] und die „Alt-Marxisten" (*Pouvoir Ouvrier*) – beweist, falls es noch notwendig ist, dass es keine Revolution außerhalb der Moderne und kein modernes Denken außerhalb der neu zu erfindenden revolutionären Kritik gibt.[34] Sie ist insoweit bedeutungsvoll, als jede Trennung zwischen diesen beiden Aspekten unvermeidlich entweder ins Museum der beendeten revolutionären Vorgeschichte zurückfällt oder in die Modernität der Macht, d.h. in die herrschende Konterrevolution: *Voix Ouvrière* oder *Arguments.*

Was die verschiedenen „anarchistischen" Grüppchen betrifft, die allesamt in dieser Benennung gefangen bleiben, besitzen sie nichts anderes als diese auf ein bloßes Etikett reduzierte Ideologie. Die unglaubliche *Le Monde Libertaire*, offensichtlich von Studenten verfasst, erreicht den fantastischsten Grad an Konfusion und Dummheit. Diese Leute dulden tatsächlich alles, da sie sich gegenseitig dulden.

Die herrschende Gesellschaft, die sich ihrer permanenten Modernisierung rühmt, muss jetzt ein Gegenüber finden, d.h. die modernisierte Negation, die sie selbst erzeugt.[35] „Lassen wir die Toten ihre Toten be-

31 Über ihre Rolle in Algerien vgl. „Klassenkampf in Algerien", *Situationistische Internationale* Nr. 10.

32 *Socialisme ou barbarie* (frz. für *Sozialismus oder Barbarei*) war von 1949 bis 1967 eine französische Organisation mit antistalinistisch-marxistischer Orientierung und Anleihen aus dem Rätekommunismus. Der Ausdruck „Sozialismus oder Barbarei" geht auf Rosa Luxemburg zurück (Anm. d. Setzers).

33 Bezieht sich auf „Paul Cardan", ein Pseudonym von Cornelius Castoriadis (1922-1997), ein Mitbegründer von *Socialisme ou barbarie* (Anm. d. Setzers).

34 Vgl. *Situationistische Internationale* Nr. 9.

35 Vgl. „Adresse an die Revolutionäre ...", *Situationistische Internationale* Nr. 10, Nachdruck in deutscher Übersetzung in *Der Beginn einer Epoche,* a.a.O.

graben und sie beklagen". Die praktischen Entmystifizierungen der historischen Bewegung befreien das revolutionäre Bewusstsein von den Gespenstern, die in ihm herumgeisterten; die Revolution des alltäglichen Lebens findet sich den gewaltigen Aufgaben gegenüber, die sie erfüllen muss. Die Revolution muss zusammen mit dem Leben, das sie ankündigt, neu erfunden werden. Wenn das revolutionäre Projekt – die Abschaffung der Klassengesellschaft – grundsätzlich gleich geblieben ist, so liegt das daran, dass die Bedingungen, unter denen es sich formt, nirgends radikal verändert worden sind. Es geht darum, dieses Projekt mit einem Radikalismus und einer Kohärenz wiederaufzunehmen, die durch die Erfahrung des Bankrotts seiner alten Träger verschärft worden sind, um zu vermeiden, dass seine fragmentarische Verwirklichung eine neue Teilung der Gesellschaft mit sich bringt.

Da es in dem Kampf zwischen der Macht und dem neuen Proletariat nur um die Totalität gehen kann, muss die zukünftige revolutionäre Bewegung in sich selbst alles abschaffen, was die entfremdeten Produkte des Warensystems[36] zu reproduzieren droht. Sie muss zugleich die lebendige Kritik und die Negation sein, die in sich alle Elemente der möglichen *Aufhebung* trägt. Wie Lukács[37] richtig gesehen hat (der es aber auf ein unwürdiges Objekt anwandte: die bolschewistische Partei), ist die revolutionäre Organisation die notwendige Vermittlung zwischen Theorie und Praxis, Mensch und Geschichte, zwischen Arbeitermasse und dem als *Klasse konstituierten* Proletariat. Die „theoretischen" Tendenzen und Divergenzen müssen umgehend in die Frage der Organisation umgewandelt werden, wenn sie den Weg ihrer Verwirklichung aufzeigen wollen. Die Frage der Organisation wird das Jüngste Gericht der neuen revolutionären Bewegung sein, das Tribunal, vor dem die Kohärenz ihres grundlegenden Projekts beurteilt wird: die *internationale Verwirklichung der absoluten Macht der Arbeiterräte*, wie sie sich in den proletarischen Revolutionen dieses Jahrhunderts als Erfahrung abzeichnete. Eine solche Organisation muss die radikale Kritik all dessen in den Vordergrund stellen, worauf sich die Gesellschaft gründet, die sie bekämpft; und zwar die Warenproduktion, die *Ideologie* in allen Verkleidungen, den Staat und die von ihm erzwungenen Spaltungen.

Die Spaltung zwischen Theorie und Praxis war der Felsen, der der alten revolutionären Bewegung den Weg versperrte. Nur die höchsten Momente der proletarischen Kämpfe konnten diese Spaltung aufheben,

36 Das durch die Vorherrschaft der Ware Arbeit definiert wird.

37 Georg Lukács (1885–1971) war ein marxistischer Philosoph, Literaturwissenschaftler und -kritiker (Anm. d. Setzers).

um ihre eigene *Wahrheit* wiederzufinden. Keine Organisation ist bisher über dieses Rhodos *hinübergesprungen*. Jede Ideologie, so „revolutionär" sie auch sein mag, steht immer im Dienst der Herrschenden, ist ein *Alarmsignal*, das vor dem verkleideten Feind warnt. Deshalb muss die Kritik der Ideologie letztlich das zentrale Problem der revolutionären Organisation sein. Nur die entfremdete Welt erzeugt die Lüge, und diese kann unmöglich innerhalb einer Organisation wieder erscheinen, die die Trägerin der *gesellschaftlichen Wahrheit* zu sein behauptet, ohne dass sie selbst zu einer Lüge mehr in einer grundsätzlich verlogenen Welt wird.

Die revolutionäre Organisation, deren Projekt es ist, die absolute Macht der Arbeiterräte zu verwirklichen, muss der Ort sein, in dem sich bereits alle positiven Aspekte dieser Macht abzeichnen. Deshalb muss sie einen Kampf auf Leben und Tod gegen die leninistische Organisationstheorie führen. Die Revolution von 1905[38] und die spontane Organisation der russischen Arbeiter in Räten war bereits eine handelnde Kritik[39] dieser unheilvollen Theorie. Aber die bolschewistische Bewegung hielt fest an ihrem Glauben, dass die Arbeiterspontaneität nicht über das „trade-unionistische" Bewusstsein hinausgehen könne und unfähig sei, „die Totalität" zu begreifen. Das lief darauf hinaus, das Proletariat zu enthaupten, damit die Partei zum „Kopf" der Revolution werden konnte. Man kann dem Proletariat nicht so unerbittlich wie Lenin die geschichtliche Fähigkeit zur eigenen Emanzipation absprechen, ohne ihm zugleich die Fähigkeit abzusprechen, die zukünftige Gesellschaft total zu verwalten. In einer solchen Perspektive stand hinter der Parole „Alle Macht den Räten" nichts anderes als die Eroberung der Räte durch die Partei, die Einführung des Staates der Partei anstelle des absterbenden „Staates" des bewaffneten Proletariats.

Gerade diese Parole muss jedoch radikal wieder aufgenommen werden, indem sie von den bolschewistischen Hintergedanken gereinigt wird. Das Proletariat kann sich dem *Spiel* der Revolution nur hingeben, um eine ganze Welt zu gewinnen, andernfalls ist es nichts. Es kann die einzige Form seiner Macht – *die generalisierte Selbstverwaltung* – mit keiner anderen Macht teilen. Weil es die wirkliche Auflösung jeder Macht ist, kann es unmöglich irgendeine Begrenzung (geographischer oder sonstiger Art) dulden; die Kompromisse, die es akzeptiert, verwandeln sich sofort in Kompromittierungen, in Verzicht. „Die Selbstverwaltung muss zugleich Mittel und Zweck des gegenwärtigen Kampfes sein. Sie

38 Siehe S. 174 FN 94.

39 Nach der theoretischen Kritik von Rosa Luxemburg.

ist nicht nur der Einsatz des Kampfes, sondern auch seine angemessene Form … Sie ist die Materie, die sich selbst bearbeitet, und ihre eigene Voraussetzung."[40]

Die einheitliche Kritik der Welt ist die Garantie für Kohärenz und Wahrheit der revolutionären Organisation. Duldet sie die Existenz von Unterdrückungssystemen an einem einzigen Punkt der Welt (weil sie z.B. „revolutionäre" Klamotten tragen), so erkennt sie die Legitimität der Unterdrückung an. Duldet sie die Entfremdung auf einem einzigen Gebiet des gesellschaftlichen Lebens, so erkennt sie wiederum die Zwangsläufigkeit aller Verdinglichungen an. Es genügt nicht, lediglich für die abstrakte Macht der Arbeiterräte zu sein, man muss ihre konkrete Bedeutung aufzeigen: die Abschaffung der Warenproduktion und folglich des Proletariats. Die *Logik der Ware* ist die erste und letzte Rationalität der gegenwärtigen Gesellschaften; sie ist die Grundlage der totalitären Selbstregulierung dieser Gesellschaften, die mit einem Puzzle vergleichbar sind, dessen Teile scheinbar verschieden, in Wirklichkeit aber alle gleich sind. Die Waren-Verdinglichung ist das *wesentliche* Hindernis auf dem Weg zu einer totalen Emanzipation, zur freien Konstruktion des Lebens. In der Welt der Warenproduktion entwickelt sich die Praxis nicht gemäß einem autonom bestimmten Ziel, sondern gemäß den Anweisungen äußerer Mächte. Und wenn die ökonomischen Gesetze scheinbar zu Naturgesetzen einer besonderen Art werden, dann deshalb, weil ihre Macht *allein* auf dem „Mangel an Bewusstsein derer beruht, die daran teilnehmen".

Das Prinzip der Warenproduktion ist der Verlust des Ichs in der chaotischen und unbewussten Schöpfung einer Welt, die ihren Schöpfern völlig entgleitet. Im Gegensatz dazu ist der radikal revolutionäre Kern der generalisierten Selbstverwaltung die bewusste Bestimmung des gesamten Lebens durch alle. Die Selbstverwaltung der Warenentfremdung würde aus allen Menschen bloße Programmierer ihres eigenen Überlebens machen: die Quadratur des Kreises. Folglich wird die Aufgabe der Arbeiterräte nicht die Selbstverwaltung der bestehenden Welt, sondern ihre ununterbrochene, qualitative Transformation sein: die konkrete Aufhebung der Ware (als gigantische Umlenkung der Produktion des Menschen durch sich selbst).

Diese Aufhebung impliziert selbstverständlich die Abschaffung der *Arbeit* und ihre Ersetzung durch einen neuen Typ freier Tätigkeit, also die Abschaffung einer der grundsätzlichen Spaltungen der modernen Gesellschaft in eine zunehmend verdinglichte Arbeit und passiv konsu-

40 Aus: „Der Klassenkampf in Algerien", *Situationistische Internationale* Nr. 10.

mierte Freizeit. Grüppchen wie „Socialisme ou Barbarie" oder „Pouvoir Ouvrier"[41], die heute in Auflösung begriffen sind und sich doch der modernen Parole der Arbeitermacht angeschlossen hatten, folgen in diesem zentralen Punkt weiter der alten Arbeiterbewegung auf dem Weg des Reformismus der Arbeit und ihrer „Humanisierung". Die Arbeit selbst muss jetzt angegriffen werden. Weit davon entfernt, eine „Utopie" zu sein, ist ihre Abschaffung die Vorbedingung der wirklichen Aufhebung der Warengesellschaft, der Beseitigung der Trennung – im alltäglichen Leben jedes einzelnen – zwischen „Freizeit" und „Arbeitszeit", jener komplementären Sektoren eines entfremdeten Lebens, in das sich unaufhörlich der innere Widerspruch der Ware zwischen Gebrauchs- und Tauschwert projiziert. Nur jenseits dieses Widerspruchs können die Menschen ihre Lebenstätigkeit zum Gegenstand ihres eigenen Willens und Bewusstseins machen und sich selbst in einer von ihnen selbst geschaffenen Welt anschauen. Die Demokratie der Arbeiterräte ist die Lösung des Rätsels aller gegenwärtigen Spaltungen. Sie macht alles „unmöglich, was außerhalb der Individuen existiert".

Die bewusste Beherrschung der Geschichte durch die Menschen, die sie machen, das ist das ganze revolutionäre Projekt. Die Geschichte ist heute wie in der Vergangenheit das Produkt der gesellschaftlichen Praxis, das – unbewusste – Ergebnis aller menschlichen Tätigkeiten. Der Kapitalismus hat in der Epoche seiner totalitären Herrschaft seine neue Religion erzeugt: das *Spektakel*. Das Spektakel ist die Verwirklichung der *Ideologie* auf Erden. Noch nie spazierte die Welt so gut auf dem Kopf. „Und so wie früher die ‚Kritik der Religion' ist heute die Kritik des Spektakels Vorbedingung jeder Kritik".[42]

Das Problem der *Revolution* stellt sich der Menschheit historisch. Mit der immer grandioseren Akkumulation materieller und technischer Mittel hält nur noch die immer tiefere Unzufriedenheit aller Schritt. Die Bourgeoisie und ihre Erbin im Osten, die Bürokratie, werden niemals die Gebrauchsanweisung für diese Überentwicklung besitzen, die die Basis der zukünftigen *Poesie* sein wird, da sie beide an der *Aufrechterhaltung einer alten Ordnung* arbeiten. Sie kennen höchstens das Geheimnis ihres polizeilichen Gebrauchs. Sie tun nichts anderes als das *Kapital* und folglich das *Proletariat* zu akkumulieren; *Proletarier* ist der, der keine Macht über den Gebrauch seines Lebens hat und der das weiß. Die geschichtliche Chance des neuen Proletariats besteht

41 *Socialismc ou Barbarie, Pouvoir Ouvrier* usw. Im Gegensatz dazu ist eine Gruppe wie ICO, die sich jede Organisation und eine kohärente Theorie untersagt, zur Nicht-Existenz verurteilt.

42 Aus *Situationistische Internationale* Nr. 9.

darin, der einzige konsequente Erbe des wertlosen Reichtums der *bürgerlichen* Welt zu sein, die es umzuwandeln und in Richtung des totalen Menschen aufzuheben gilt, der die totale Aneignung der Natur und seiner eigenen Natur verfolgt. Diese Verwirklichung der *Natur* des Menschen kann ihren Sinn nur in der grenzenlosen Befriedigung und unendlichen Vervielfältigung der *wirklichen Begierden* finden, die das *Spektakel* in die entfernten Zonen des revolutionären Unbewussten zurückdrängt und die es nur in den Fantastereien des Traumwahns seiner Werbung verwirklichen kann. Die tatsächliche Verwirklichung der wirklichen Begierden, d.h. die Abschaffung aller Pseudobedürfnisse und -begierden, die das System zur Verewigung seiner Macht täglich erzeugt, kann nicht ohne die Abschaffung des Waren-Spektakels und seine positive Aufhebung geschehen.

Die moderne Geschichte kann nur durch die von ihr verdrängten Kräfte, durch die Arbeiter ohne Macht über die Bedingungen, den Sinn und das Produkt ihrer Tätigkeit befreit und ihre unzähligen Errungenschaften frei benutzt werden. Das Proletariat, das bereits im 19. Jahrhundert zum Erben der Philosophie wurde, ist heute auch noch zum Erben der modernen Kunst und der ersten bewussten Kritik des alltäglichen Lebens geworden. Es kann sich nicht abschaffen, ohne zugleich die Kunst und die Philosophie zu verwirklichen. Die Welt verändern und das Leben ändern ist für das Proletariat ein und dasselbe, untrennbare Parolen auf dem Weg zu seiner Abschaffung als Klasse, zur Auflösung der gegenwärtigen Gesellschaft als Reich der Notwendigkeit und zum endlich möglich gewordenen Eintritt in das Reich der Freiheit. Die radikale Kritik und die freie Neukonstruktion aller von der entfremdeten Wirklichkeit aufgezwungenen Werte und Verhaltensweisen sind sein Maximalprogramm, und die befreite Kreativität bei der Konstruktion aller Momente und Ereignisse des Lebens ist die einzige Poesie, die es anerkennen kann; die Poesie, die von allen gemacht wird, der Beginn des großen revolutionären Festes. Die proletarischen Revolutionen werden Feste sein oder sie werden nicht sein, denn das von ihnen angekündigte Leben wird selbst unter dem Zeichen des Festes geschaffen werden. Das Spiel ist die letzte Rationalität dieses Festes, Leben ohne tote Zeit und Genuss ohne Hemmungen sind die einzigen Regeln, die es anerkennen kann.

Studentenverband AFGES, November 1966
2. Auflage Paris 1967

****

Unsere Ziele und Methoden im Straßburger Skandal[43]

Die verschiedenen Äußerungen von Verblüffung und Entrüstung, die die auf Kosten der Straßburger UNEF veröffentlichte situationistische Broschüre *Über das Elend im Studentenmilieu*[44] hervorgerufen hat, haben zwar bewirkt, dass die in der Broschüre enthaltenen Thesen viel gelesen wurden, sie konnten aber nicht verhindern, dass das, was die S.I. in dieser Angelegenheit verfolgte, sehr oft falsch dargestellt und kommentiert wurde. Gegenüber den vielfältigen Illusionen, die durch Zeitungen, Universitätsbehörden und sogar von einer bestimmten Anzahl gedankenloser Studenten aufgebracht wurden, wollen wir hier die Bedingungen unserer Intervention präzisieren und daran erinnern, welche Ziele wir mit – unserer Meinung nach – passenden Mitteln verfolgt haben.

Noch unrichtiger als die Übertreibungen der Presse bzw. bestimmter Anwälte der Gegenseite bezüglich der großen Summen, die die S.I. bei dieser Gelegenheit angeblich aus der Kasse der unglücklichen Studentengewerkschaft geraubt hat, ist die irrsinnige, in Zeitungsberichten oft erwähnte Information, nach der die S.I. sich dazu herabgelassen hätte, eine Kampagne vor den Straßburger Studenten zu organisieren, um diese von der Gültigkeit ihrer Perspektiven zu überzeugen und um ein Verwaltungsbüro mit einem solchen Programm wählen zu lassen. Ebenso wenig haben wir irgendeine Unterwanderung der UNEF betrieben und Partisanen in sie eingeschleust. Es genügt, uns zu lesen, um zu verstehen, dass so etwas weder unser Interesse noch unsere Methode sein kann. Tatsache ist, dass einige Straßburger Studenten im Sommer 1966 zu uns gekommen sind und uns mitgeteilt haben, sechs ihrer Freunde – und nicht einmal sie selbst – seien gerade zur Führung des lokalen Studentenverbands (AFGES)[45] gewählt worden, und zwar

43 Auszüge aus dem Artikel in der Zeitschrift *Internationale Situationniste* Nr. 11, Oktober 1967. Deutsche Übersetzung in: *Situationistische Internationale 1958–1969*, Gesammelte Ausgabe des Organs der Situationistischen Internationnale, Band 2, Edition Nautilus Hamburg 1977. Nachdruck in: Situationistische Internationale, *Der Beginn einer Epoche*. Edition Nautilus Hamburg 1995 (Übersetzung Pierre Gallissaires, Hanna Mittelstädt, Roberto Ohrt)

44 In diesen Band auf S. 179-205 (Anm. d. Setzers).

45 Association Fédérative Générale des Étudiants de Strasbourg (Allgemeiner Verband der Studierenden in Straßburg) (Anm. d. Setzers).

ohne irgendein Programm und trotz ihrer innerhalb der UNEF allgemein bekannten Position, dass sie als Extremisten deren Varianten des Zerfalls alle vollkommen ablehnten und zudem entschlossen seien, alles zu zerschlagen. Ihre übrigens vollkommen reguläre Wahl machte also die absolute Interesselosigkeit an der Basis deutlich, sowie das Eingeständnis der endgültigen Ohnmacht der in dieser Organisation übriggebliebenen Bürokraten. Diese waren sicher der Meinung, dass es dem „extremistischen" Vorstand keineswegs gelingen würde, seine negativen Absichten irgendwie zum Ausdruck zu bringen. Das befürchteten auf umgekehrte Weise auch die Studenten, die dann zu uns kamen; vor allem aus diesem Grund hatten sie es nicht für ratsam gehalten, persönlich in dieser „Führung" zu sein: Nur ein Coup mit einer gewissen Durchschlagskraft und nicht irgendeine humoristische Rechtfertigung konnte ihre Mitglieder vor dem Anschein eines Kompromisses retten, der einer so elenden Rolle unmittelbar anhaftet. Um die Komplexität des Problems zu vervollkommnen: Während die mit uns kommunizierenden Studenten die Positionen der S.I. kannten und sich mit ihnen im allgemeinen einverstanden erklärten, wurden sie von den Mitgliedern des Vorstands ignoriert. Diese verließen sich hauptsächlich auf unsere Gesprächspartner, um die Aktivität zu definieren, die ihrer Bereitschaft zur Subversion am besten entsprechen könnte.

In diesem Stadium haben wir uns darauf beschränkt, die Erstellung und Veröffentlichung einer von den betreffenden Studenten geschriebenen allgemeinen Kritik der Studentenbewegung und der Gesellschaft zu empfehlen, da eine solche Arbeit ihnen zumindest dazu nützlich sein würde, gemeinsam das zu klären, was ihnen unklar geblieben war. Wir betonten außerdem, dass die Verfügungsmöglichkeiten über Geld und Reputation der wesentliche Nutzen der lächerlichen, ihnen so unvorsichtig überlassenen Autorität sei; außerdem, dass der Vorteil einer nicht-konformistischen Anwendung dieser Mittel sicher darin liegen würde, viele Leute zu schockieren und dadurch den vorgebrachten nicht-konformistischen Inhalt besser sichtbar machen zu können. Die Genossen stimmten unseren Empfehlungen zu. Während der weiteren Entwicklung dieses Projekts blieben sie besonders durch die Vermittlung Mustapha Khayatis[46] mit der S.I. in Kontakt.

Die Diskussion und die ersten Entwürfe, die von denen, die mit uns zusammengekommen waren, und den Mitgliedern des AFGES-Vorstands kollektiv ausgearbeitet wurden (wobei alle fest entschlossen waren, die Sache zu einem glücklichen Ende zu bringen), haben

46 Siehe S. 31 FN 8 (Anm. d. Setzers).

diesen Plan beträchtlich verändert. Alle waren zwar mit dem Inhalt der zu entwickelnden Kritik einverstanden und insbesondere mit den Grundlinien, die Khayati ausgeführt hatte, es wurde für sie aber klar, dass sie zu keiner zufriedenstellenden Formulierung kommen würden – vor allem nicht in der kurzen Frist bis zum Beginn des Semesters. Diese Unfähigkeit darf nicht als Folge eines ernstlichen Mangels an Talent oder als Unerfahrenheit betrachtet werden; sie entstand ganz einfach aus der extremen Heterogenität dieser Gruppe im Vorstand selbst und im Umfeld des Vorstands. Die vorhergehenden Zusammenkünfte auf der Basis einer sehr vagen Übereinstimmung gaben ihr wenig Möglichkeiten, gemeinsam eine Theorie auszuarbeiten, die sie nicht wirklich gemeinsam anerkannt hatten. Außerdem kamen Misstrauen und Gegensätze persönlicher Art zum Vorschein, je umfangreicher das Projekt wurde; dabei waren sie sich nur in einer Sache wirklich einig: in der Zustimmung zur breitesten und ernsthaftesten Variante, die für diesen Coup erdacht werden könnte. Unter diesen Umständen übernahm es Khayati, die wesentlichen Teile des Textes mehr oder weniger allein zu verfassen; sie wurden dann Stück für Stück innerhalb dieser Studentengruppe in Straßburg diskutiert und gebilligt, ebenso wie von den Situationisten in Paris, die als einzige nennenswerte und übrigens zahlenmäßig begrenzte Ergänzungen hinzufügten.

Die Veröffentlichung der Broschüre wurde durch verschiedene vorbereitende Maßnahmen angekündigt. Am 26. Oktober wurde der Kybernetiker Moles[47] (s. S.I. Nr. 9), der es endlich zu einem Lehrstuhl für Psychosoziologie gebracht hatte, um dort die Programmsteuerung junger Kader betreiben zu können, schon nach den ersten Minuten seiner Antrittsvorlesung mit Tomaten verjagt, die etwa zwölf Studenten auf ihn warfen. (Dieselbe Behandlung erfuhr Moles im März im Pariser Museum für Kunstgewerbe, wo dieser vorschriftsmäßige Roboter über die Kontrolle der Bevölkerung durch die Methoden des Urbanismus zu schwatzen hatte; diese letzte Widerlegung wurde ihm von ungefähr dreißig jungen Anarchisten erteilt, Mitglieder von Gruppen, die die revolutionäre Kritik in alle modernen Fragen zurückbringen wollen). Kurz nach dieser Antrittsvorlesung – die sicherlich in den Universitätsannalen genauso befremdend ist wie Moles selbst – be-

47 Abraham André Moles (1920-1992) war ein französischer Elektrotechniker und Akustiker. Er hatte einen Doktor der Physik und der Philosophie. Er war Dozent an der Hochschule für Gestaltung Ulm und an der Universität in Straßburg. Er und Max Bense (1910-1990) waren – zunächst unabhängig – maßgeblich an der Entwicklung der Informationsästhetik beteiligt. Moles brachte das kybernetische Modell der Kommunikation mit der Humanwissenschaft in Verbindung (Anm. d. Setzers).

gann die AFGES mit dem Verkleben eines Comics von André Bertrand, *Die Rückkehr der Kolonne Durruti*[48], als Werbung für die Broschüre. Der Verdienst dieses Dokuments bestand darin, sehr deutlich darzulegen, was die Genossen mit ihren Ämtern anfangen wollten: „Die allgemeine Krise der alten gewerkschaftlichen Apparate und der gauchistischen Bürokratien war überall spürbar und vor allem bei den Studenten, bei denen die schäbigste Ergebenheit gegenüber den abgenutzten Ideologien und der am wenigsten realistische Ehrgeiz seit langer Zeit die einzigen Triebkräfte des Aktivismus waren. Die letzte Gruppe von Professionellen, die unsere Helden gewählt hatte, konnte sich nicht einmal mit einer Mystifizierung entschuldigen. Sie haben ihre Hoffnung auf Erneuerung in eine Gruppe gesetzt, die keinen Hehl aus ihrer Absicht machte, schnellstens und bestmöglich diesen ganzen archaischen Aktivismus zu sprengen."

Die Broschüre wurde beim feierlichen Semesterbeginn ungeniert an die offizielle Prominenz verteilt. Gleichzeitig gab der AFGES-Vorstand bekannt, dass der einzige Punkt ihres „studentischen" Programms die sofortige Auflösung dieses Verbands sei, und berief eine außerordentliche Vollversammlung ein, um darüber abzustimmen. Bekanntlich waren viele Leute bereits von dieser Aussicht entsetzt. „Das wäre die erste konkrete Manifestation einer Revolte, die auf die Zerstörung der Gesellschaft schlechthin abzielt", schrieb eine Lokalzeitung (*Dernières Nouvelles* vom 4.12.66). Und *L'Aurore* vom 26. November: „ … die Situationistische Internationale, eine Organisation mit einigen Mitgliedern in den wichtigsten Hauptstädten Europas. Diese Anarchisten geben sich für Revolutionäre aus und wollen die Macht ergreifen, nicht um sie zu behalten, sondern um Unordnung zu stiften und sogar ihre eigene Autorität zu zerstören." In Turin brachte die *Gazetta del Popolo* am selben Tag eine maßlose Beunruhigung zum Ausdruck: „Man sollte jedoch bedenken, ob nicht eventuelle Repressalien … zu Unruhen führen könnten … In Paris und in anderen französischen Universitätsstädten bereitet die vom Triumph ihrer Straßburger Anhänger angestachelte Situationistische Internationale einen großangelegten Angriff vor, um die Kontrolle über die Organe der Studentenschaft zu übernehmen." In diesem Augenblick mussten wir

48 Ein großer vierseitiger Comic, der mit institutionellen Mitteln gedruckt und im Oktober 1966 während eines Student*innenprotestes an der Universität Straßburg verschenkt wurde. Benannt nach dem spanischen Anarchisten Buenaventura Durruti (1896-1936), enthält er Fotografien, Cartoons, Schriften und das ikonische Bild der beiden Herumtreiber-Cowboys auf Pferden, die später in anderen Publikationen erschienen (Anm. d. Setzers).

auf ein neues, entscheidendes Element achten: Die Situationisten mussten sich gegen die *Rekuperierung* durch die journalistische Aktualität bzw. die intellektuelle Mode zur Wehr setzen. Die Broschüre war am Ende zu einem Text der S.I. geworden: Wir hatten es nicht für richtig gehalten, diesen Genossen unsere Hilfe zu verweigern; sie wollten dem System einen Schlag versetzen, und leider hatte diese Hilfe *nicht geringer sein können*. Dieses Engagement der S.I. brachte uns für die Dauer der Operation de facto in eine Führungsrolle, die wir auf keinen Fall über diese begrenzte gemeinsame Aktion hinaus verlängern wollten – wie sich jeder denken kann, liegt uns wenig am bedauernswerten *Studentenmilieu*. In diesem Fall wie sonst auch konnten wir nur mit dem Ziel handeln, die neue, momentan entstehende soziale Kritik wieder zum Vorschein kommen zu lassen, und zwar durch die kompromisslose Praxis, das einzige, worauf diese Kritik sich stützen kann. [...]

Die in Straßburg sofort eingeleitete juristische Repression – sie wird seitdem durch eine Reihe von heute noch nicht abgeschlossenen Prozessen fortgesetzt, die diesen Auftakt bestätigen – konzentrierte sich auf die angebliche Illegalität des AFGES-Vorstands, der seit der Veröffentlichung der situationistischen Broschüre plötzlich als ein die gewerkschaftliche Studentenvertretung usurpierendes de facto-Komitee betrachtet wurde. Diese Repression war um so notwendiger, als die gegen die AFGES zustandegebrachte heilige Allianz der Bourgeois, Stalinisten und Pfaffen offensichtlich einen noch unbedeutenderen „Einfluss" unter den 18.000 Studenten Straßburgs hatte als der Vorstand. Die Repression begann mit der einstweiligen Verfügung vom 13. Dezember, die Räume und Verwaltung des Verbands beschlagnahmte und die am 16. vom Vorstand einberufene Vollversammlung zur Abstimmung über die Auflösung der AFGES verbot. Dieser Erlass räumte stillschweigend – aber zu Unrecht – ein, dass eine Mehrheit der Studenten, die man so an der Abstimmung hinderte, möglicherweise die Position des Vorstands billigen könnte; er blockierte die weitere Entwicklung der Ereignisse und zwang unsere Genossen, die als einzige Perspektive die unverzügliche Liquidierung ihrer eigenen Führungsposition hatten, ihren Widerstand bis Ende Januar zu verlängern. Bisher war die beste Praxis der Mitglieder des Vorstands die Art und Weise gewesen, wie sie die vielen um Interviews bittenden Journalisten behandelt hatten – die meisten wurden abgewiesen und die Vertreter der schlimmsten Institutionen (Fernsehen, *Planète*) in beleidigendem Ton boykottiert; ein Teil der Presse wurde so dazu gebracht, eine genauere Version des Skandals wiederzugeben und die AFGES-Kommuniqués weniger verfälschend abzudrucken. Da man schon zu

Verwaltungsmaßnahmen gegriffen und das Titularbüro die Kontrolle über die lokale Sektion des nationalen Studentenverbands zur gegenseitigen Hilfe (MNE - *Mutuelle Nationale des Étudiants*)[49] behalten hatte, beschloss es am 11. Januar als Gegenschlag, das von ihr abhängige Universitätsbüro für psychologische Hilfe (BAPU) zu schließen. Der Beschluss wurde schon am folgenden Tag umgesetzt: „In Erwägung, dass die BAPUs eine para-polizeiliche Kontrolle durch eine repressive Psychiatrie im Studentenmilieu darstellen, deren deutliche Funktion es ist, ... alle Kategorien von Ausgebeuteten im Zustand der Passivität zu halten ...; in Erwägung, dass die Existenz eines Straßburger BAPU für alle Studenten dieser Universität, die dazu entschlossen sind, frei zu denken, eine Schande und eine Drohung zugleich ist." Auf nationaler Ebene konnte die UNEF, die durch die Revolte ihrer – bisher als mustergültig betrachteten – Straßburger Sektion gezwungen war, ihren allgemeinen Bankrott einzugestehen (ohne die alten Illusionen einer gewerkschaftlichen Freiheit zu verteidigen, die ihren Opponenten von den Behörden so offen verweigert wurden), den gerichtlich beschlossenen Ausschluss des Straßburger Vorstands doch nicht anerkennen. Auf der UNEF-Vollversammlung am 14. Januar in Paris erschien eine Delegation aus Straßburg, die schon bei der Sitzungseröffnung eine Vorabstimmung über ihren Antrag der *Auflösung der gesamten UNEF* forderte – „In Erwägung, dass die Behauptung der UNEF, eine Gewerkschaft zu sein, die die Avantgarde der Jugend versammelt (siehe die Charta von Grenoble, 1946[50]), in einer Zeit aufgestellt wird, in der die gewerkschaftliche Arbeiterbewegung seit langem besiegt und zu einem Selbstregulierungsapparat des modernen Kapitalismus geworden ist, der an der Integrierung der Arbeiterklasse in das Warensystem arbeitet ... In Erwägung, dass der avantgardistische Anspruch der UNEF fortwährend durch ihre sub-reformistischen Parolen und Praxis widerlegt wird ... In Erwägung, dass die gewerkschaftliche Studentenbewegung einzig und allein ein Betrug ist, dem dringend ein Ende gesetzt werden muss". Zum Schluss rief der Antrag „alle revolutionären Studenten der Welt" auf, „mit allen Ausgebeuteten ihrer Länder den unerbittlichen Kampf gegen alle Aspekte der alten Welt vorzubereiten, um zur Entstehung der internationalen Macht der Arbeiterräte beizutragen." Da nur zwei Verbände, der aus Nantes und der der „Studenten in Erholungsheimen" zusammen mit den Straßburgern dafür stimmten,

49 Studentische Krankenkasse die auf Gegenseitigkeit basiert (Anm. d. Setzers).

50 Die *Charta von Grenoble* ist ein Gründungsdokument der UNEF (Anm. d. Setzers).

diesen Antrag auf der Tagesordnung vor dem Verwaltungsbericht des nationalen Vorstands zu behandeln (es soll doch darauf hingewiesen werden, dass es den jungen UNEF-Bürokraten in den vergangenen Wochen gelungen war, zwei andere Vorstände – in Bordeaux und Clermont-Ferrand – umzustimmen, die sich spontan für die Position der AFGES erklärt hatten), verließ die Straßburger Delegation umgehend eine Debatte, in der sie nichts weiter zu sagen hatte. […]

Selbstverständlich sind die erfreulichsten Ergebnisse all dieser Vorfälle jenseits dieses wohlweislich sehr beachteten Beispiels unserer Weigerung zu finden, alle diejenigen aufzunehmen, die der Neo-Aktivismus auf seiner Suche nach ruhmreicher Unterwerfung bei uns anspült. Als nicht weniger unwesentlich kann man jenen Aspekt des Ergebnisses betrachten, der zur Bestätigung des unausweichlichen Zerfalls der UNEF geführt hat, eines Zerfalls, der sogar noch weiter fortgeschritten war, als man es dem erbärmlichen Anschein nach hätte glauben können. Noch im Juli waren die Nachwirkungen des Todesstoßes zu spüren, als der Vorsitzende Vandenburie vor dem 56. Kongress in Lyon traurig zugestehen musste: „Schon seit langer Zeit gibt es keine Einheit mehr in der UNEF. Jede Assoziation lebt (*Anmerkung der S.I.*: dieses Wort bleibt anmaßend unpassend) autonom, ohne irgendeinen Bezug auf die Anweisungen des nationalen Vorstands. Der wachsende Abstand zwischen der Basis und den Führungsorganen hat ein bemerkenswertes Stadium des Zerfalls erreicht. Die Geschichte der UNEF-Instanzen besteht nur aus einer Folge von Krisen ... Eine Neuorganisierung und Wiederaufnahme von Aktionen war nicht möglich." Genauso komisch ist der Wirbel, der bei den Universitätsangestellten beobachtet werden konnte, die es für notwendig hielten, noch einmal über dieses aktuelle Phänomen zu petitionieren. Man wird leicht verstehen können, dass wir die von den vierzig Professoren und Assistenten der Straßburger Philosophischen Fakultät öffentlich bekanntgegebene Position (und zwar eine Denunzierung der falschen Studenten, die diese „Unruhe im geschlossenen Raum" um falsche Probleme „ohne eine Spur von Lösung" angestiftet haben) für logischer und vom sozialen Standpunkt aus rationaler halten – wie übrigens auch die Urteilsbegründungen von Richter Llabador – als den glattzüngigen Versuch eines inkompetenten Einverständnisses, der im Februar von einigen modernistisch-institutionellen Überbleibseln verbreitet wurde, die zusammen am mageren Knochen der Lehrstühle für „Geisteswissenschaften" in Nanterre nagen (der kühne Touraine, der getreue Lefebvre, der Pro-Chinese Baudrillard und der schlaue Lourau).

Wir wollen eigentlich, dass die Ideen wieder *gefährlich* werden. Keinem soll es möglich sein, uns im weichen Teig des falschen eklektischen Interesses zu dulden, so wie Sartre, Althusser, Aragon oder Godard. Notieren wir die im *Nouvel Observateur* vom 21. Dezember abgedruckten bedeutungsvollen Worte eines Universitätsprofessors namens Lhuillier: „Ich bin für Meinungsfreiheit. Aber wenn es hier im Saal Situationisten gibt, müssen sie hinausgehen!" Ohne zu übersehen, dass die Verbreitung bestimmter kurzgefasster Wahrheiten dazu beigetragen haben mag, die Bewegung ganz leicht zu beschleunigen, die die zurückgebliebene französische Jugend zu mehr Bewusstsein über die nächste, umfassendere Krise der Gesellschaft führt, sind wir der Meinung, dass der Verbreitung dieses Textes in einigen anderen Ländern eine viel größere Bedeutung beigemessen werden sollte, da er in diesen Ländern, in denen ein solcher Prozess schon viel deutlicher ist, als Katalysator wirkt. Im Vorwort zu ihrer Ausgabe des Textes von Khayati haben die englischen Situationisten geschrieben: „Die am weitesten entwickelte Kritik des modernen Lebens ist in einem der am wenigsten entwickelten modernen Länder ausgearbeitet worden – in einem Land, das noch nicht an dem Punkt ist, an dem der vollständige Zerfall aller Werte deutlich wird und der folglich die Kräfte einer radikalen Verweigerung entstehen lässt. Im französischen Kontext ist die situationistische Theorie den sozialen Kräften vorausgegangen, die sie verwirklichen werden." Die Thesen *Über das Elend im Studentenmilieu* sind in den Vereinigten Staaten und in England viel besser verstanden worden (im März machte der Streik in der *London School of Economics* einen solchen Eindruck, dass der Berichterstatter der *Times* darin betrübt eine Rückkehr des Klassenkampfes entdeckte, den er doch für beendet gehalten hatte). Das gilt in geringerem Maße auch für Holland – wo die Kritik der S.I. sich mit der härteren Kritik der Ereignisse selbst deckte und nicht ohne Wirkung auf die kürzliche Auflösung der „Provo"-Bewegung blieb – und für die skandinavischen Länder. Selbst in den diesjährigen Kämpfen der Studenten West-Berlins war etwas davon zu spüren – wenn auch in immer noch sehr konfuser Form.

Selbstverständlich aber gibt es für die revolutionäre Jugend keinen anderen Weg als den Zusammenschluss mit der Masse der Arbeiter, die, ausgehend von ihrer Erfahrung mit den neuen Ausbeutungsverhältnissen, dabei sind, den Kampf um die Beherrschung ihrer Welt und um die Abschaffung der Arbeit wiederaufzunehmen. Während die Jugend beginnt, die aktuelle theoretische Form jener wirklichen Bewegung kennenzulernen, die überall spontan aus dem Boden der modernen Gesellschaft hervorbricht, ist das nur ein *Moment des Prozesses*, durch den diese vereinheitlichte theoretische Kritik, die sich mit einer praktischen Vereinheitlichung identifiziert, dafür kämpft, das Schweigen und die allgemeine Organisation der Trennung zu durchbrechen. Nur in diesem Sinne stellt uns das Ergebnis zufrieden. Aus dieser Jugend schließen wir selbstverständlich die durch die Halbprivilegien der Universitätsbildung entfremdete Schicht aus: Sie ist die natürliche Basis der konsumierenden Bewunderung einer angeblichen situationistischen Theorie als neueste spektakuläre Mode. Immer wieder werden wir diese Art Zustimmung enttäuschen und dementieren. Man wird sehr wohl sehen, dass die S.I. nicht nach den oberflächlich skandalösen Aspekten gewisser Manifestationen beurteilt werden darf, sondern nach ihrer *wesentlich skandalösen Hauptwahrheit*.

******

Auszüge aus der Plattform der revolutionären „Studenten" aus Nantes, Anfang des Jahres 1968 veröffentlicht und ironisch betitelt:

BEITRAG ZUR AUSARBEITUNG EINER MINDERHEITLICHEN GEWERKSCHAFTLICHEN LINIE IN DER UNEF

Die Verteidigung der studentischen Interessen gegenüber den Interessen der Macht kann nur die Aufgabe einer Mehrheitsgewerkschaft sein: eine Massengewerkschaft im studentischen Milieu kann nur eine Mehrheitsgewerkschaft sein. Jede gegenteilige Behauptung ist eine Mystifikation oder eine Dummheit.

Diejenigen, die aus dem studentischen Milieu einen natürlichen und objektiven Verbündeten der Arbeiterklasse machen wollen, sind verblödete Arbeiterintellektuelle, die ein bisschen schnell die studentischen Milizen gegen die spanischen Republikaner, die Spartakisten, die russischen Sowjets vergessen haben ... Die einzigen Momente, in denen die *Gesamtheit* der Studenten revolutionär sein kann, sind die bürgerlichen Revolutionen oder die bürgerliche Usurpation der proletarischen Revolutionen, 1789, 1830, 1848, das Spanien Francos, das faschistische Griechenland ... Die Studenten kämpfen manchmal gegen die Macht, aber dieser Kampf hat den Charakter eines Kampfes zugunsten einer bürgerlichen Demokratie oder einer „sozialeren", d.h. einer modernen bürgerlichen Demokratie. Ihr Kampf ist der aller Avantgarde-Bourgeoisien.

Es ist im übrigen banal zu sagen, dass die jungen Bourgeois, die künftigen Rechtsanwälte, Richter, Ärzte, patentierten Händler von Kultur und Wissenschaft, die Schweinehunde der Finanzwelt und der Industrie, die Priesterphilosophen der Ideologie, die Bullenpsychologen und -soziologen der Macht, Präfekten und Polizeikommissare, die Architekten der noch zu bauenden Großwohnsiedlungen wie Sarcelles (die Liste ist noch lange nicht beendet) sich *in ihrer Gesamtheit* nicht mit dem Proletariat zu dessen Befreiung verbünden können. Diese Befreiung kann für sie nur der Verlust einer privilegierten Klassenposition sein. Der Durchschnittsstudent, der seine Syphilis oder seine jugendliche Revolte für die Rechtfertigung als jungfräulicher Gewerkschafter überwunden hat, kann sich nur beeilen, sein Studium zu beenden, um voll und ganz ins Lager der Macht überzuwechseln, er, der eingeklemmt ist in die Bequemlichkeit der Dinge und geschützt durch die Diplome und die Kultur der Macht: Die traditionelle studentische Massengewerkschaftsbewegung hat per Definition nichts anderes als die Verbesserung des Schicksals der Studenten zum Ziel, ihm also zu ermöglichen, schneller und besser in die Situation oder die Karriere einzutreten, die er mehr oder weniger, selbst in seinen verrücktesten Jahren, anstrebt.

Es ist wichtig, an dieser Stelle die Unterscheidung zwischen dem Studenten und dem Substudenten zu machen. Der Substudent ist ein relativ neues Produkt der Universität, eine verspätete Schöpfung des Fouchet-Plans[51] im Dienste der neuen Personalbedürfnisse des modernen Kapitalismus.

51 Bei den so genannten *Fouchetplänen* handelt es sich um zwei Vorschläge der französischen Regierung unter Charles de Gaulle (1880-1970) für eine Weiterentwicklung der europäischen Integration. Namensgeber war der französische Diplomat und Chefdelegierte Christian Fouchet (1911-1974), der den Ausschuss zur Erarbeitung des entsprechenden Konzepts leitete.
Der erste Vorschlag, der am 2. November 1961 publik gemacht wurde, strebte die Gründung einer *Europäischen Politischen Union* (EPU) an, mit der die Mitgliedstaaten der *Europäischen Wirtschaftsgemeinschaft* (EWG) sich auch auf politischem, kulturellem und verteidigungspolitischem Gebiet integrieren sollten. Er knüpfte damit an die Pläne zu einer *Europäischen Politischen Gemeinschaft* (EPG) an, die 1954 gescheitert waren.
Noch ehe die übrigen Mitgliedstaaten eindeutig Position zu dem französischen Plan bezogen hatten, stellte de Gaulle am 18. Januar 1962 einen von ihm verschärften zweiten Entwurf des Fouchetplans vor. Dieser sah die Unterordnung der bereits bestehenden EWG-Institutionen unter den Ministerrat der EPU vor – und damit eine weitgehende Entmachtung der EWG-Kommission, was *de facto* die Aufgabe des supranationalen Integrationsprinzips bedeutet hätte. Da dies

Der wichtigste Ansatz des Fouchet-Plans sind in der Tat diese künftigen Ausgebeuteten an der Seite der Voll-Studenten in den IUT (*Instituts Universitaires de Technologie*) und die kurzen Ausbildungsgänge an den traditionellen Fakultäten. All diese tatsächlichen Opfer der Entwertung bestimmter Ausbildungen dienen zur Zeit als Argument für den Wiederaufbau einer studentischen Massengewerkschaft, wie dies die UNEF vor einigen Jahren gewesen ist. Manche sehen in dieser Entwicklung eine echte Bedrohung für alle Studenten (was nicht falsch ist) und gehen von dieser Bedrohung aus, um klarzustellen, dass alle Studenten sich vereinen und gemeinsam verteidigen können. Sie verwechseln dabei bemerkenswerterweise eine vage Bedrohung mit einem direkten Angriff. In einer Gesellschaft sind alle von einem wenig beneidenswerten Schicksal bedroht, aber es sind die Proletarier, die dieses Los tatsächlich erleiden müssen: So sind auch an der Universität alle Studenten (außer in gewissen Fakultäten) von einer verkürzten Ausbildung bedroht, aber tatsächlich werden nicht alle in diese entwertete, sie bedrohende Ausbildung abgedrängt – wie kann man glauben, dass die Bourgeoisie aufhört, ihre legitimen Kinder zu lieben, und dass die Universität aufhört, die herrschende Elite zu reproduzieren?

Auf jeden Fall muss man die Studenten, die notwendigerweise Ausgebeutete sein werden, von denen unterscheiden, die kleinere oder mittlere Bourgeois sein werden, kleinere Angestellte, die zwar besser bezahlt sind als Arbeiter, aber *verbittert, dass sie auf der Leiter der Hierarchie nicht haben höher klettern können.* Es gibt sogar Leute, die in diesem Unglück der mittelmäßigen Reichen, dieser offensichtlichen Tatsache, dass die Mehrheit der (echten) Studenten nicht zu der angestrebten bürgerlichen Situation gelangen wird, den Beweis sehen, dass der Student ein Proletarier im Kostüm des Kleinbürgers sein wird; dass er also heute schon ein Proletarier ist, schmachvoll ausgebeutet durch die Inkonsequenzen des französischen Kapitalismus (obwohl es der moderne Kapitalismus ist, der seinen Universitätssektor verspätet auf seine neuen Bedürfnisse einstellt); dass er ab jetzt und für immer ein historischer Verbündeter der Arbeiterklasse ist. Diese Beweisführung zeigt natürlich wieder die Notwendigkeit, das Schicksal der Studenten zu verbessern und darüber hinaus seinen künftigen Beruf zu vertei-

für die übrigen EWG-Mitgliedstaaten, insbesondere die Benelux-Staaten, nicht akzeptabel war, provozierte de Gaulle damit letztlich das Scheitern der EPU. Sein Ziel war es, alle supranationalen Elemente aus der europäischen Zusammenarbeit zu streichen. Seine Vorstellung von Europa sah eine Zusammenarbeit unabhängiger Staaten vor, welche ihre volle Souveränität und ein Vetorecht in allen Institutionen behielten (Anm. d. Setzers).

digen. Man kann beispielsweise beobachten, wie mancherorts die Verteidigung des Berufes des Psychologen organisiert wird, ohne dass überhaupt nur ein Schimmer von Infragestellung der Rolle des Psychologen in unserer Gesellschaft auftaucht, des Psychologen, der abwechselnd Gefängniswärter für Delinquenten, Vermittler zwischen Arbeiter und Arbeitsbedingungen im modernen Unternehmen, Ausputzer von Protestregungen potentieller Revolutionäre und neuer Bewusstseinsdirektor etc. ist.

Unter diesen Bedingungen spielt die studentische Gewerkschaftsbewegung die Rolle eines Vereins für eine bedingungslose gegenseitige Verteidigung. Die studentische Gewerkschaftsbewegung erlaubt den hysterischen Kleinbürgern, die an der Universität serienweise produziert werden, die Hoffnung, eines Tages vollberechtigte Bourgeois zu werden, die sich mit rührseliger Wehmut an den revolutionären Kampf erinnern werden, den sie in ihrer Jugend gegen das gaullistische System geführt haben. Zumindest kann man sagen, dass dieser Kampf der „Verbündeten des Proletariats" überraschend ist (glücklicherweise ist er ohne Ergebnis, da der Student so blöd ist, dass er seine wirklichen Verteidiger nicht erkennt) ...

Das Interesse der mittelmäßigen ehemaligen Studenten, die mittelmäßige Bourgeois geworden sind, ist es sicher nicht, sich a priori mit dem Proletariat zu verbünden. Sie fürchten sich zu Recht vor dem Schicksal der Kulaken aller Revolutionen. Sie opfern ihre Hoffnungen und ihre Energie dem individuellen Aufstieg in der Hierarchie und ergötzen sich mit einer dümmlichen, erträumten Teilnahme an der Führung der öffentlichen Angelegenheiten. Es gibt in der Tat keine Dreiteilung zwischen einer hohen, einer mittleren und einer unteren Bourgeoisie. Die Bourgeoisie ist keine homogenere Klasse als das Proletariat, sie hat ebenfalls ihre oberen und ihre unteren Mitglieder. Sie hat auch ihre kleinen Leute, und zwar die Studenten, die, wenn sie nach dem Opfer ihrer Jugend ihre Diplome haben, durch ihre Teilnahme an der Ausbeutung mehr oder weniger bequem überleben werden.

Keiner kann leugnen, dass dieser fröhliche Einzug in das Lager der Macht der sehr klare Werdegang der – echten – Studenten ist.

Alle Herrschenden der alten Welt, auf welchem Niveau auch immer sie sich in der herrschenden Hierarchie befinden, sind ehemalige Studenten.

Im Gegensatz dazu haben die Sub-Studenten nur scheinbar den Status des Studenten und werden morgen Proletarier sein, sie könnten vielleicht sogar die Avantgarde der Ausgebeuteten werden; zum Teil dank der Krümel an Kultur, die sie aufgeschnappt haben. Daraus wird aber sicherlich nichts werden, wenn die UNEF sie mit den künftigen und jetztigen Bourgeois mischt und die einen wie die anderen glauben lässt, dass ihre Interessen solidarisch sind und dass sie zusammen diesen künstlichen Begriff des studentischen Standes verteidigen müssen …

Einige Mitglieder der UNEF haben im übrigen mehr oder weniger verstanden, dass es sinnlos ist zu behaupten, die UNEF sei eine Gewerkschaft wie die Arbeitergewerkschaften und die Studenten seien eine Masse von Ausgebeuteten: dafür gibt es ja die Studienbeihilfen.

1. Die Führer der UNEF und die militanten Gewerkschafter wollen eine Gewerkschaft, die ihres guten Willens würdig ist, sie wollen, dass ihre Gewerkschaft in der Universität das Ebenbild der Arbeitergewerkschaften in den Fabriken ist.
2. Der Student hängt ökonomisch gesehen von der Familie und vom Staat ab: eigentlich ist er ein Kind.
3. Mit Kindern kann man eine Organisation mehr oder weniger wie die der Pfadfinder bilden: Das war die Mehrheitsgewerkschaft. Für eine Gewerkschaft von Ausgebeuteten muss man allerdings das Student-Kind in den ausgebeuteten Studenten umwandeln.
4. Was den Ausgebeuteten charakterisiert, ist die Ausbeutung. Die Ausbeutung ist der Kauf der Arbeitskraft zu einem lächerlichen Preis.
5. Also ist der Student ein junger intellektueller Arbeiter, der gar nicht bezahlt wird.

5a). *Anmerkung:* Man könnte meinen, dass die überhaupt nicht finanzierte Arbeit eine hassenswertere Ausbeutung ist als die auch noch so wenig bezahlte.

6. Das ist aber nicht *offensichtlich*, und um diese Ausbeutung des Studenten deutlich zu machen, verlangt man, dass künstlich und *formal* ein Lohn existiert.
7. Der junge (intellektuelle) Arbeiter wird also ein (sehr schlecht bezahlter) Ausgebeuteter.
8. Die Gewerkschaft der ausgebeuteten lohnabhängigen Arbeiter-Studenten kann endlich ihre gleichberechtigte Rolle neben den Arbeitergewerkschaften spielen.

Anmerkung: Wenn die Minoritäten eines Tages eine Vereinigung von Aktionären übernehmen würden und Lust bekämen, daraus eine Gewerkschaft von Ausgebeuteten zu machen, würde es genügen, dass sie vom Staat einen Hungerlohn für diese „Finanzarbeiter" fordern. Der Lohn würde dann das Bündnis mit der Arbeiterklasse erklären.

Eine Sub-Arbeitergewerkschaft, die dem studentischen Milieu übergestülpt wird, ist wegen der geringen Homogenität dieses Milieus ein Irrweg …

Wir haben bereits den offenkundig voluntaristischen Charakter der Studienbeihilfe betont, aber noch schwerwiegender wären die daraus hervorgehenden Konsequenzen, die zu einer totalen Kontrolle der Studenten führen würden. Tatsächlich wird diese allgemeine und gemäß Universitätskriterien gewährte Studienbeihilfe die Studenten von ihrer Familie befreien: Wer von ihr gelebt hat, wird nun sein Geld vom Staat erhalten; diejenigen, deren ökonomisches Schicksal von den geringen Einkünften der Eltern abhängig war (Stipendien), wird an seine universitäre Zukunft gebunden. Der Student wird an Händen und Füßen gefesselt, ein Gefangener der Universität in der Art wie die IPS-Stipendiaten, über die alle komische Tränen vergießen, oder wie die angehenden Inspekteure für Steuern, Zoll und die Staatskasse. Der Student wird offiziell von der Macht gekauft, damit er ein Studium absolviert. Man sieht, wohin ein Protest gegen die Universität, oder gegen was auch immer, durch die Studenten, die sich in dieser Lage befinden, führen könnte. Eine rasche Integrierung des Studenten in das ihn umgebende System: Das schlagen die ehrgeizigen, subbürokratischen, voluntaristischen Aktivisten schamlos vor.

Übereinstimmend stellen sie die Abhängigkeit des Studenten von seiner Familie fest und wollen das ändern: *Der Student wird sodann ein Sklave des Staate*s.

Ein anderer Aspekt der Studienbeihilfe besteht in ihrer ökonomischen Bedeutung. Die Warengesellschaft reserviert Leibrenten für ihre Privilegien. Als Kompensation für ihre Investitionen haben die Besitzer von Grund und Boden, Immobilien und beweglichen Gütern ein Recht darauf, wenn sie sie nicht horten. Die Investition ist für den, der investiert, ein Verzicht auf den sofortigen Konsum oder den sofortigen Gebrauch in der Perspektive auf spätere Gewinne. Also ist der Gewerbeschein, den beispielsweise ein Taxifahrer bezahlt, oder die Zeit und Energie, die man für eine bessere Ausbildung einsetzt, auch eine Investition. Der Student investiert während seiner Studienzeit in der Perspektive auf eine interessante Position, die ihm höhere Einkünfte sichert als die, die er haben würde, wenn er als Lehrling arbeiten oder an der Universität nur eine verkürzte Ausbildung absolvieren würde. Seine von der Universitätsverwaltung ausgestellten Diplome sind also das

Resultat einer Investition. Sie sind auf der einen Seite die Bedingung für die Zuerkennung einer Studienbeihilfe, wie sie von unseren brillanten Soziologen verstanden wird, und auf der anderen Seite das höchste Ziel dieses Vor-Gehalts. Das heimliche Einverständnis mit dem System wird hier offensichtlich, da die UNEF-Gewerkschaft verlangt, dass der Staat dem jungen Bourgeois (und seiner Familie) helfen soll, in ein Studium zu investieren, das aus ihm einen Nutznießer des Systems macht.

Dieser Skandal bricht nicht nur auf individueller Ebene hervor, er ist auch auf der makro-ökonomischen Ebene offensichtlich, wo die Studienbeihilfe für die herrschende Klasse ein Zertifikat für unbeschränkten Fortschritt darstellt. Sie kauft die anpassungsfähigsten Intelligenzen auf, um sich zu erneuern. Sie investiert für ihre Zukunft, das ist fast Selbst-Finanzierung. Man muss dumm wie ein Sozialdemokrat sein, um zu behaupten, dass das intellektuelle Kapital für die *Nation* eine notwendige Investition darstellt, dass eine *Nation,* die nicht einen Teil ihrer Einkünfte opfert, um Kopfarbeiter auszubilden, keine Fortschritte machen wird. Diese gutwilligen Kretins übernehmen offen die Interessen der Bourgeoisie, weil die Fortschritte der *Nation* nichts anderes sind als die Bereicherung dieser Bourgeoisie.

Der kleine Widerspruch, der die Bourgeoisie zögern lässt, noch mehr in ihre Universitäten zu investieren, hat einen scheinbaren Gegensatz zwischen den Interessen der Studenten und den Interessen der Macht zur Folge (und besteht auch im Einsparen von öffentlichen Geldern). Die üble Tour der debilen Gewerkschafter ist es, dass sie der Bourgeoisie erklären, wo ihre wahren Interessen liegen, was sie machen muss, um ihre eigenen Widersprüche zu lösen. Es ist hier nicht von Bedeutung, dass diese Gewerkschafter idiotische Analysen über die Interessen der Bourgeoisie machen; was zählt, ist der Sinn ihres Verhaltens, ihre Überzeugung, die „wahren Wünsche" der Bourgeoisie zu befriedigen. Wenn die studentischen Interessen und die der Macht scheinbar gegensätzlich sind, so tun sie alles, um uns genau zu zeigen, dass dem nicht so ist.

Was das Problem der Studienbeihilfe nach sozialen Kriterien betrifft, so ist es auch mit universitären Kriterien vermischt. In der Tat wollen seine Befürworter nicht allen Studenten Geld geben, sondern nur denen, deren Familien am schlechtesten dastehen. Diese Einschränkung führt jedoch nicht dazu, dass, wenn die Verteilung der Kohle nach sozialen Kriterien erfolgt, die Universitätskriterien unwirksam sind. Es steht nicht zur Debatte, dass Arbeiterkinder ihre Studienzeit verdoppeln oder verdreifachen. Das soziale Kriterium ist eigentlich nichts anderes als die Verbindung der beiden Kriterien, es ist das Universitätskriterium mit der logischen Einschränkung, dass die, die schon viel Geld haben, kein weiteres mehr brauchen. Es gibt in der Tat keine Studienbeihilfe gemäß sozialen Kriterien …

Die Verteidigung der armen Kinder der Universität darf nicht durch Forderungen geschehen, die nur darauf abzielen, aus ihnen große oder kleine authentische Teilhaber an der bürgerlichen Klasse zu machen. Sie müssen sich im Gegenteil auf der Basis des Kampfes gegen die Macht vereinigen, der sie untereinander und mit den Kämpfen des Proletariats solidarisch werden lässt. Sie müssen einsehen, dass ihr Los an das der Arbeiterklasse gebunden ist.

In dieser Perspektive geht es darum, das Maximum aus dem System herauszuholen. Es geht darum, Stipendien auf der Basis dessen, was existiert, zu fordern, indem man die Erhöhung ihres Betrags und ihrer Anzahl durchsetzt. Es ist unnütz, sich eine nebulöse Theorie auszudenken, die die Beihilfe gemäß den Universitätskriterien erklärt, und nicht gemäß den sozialen Kriterien. Was zählt, ist die Kohle, über die man verfügt …

Wir müssen ehrgeiziger werden, uns weder mit dieser Gegenaktion noch mit der Verteidigung einer bestimmten Kategorie von Studenten zufrieden geben. Wir müssen klarstellen, dass die Universität über ihre Rolle in der sozialen und der technischen Arbeitsteilung hinaus die Aufgabe hat, die Denkweise der Macht zu verbreiten. Der Inhalt der Ausbildung in Klassen ist nichts anderes als die Kultur dieser Klasse, oder, wenn sie „neutral“ ist, die Kultur zum Nutzen dieser Klasse. Für den echten Studenten stellt die Universität den Ort dar, in dem er in die heiligen Formeln und Wissenschaften eingeweiht wird, die ihm erlauben werden, in der Gesellschaft zusammen mit seinen Zunftgenossen und im Rahmen der bürgerlichen Klasse zu herrschen. Die universitäre Ausbildung ist eine Einweihung in die Herrschaft.

Die Denkweise der Macht, die in den Universitäten und Gymnasien unterrichtet wird, spielt selbstverständlich eine Rolle in der Gesellschaft, die wir kritisieren. Wir finden sie in der Verwaltung des alltäglichen Lebens durch das Recht und alle Vorstellungen von Moral wieder, sie organisiert die ökonomische Herrschaft der Bourgeoisie (politische Ökonomie) etc. und führt sie fort.

Die Psychologiestudenten täten besser daran, statt sich so viel um „die Verteidigung des Psychologenberufs“ zu kümmern, das zu denunzieren, was man sie gelehrt hat. Die Arbeiter, die den Psychosoziologen in den Unternehmen ausgesetzt sind, würden es ihnen sicher danken, und könnten so zu genauen Erkenntnissen gelangen, um gegen die neuen Herrschaftsformen zu kämpfen, die heimtückischer, subtiler geworden sind …

******

LUFTZUG ÜBER DEM JAPANISCHEN APFELBAUM[52]

Meine Damen und Herren,

Henri Lefebvre, einer der berühmtesten Agenten der Rekuperation in den letzten fünfzig Jahren (bekanntermaßen haben die Situationisten ihn und die ganze *Arguments*-Bande in ihrem Flugblatt: „In den Mülleimer der Geschichte" abgefertigt) beabsichtigt, seinem Jagdbild die Zengakuren hinzuzufügen. Das CNRS hat seine Emissäre, die PRAXIS hat ihre Forschungsbeauftagten.

Der Meta-Philosoph Lefebvre ist weniger dumm als der Pata-Philosoph Morin. Aber der Meta-Stalinist sollte die Eleganz besitzen, sein Maul zu halten, wenn es um Klassenkämpfe geht.

Dies soll ihm eine Warnung sein!

Nanterre, 19. März 1968
DIE WÜTENDEN

******

WUT IM BAUCH !

Genossen,

trotz des erwiesenen heimlichen Einverständnisses der Stalinisten der UEC und der Reaktionäre beweisen die herrlichen Krawalle vom letzten Freitag, dass die Studenten anfangen, im Kampf zu einem Bewusstsein zu gelangen, das sie bis dahin noch nicht hatten: Wo die Gewalt anfängt, beginnt auch das Ende des Reformismus.

52 Auf der Rückseite des Flugblatts war das Bild „Courant d´air sur le pommier du Japon" von Marcel Duchamp (1914) abgebildet.

Der Universitätsrat, der heute Morgen zusammengekommen ist, tat dies umsonst: Diese veraltete Form der Repression vermag nichts gegen die Gewalt auf der Straße. Der Ausschluss unseres Genossen Gérard Bigorgne von allen Universitäten Frankreichs für fünf Jahre – der von der ganzen Presse, allen Grüppchen und studentischen Vereinen totgeschwiegen wurde – sowie der, der jetzt unserem Genossen René Riesel und sechs anderen Studenten aus Nanterre droht, sind für die Autoritäten der Universität eine Art, sie an die Polizei *auszuliefern!*

Angesichts der Repression muss der Kampf, der sich ankündigt, die Methoden der gewaltsamen Aktion erhalten, die zur Zeit seine einzige Kraft ist. Aber er muss vor allem bei den Studenten, die ihn führen, zur Reflexion führen, denn es gibt nicht nur die Bullen: es gibt auch die Lügen der verschiedenen trotzkistischen (JCR, FER, VO), prochinesischen (UJCML, Vietnambasiskomitees) Grüppchen und der Anarchisten à la Cohn-Bendit. Nehmen wir unsere Sache selber in die Hand!

Das Beispiel, das uns von den am Freitag in der Sorbonne festgenommenen Genossen gegeben wurde, die in dem Polizeiwagen, der sie abtransportierte, rebellierten, ist ein Beispiel, dem man auch weiter folgen sollte. Solange es nur drei Bullen in jeder Polizeiwanne gibt, wissen wir, was zu tun ist. Der Präzedenzfall von Brigadier Brunet, der gestern trepaniert wurde, wird entscheidend sein: Tod den Schweinen!

Jetzt schon verstopft die Gewalt den kleinen Chefs der Grüppchen das Maul: die Infragestellung der bürgerlichen Universität allein ist unbedeutend, wenn *diese ganze Gesellschaft zerstört werden muss*.

ES LEBEN DIE ZENGAKUREN!
ES LEBE DER ÖFFENTLICHE WOHLFAHRTSAUSSCHUSS DER VANDALISTEN (Bordeaux)!
ES LEBEN DIE WÜTENDEN!
ES LEBE DIE S.I.!
ES LEBE DIE SOZIALE REVOLUTION!

Paris, 6. Mai 1968
DIE WÜTENDEN

******

DAS SCHLOSS BRENNT!

Adresse an den Pariser Universitätsrat

Überbleibsel!

Eure himmelschreiende Unkenntnis vom Leben berechtigt Euch zu gar nichts. Wollt Ihr den Beweis? Wenn Ihr heute Eure Sitzung abhalten könnt, dann nur mit einem Polizeiregiment hinter Euch. In der Tat, niemand respektiert Euch mehr. Weint doch über Eure alte Sorbonne!

Dass einige modernisierende Trottel sich schmeicheln, mich zu verteidigen, da sie sich zu Unrecht vorstellen, dass ich, nachdem ich auf sie gespuckt habe, wieder salonfähig genug werden könnte, damit sie mich in Schutz nehmen, lässt mich nur lachen. Trotz ihres Verharrens im Masochismus könnten diese Karrieremacher nicht einmal die Universität wieder zusammenflicken. Herr Lefebvre, Sie können mich am Arsch lecken.

Immer zahlreicher werden die, die vom Studiensystem das Beste nehmen, was es zu bieten hat: die Stipendien. Mir wolltet Ihr keine geben, ich hatte nichts zu verbergen, ich habe alles anzugreifen.

Der heutige Prozess ist ein lächerliches Schauspiel. Der wirkliche Prozess hat sich am Montag auf der Straße abgespielt und die zeitliche Justiz hat bereits rund dreißig Meuterer festgenommen. Was für meine Genossen wichtig ist, ist die bedingungslose Freilassung *aller Verurteilten* (die Studenten eingeschlossen).

Die Freiheit ist das Verbrechen, das alle Verbrechen einschließt. Hütet Euch vor der herrschaftlichen Justiz, wenn das Schloss brennt!

RENÉ RIESEL
Paris, 10. Mai 1968

II

DAS KOMITEE WÜTENDE-SITUATIONISTISCHE INTERNATIONALE UND DER RAT ZUR AUFRECHTERHALTUNG DER BESETZUNGEN

Genossen,

die Fabrik Sud-Aviation in Nantes ist seit zwei Tagen von den Arbeitern und Studenten der Stadt besetzt, die Bewegung hat heute auf mehrere Fabriken übergegriffen (Nouvelles Messageries de la Presse Parisienne in Paris, Renault in Cléon etc). Daher ruft

DAS BESETZUNGSKOMITEE DER SORBONNE

zur sofortigen Besetzung aller Fabriken in Frankreich und zur Bildung von Arbeiterräten auf.

Genossen, verteilt und vervielfältigt diesen Aufruf so schnell wie möglich.

Sorbonne, 16. Mai, 15:30 Uhr

******

WACHSAMKEIT!

Genossen,

die Souveränität der revolutionären Vollversammlung hat nur dann Sinn, wenn diese auch die Macht ausübt.

Seit 48 Stunden wird die Entscheidungsfähigkeit der Vollversammlung durch systematische Verschleppungsmanöver gegen alle Aktionsvorschläge in Frage gestellt.

Über keinen Antrag konnte bis heute abgestimmt oder auch nur diskutiert werden, und die von der Vollversammlung gewählten Organe (Besetzungskomitee und Koordinationskomitee) sehen ihre Arbeit durch pseudo-spontane Organe sabotiert.

Alle Diskussionen über die Organisation, die man als Vorbedingungen für jede Aktivität darstellen wollte, sind Abstraktionen, solange man nichts tut.

WENN ES SO WEITER GEHT, WIRD DIE BEWEGUNG IN DER SORBONNE BEGRABEN WERDEN!

Die Forderung nach direkter Demokratie stellt die Mindestunterstützung dar, die die revolutionären Studenten den revolutionären Arbeitern, die die Fabriken besetzt halten, zukommen lassen können.

Es darf nicht zugelassen werden, dass die Zwischenfälle in der Vollversammlung von gestern Abend ungestraft bleiben.

Die Pfaffen reißen ihre Klappe wieder auf, wenn anti-klerikale Plakate abgerissen werden.

Die Bürokraten reißen ihre Klappe wieder auf, wenn sie, ohne ihren Namen zu nennen, jedes Bewusstwerden im revolutionären Sinne lähmen, zu dem die Bewegung von den Barrikaden aus gelangen kann.

Noch einmal wird die Zukunft dem Wiederflottmachen der alten Gewerkschaftsbewegung geopfert.

Der parlamentarische Kretinismus will sich auf der Tribüne einrichten, er versucht, das alte geflickte System wieder auf die Beine zu bringen.

Genossen,

die Universitätsreform allein ist lächerlich, wenn diese ganze alte Welt zerstört werden muss.

Die Bewegung ist nichts, wenn sie nicht revolutionär ist.

BESETZUNGSKOMITEE DER SORBONNE
16. Mai 1968, 16:30 Uhr

******

ACHTUNG !

Das Pressekomitee, das in der zweiten Etage, Flur C, in der Gaston-Azard-Bibliothek tagt, vertritt nur sich selbst. Es handelt sich um ungefähr zehn Jounalismus-Studenten, die sich schon jetzt darum bemühen, ihren künftigen Arbeitgebern und ihren künftigen Zensoren klare Beweise ihres Könnens zu liefern.

Dieses Komitee, das versucht, die Kontakte mit der Presse zu monopolisieren, weigert sich, den ordnungsgemäß gewählten Instanzen der Vollversammlung die Kommuniqués weiterzugeben.

DIESES PRESSEKOMITEE IST EIN ZENSURKOMITEE: ignoriert es.

Die verschiedenen Komitees, Kommissionen, Arbeitsgruppen können sich direkt an die *AFP* (Agence France Presse) wenden, 508 45 40 oder an die verschiedenen Zeitungen:

Le Monde: 770 91 29

France-Soir: 508 28 00

Combat: Robert Toubon eine Nachricht hinterlassen, CEN 81 11.

Die verschiedenen Arbeitsgruppen können das ohne Mittelsmänner tun und, indem sie die schlecht verkappten Bürokraten mit Füßen treten, sagen, was sie wollen und wann sie es wollen.

Die Journalisten können sich bis zur Vollversammlung des heutigen Abends, wo neue Entscheidungen getroffen werden, an das Besetzungskomitee und an das Koordinationskomitee wenden, die gestern abend von der Vollversammlung gewählt wurden.

ALLE ZUR VOLLVERSAMMLUNG HEUTE ABEND, UM DIE BÜROKRATEN VOR DIE TÜR ZU SETZEN:

BESETZUNGSKOMITEE
DER AUTONOMEN VOLKSUNIVERSITÄT DER SORBONNE
16. Mai um 17 Uhr

******

VORSICHT, MANIPULATEURE !
VORSICHT, BÜROKRATEN !

Genossen,

die Bedeutung der Vollversammlung des heutigen Abends (Donnerstag, 16. Mai) darf niemandem entgehen. Seit zwei Tagen ist es Individuen, die man daran erkennt, dass man sie bereits dabei beobachten konnte, wie sie die Quacksalbereien ihrer Parteien verkauften, gelungen, Scheiße zu bauen und die Vollversammlung unter einem Haufen von bürokratischem Mist und mit einer Ungeschicklichkeit zu erdrükken, die klar von der Missachtung zeugt, die sie dieser Versammlung entgegen bringen.

Diese Versammlung muss lernen, sich durchzusetzen, oder verschwinden.

Zwei Punkte sind vorrangig zu diskutieren:

- WER KONTROLLIERT DEN ORDNUNGSDIENST?, dessen beschissene Rolle unerträglich ist?

WOZU DIENT DAS PRESSEKOMITEE, das *es wagt, die Kommuniqués,* die es den Agenturen übermitteln soll, *zu zensieren?* Besteht es aus Jounalismus-Lehrlingen, die darauf bedacht sind, die ORTF-Bosse nicht zu enttäuschen und ihre künftigen Jobs nicht zu gefährden? Während die Arbeiter in Frankreich damit beginnen, Fabriken zu besetzen, *auf unser Beispiel hin und mit dem gleichen Recht wie wir,* hat das Besetzungskomitee heute um 15 Uhr diese Bewegung begrüßt. Das zentrale Problem der heutigen Vollversammlung ist es also, sich durch ein klares Votum für oder gegen den Aufruf seines Besetzungskomitees auszusprechen. Im Falle einer Missbilligung übernimmt diese Versammlung also die Verantwortung, einzig den Studenten ein Recht vorzubehalten, das sie der Arbeiterklasse verweigert. In dem Falle ist es klar, dass sie von nichts anderem reden will, als von einer gaullistischen Reform der Universität.

BESETZUNGSKOMITEE
DER AUTONOMEN VOLKSUNIVERSITÄT DER SORBONNE
16. Mai, 18:30 Uhr

******

AB SOFORT MIT ALLEN MITTELN ZU VERBREITENDE PAROLEN

(Flugblätter, Vorlesen übers Mikrophon, Comics, Lieder, Wandmalereien, Sprechblasen auf den Gemälden der Sorbonne, Proklamierung in Kinos während der Filmvorführungen oder indem man diese unterbricht, Sprechblasen auf den Plakaten in der Metro; bevor man Liebe macht, nachdem man Liebe gemacht hat, in Aufzügen, jedes Mal, wenn man in der Kneipe einen trinkt)

BESETZUNG DER FABRIKEN
ALLE MACHT DEN ARBEITERRÄTEN
ABSCHAFFUNG DER KLASSENGESELLSCHAFT
NIEDER MIT DER SPEKTAKULÄREN WARENGESELLSCHAFT
ABSCHAFFUNG DER ENTFREMDUNG
ENDE DER UNIVERSITÄT
DIE MENSCHHEIT WIRD ERST AN DEM TAG GLÜCKLICH SEIN, AN DEM DER LETZTE BÜROKRAT MIT DEN GEDÄRMEN DES LETZTEN KAPITALISTEN AUFGEHÄNGT WORDEN IST
TOD DEN SCHWEINEN
BEFREIT AUCH DIE VIER WEGEN PLÜNDEREI AM 6. MAI VERURTEILTEN

BESETZUNGSKOMITEE
DER AUTONOMEN VOLKSUNIVERSITÄT DER SORBONNE
16. Mai 1968, 19 Uhr

******

Minimale Definition der revolutionären Organisationen[53]

(Diese Definition wurde von der 7. Konferenz der S.I. angenommen.)

In Erwägung, dass das einzige Ziel einer revolutionären Organisation die Abschaffung der vorhandenen Klassen auf einem Weg ist, der keine neue Teilung der Gesellschaft mit sich bringt, nennen wir jede Organisation revolutionär, die *konsequent* auf die internationale Verwirklichung der absoluten Macht der Arbeiterräte hinarbeitet, so wie sie durch die Erfahrung der proletarischen Revolutionen dieses Jahrhunderts entworfen worden ist.

Eine solche Organisation bietet eine einheitliche Kritik der Welt, oder sie ist nichts. Mit einheitlicher Kritik meinen wir eine Kritik, die sich sowohl global gegen alle geographischen Zonen richtet, in denen sich verschiedene Formen der sozio-ökonomischen getrennten Macht installiert haben, als auch global gegen alle Aspekte des Lebens.

Eine solche Organisation sieht Beginn und Ende ihres Programms in der völligen Dekolonialisierung des alltäglichen Lebens; sie zielt also nicht ab auf die Selbstverwaltung der *vorhandenen Welt* durch die Massen, sondern auf ihre ununterbrochene Veränderung. Sie enthält die radikale Kritik an der politischen Ökonomie sowie die Aufhebung der Ware und des Lohnsystems.

Eine solche Organisation lehnt jede Reproduktion der hierarchischen Verhältnisse der herrschenden Welt in ihrem Inneren ab. Die einzige Grenze der Beteiligung an ihrer totalen Demokratie ist die Anerkennung und die Selbstaneignung der Kohärenz ihrer Kritik durch alle ihre Mitglieder: Diese Kohärenz muss einerseits in der eigentlichen kritischen Theorie und andererseits im Zusammenhang zwischen dieser Theorie und der praktischen Aktivität liegen. Sie kritisiert radikal jede Ideologie als eine von den Ideen getrennte Macht und als Ideen der getrennten Macht. Sie ist also zur gleichen Zeit die Negation jedes Fortlebens der Religion sowie des heutigen sozialen *Spektakels*, welches

53 Abdruck in der Zeitschrift *Internationale Situationniste* Nr. 11, Oktober 1967, deutsche Übersetzung in: *Situationistische Internationale 1958–1969*, Gesammelte Ausgabe des Organs der Situationistischen Internationale, Band 2, Edition Nautilus Hamburg 1977. Nachdruck in: Situationistische Internationale, *Der Beginn einer Epoche*.

von der Masseninformation zur Massenkultur jede Kommunikation zwischen den Menschen um den einseitigen Empfang von Bildern ihrer entfremdeten Tätigkeit herum monopolisiert. Sie löst jede „revolutionäre Ideologie“ auf, indem sie sie als die Signatur des Scheiterns des revolutionären Projekts entlarvt, als das Privateigentum neuer Spezialisten der Macht und als den Betrug einer neuen *Repräsentation*, die sich über das wirkliche, proletarisierte Leben erhebt.

Da die Kategorie der Totalität für die moderne revolutionäre Organisation das *jüngste Gericht* ist, bedeutet diese schließlich eine Kritik der Politik. Sie muss bei ihrem Sieg ausdrücklich auf ihr eigenes Ende als getrennte Organisation abzielen.

******

TEXTE AUF EINIGEN DER ERSTEN PLAKATE, DIE AM 14. MAI 1968 AN DEN MAUERN DER SORBONNE ANGESCHLAGEN WURDEN

WACHSAMKEIT

Die Rekuperateure sind unter uns! „Zerstört für immer alles, was eines Tages euer Werk zerstören kann.“ (Sade)

KOMITEE
WÜTENDE-SITUATIONISTISCHE INTERNATIONALE

Nach Gott ist nun auch die Kunst gestorben. Auf dass ihre Pfaffen die Klappe nicht wieder aufreißen!

GEGEN jedes Überleben der Kunst,
GEGEN die Herrschaft der *Trennung*,
DIREKTER DIALOG
DIREKTE AKTION
SELBSTVERWALTUNG DES ALLTÄGLICHEN LEBENS

KOMITEE
WÜTENDE-SITUATIONISTISCHE INTERNATIONALE

Genossen,

Entchristianisieren wir sofort die Sorbonne.

Wir können dort keine Kapelle mehr dulden!

Graben wir die Reste des ekelerregenden Staatsmannes und Kardinals Richelieu aus und senden wir sie ans Elysée und an den Vatikan zurück.

KOMITEE
WÜTENDE-SITUATIONISTISCHE INTERNATIONALE

******

TEXTE VON TELEGRAMMEN, DIE DAS BESETZUNGSKOMITEE DER SORBONNE AM 17. MAI VERSCHICKT HAT

AN DAS INTERNATIONALES INSTITUT FÜR SOZIALGESCHICHTE AMSTERDAM HOLLAND

WIR SIND UNS BEWUSST DASS WIR DAMIT BEGINNEN UNSERE EIGENE GESCHICHTE ZU SCHAFFEN STOP WIR BESTEHEN DARAUF ES DIE NACHWELT MITTELS DER ARCHIVE IHRES INSTITUTS WISSEN ZU LASSEN STOP DIE MENSCHHEIT WIRD ERST AN DEM TAG GLUECKLICH SEIN AN DEM DER LETZTE KAPITALIST MIT DEN GEDÄRMEN DES LETZTEN BUEROKRATEN AUFGEHAENGT WORDEN IST STOP ES LEBEN DIE FABRIKBESETZUNGEN STOP ES LEBE DIE INTERNATIONALE MACHT DER ARBEITERRAETE STOP BESETZUNGSKOMITEE DER AUTONOMEN VOLKSSORBONNE

AN PROFESSOR IVAN SVITAK
PRAG TSCHECHOSLOWAKEI

DAS BESETZUNGSKOMITEE DER AUTONOMEN VOLKSSORBONNE UEBERMITTELT DEM GENOSSEN SVITAK UND DEN TSCHECHOSLOWAKISCHEN REVOLUTIONAEREN SEINE BRUEDERLICHEN GRUESSE STOP ES LEBE DIE INTERNATIONALE MACHT DER ARBEITERRAETE STOP DIE MENSCHHEIT WIRD ERST AN DEM TAG GLUECKLICH SEIN AN DEM DER LETZTE KAPITALIST MIT DEN GEDAERMEN DES LETZTEN BUEROKRATEN AUFGEHAENGT WORDEN IST STOP ES LEBE DER REVOLUTIONAERE MARXISMUS

AN DIE ZENGAKUREN TOKIO JAPAN

ES LEBE DER KAMPF DER JAPANISCHEN GENOSSEN DIE GLEICHZEITIG MIT DEM KAMPF AN DER FRONT DES ANTISTALINISMUS UND DES ANTIIMPERIALISMUS BEGONNEN HABEN STOP ES LEBEN DIE FABRIKBESETZUNGEN STOP ES LEBE DER GENERALSTREIK STOP ES LEBE DIE INTERNATIONALE MACHT DER ARBEITERRAETE STOP DIE MENSCHHEIT WIRD ERST AN DEM TAG GLUECKLICH SEIN AN DEM DER LETZTE BUEROKRAT MIT DEN GEDAERMEN DES LETZTEN KAPITALISTEN AUFGEHAENGT WORDEN IST STOP BESETZUNGSKOMITEE DER AUTONOMEN VOLKSSORBONNE

AN DAS POLITBÜRO DER KOMMUNISTISCHEN PARTEI DER UDSSR KREML MOSKAU

ZITTERT BUEROKRATEN STOP DIE INTERNATIONALE MACHT DER ARBEITERRAETE WIRD EUCH BALD VOM TISCH FEGEN STOP DIE MENSCHHEIT WIRD ERST AN DEM TAG GLUECKLICH SEIN AN DEM DER LETZTE BUEROKRAT MIT DEN GEDAERMEN DES LETZTEN KAPITALISTEN AUFGEHAENGT WORDEN IST STOP ES LEBE DER KAMPF DER MATROSEN VON KRONSTADT UND DER MACHNOWTSCHI- NA GEGEN TROTZKI UND LENIN STOP ES LEBE DER RAETEAUFSTAND VON BUDAPEST 1956 STOP NIEDER MIT DEM STAAT STOP ES LEBE DER REVOLUTIONAERE MARXISMUS STOP BESETZUNGSKOMITEE DER AUTONOMEN VOLKSSORBONNE

AN DAS POLITBÜRO DER KOMMUNISTISCHEN PARTEI CHINAS TOR ZUM HIMMLISCHEN FRIEDEN PEKING

ZITTERT BUEROKRATEN STOP DIE INTERNATIONALE MACHT DER ARBEITERRAETE WIRD EUCH BALD VOM TISCH FEGEN STOP DIE MENSCHHEIT WIRD ERST AN DEM TAG GLUECKLICH SEIN AN DEM DER LETZTE BUEROKRAT MIT DEN GEDAERMEN DES LETZTEN KAPITALISTEN AUFGEHAENGT WORDEN IST STOP ES LEBEN DIE FABRIKBESETZUNGEN STOP ES LEBE DIE GROSSE PROLETARISCHE REVOLUTION CHINAS VON 1927 DIE VON DEN STALINISTISCHEN BUEROKRATEN VERRATEN WURDE STOP ES LEBEN DIE PROLETARIER VON KANTON UND ANDERSWO DIE GEGEN DIE SOGENANNTE VOLKSARMEE ZU DEN WAFFEN GEGRIFFEN HABEN STOP ES LEBEN DIE CHINESISCHEN STUDENTEN UND ARBEITER

DIE DIE SOGENANNTE KULTURREVOLUTION UND DIE MAOISTISCHE BUEROKRATISCHE ORDNUNG ANGEGRIFFEN HABEN STOP ES LEBE DER REVOLUTIONAERE MARXISMUS STOP NIEDER MIT DEM STAAT STOP BESETZUNGSKOMITEE DER AUTONOMEN VOLKSSORBONNE

******

BERICHT ÜBER DIE BESETZUNG DER SORBONNE

Mit der Besetzung der Sorbonne am Montag, dem 13. Mai, hat eine neue Phase in der Krise der modernen Gesellschaft begonnen. Die Ereignisse, die zur Zeit in Frankreich geschehen, deuten die Wiederkehr der revolutionären proletarischen Bewegung in allen Ländern an. Was bereits von der Theorie zum Kampf auf der Straße übergegangen war, ist jetzt zum Kampf um die Macht über die Produktionsmittel geworden. Der Spätkapitalismus glaubte, den Klassenkampf abgeschafft zu haben: Er ist wieder da! Das Proletariat existierte nicht mehr: Da ist es wieder.

Durch die Freigabe der Sorbonne zielte die Regierung darauf ab, die Revolte der Studenten zu beruhigen, die bereits eine ganze Nacht lang ein Viertel von Paris innerhalb ihrer Barrikaden besetzt gehalten hatte, bis es in harten Kämpfen von der Polizei zurückerobert wurde. Man überließ die Sorbonne den Studenten, damit sie endlich friedlich über ihre Hochschulprobleme diskutierten. Aber die Besetzer beschlossen sofort, sie für die Bevölkerung zu öffnen, um frei über die allgemeinen Probleme der Gesellschaft zu diskutieren. Das war also der erste Versuch eines Rates, in dem die Studenten aufgehört hatten, Studenten zu sein: Sie verließen damit ihr Elend.

Sicher, die Besetzung war nie vollständig: Man tolerierte gewisse Reste von Verwaltungsbüros und eine Kapelle. Die Demokratie war nie total: Die künftigen Technokraten der UNEF-Gewerkschaft gaben vor, sich nützlich zu machen, andere politische Bürokraten wollten auch manipulieren. Die Teilnahme der Arbeiter ist sehr beschränkt geblieben: Bald wurde sogar die Anwesenheit von Nicht-Studenten in Frage gestellt. Viele Studenten, Lehrer, Journalisten oder Schwachköpfe anderer Berufe kamen als Zuschauer.

Trotz all dieser Unzulänglichkeiten, die wegen des Widerspruchs zwischen dem Umfang des Vorhabens und der Enge des studentischen Milieus nicht verwundern konnten, hat das Beispiel des Besten, was in einer solchen Situation entstehen konnte, sofort eine explosive Bedeutung angenommen. Die Arbeiter haben gesehen, wie die freie Diskussion, die

Suche nach einer radikalen Kritik, die direkte Demokratie als ein Recht, das es zu nehmen gilt, verwirklicht wurde. Das war, wenn auch auf die vom Staat befreite Sorbonne beschränkt, das Programm der Revolution in den ihr gemäßen Formen. Am Tage nach der Besetzung der Sorbonne besetzten die Arbeiter von Sud-Aviation in Nantes ihre Fabrik. Am dritten Tag, am Donnerstag, dem 16., wurden die Renault-Werke in Cléon und Flins besetzt, und die Bewegung begann bei den NMPP und in Boulogne-Billancourt, wo sie von der Werkstatt 70 ausgingen. Am Ende der Woche waren hundert Fabriken besetzt, während die Streikwelle, die von den Gewerkschaftsbürokratien zwar akzeptiert, aber niemals initiiert wurde, die Eisenbahn lahmlegte und sich zum Generalstreik ausweitete.

Die einzige Macht in der Sorbonne war die Vollversammlung ihrer Besetzer. In ihrer ersten Sitzung, am 14. Mai, hatte sie in einer gewissen Konfusion ein Besetzungskomitee aus 15 Mitgliedern gewählt, die jeden Tag von ihr abberufen werden konnten. Ein einziger von diesen Delegierten, der der Gruppe der „Wütenden" aus Nanterre und Paris angehörte, hatte ein Programm vorgetragen: die Verteidigung der direkten Demokratie in der Sorbonne und die absolute Macht der Arbeiterräte als Endziel. Die Vollversammlung wählte am nächsten Tag das Besetzungskomitee, das bis dahin noch nichts hatte tun können, als ganzes wieder. Denn alle technischen Organe, die sich in der Sorbonne eingerichtet hatten, folgten den Weisungen eines mysteriösen so genannten „Koordinations"-Komitees, das sich aus selbsternannten Organisatoren zusammensetzte, die die Entwicklung hemmten und niemandem Rechenschaft ablegten. Eine Stunde nach der Wiederwahl des Besetzungskomitees versuchte einer der „Koordinatoren", es im Alleingang für aufgelöst zu erklären. Ein direkter Appell an die Basis im Hof der Sorbonne führte zu einer Protestbewegung, die den Manipulator zwang, alles zurückzunehmen. Am Tag darauf, Donnerstag, dem 16., waren 13 Mitglieder des Besetzungskomitees verschwunden, so dass nur noch zwei Genossen – der eine war das Mitglied der Gruppe der „Wütenden" – die von der Vollversammlung übertragene Macht vertraten. Und das in dem Moment, in dem die schwierige Lage sofortige Entscheidungen verlangte: Die Demokratie wurde in der Sorbonne mit Füßen getreten, und draußen breiteten sich die Fabrikbesetzungen aus. Das Besetzungskomitee versammelte so viele Besetzer der Sorbonne wie möglich um sich, die entschlossen waren, hier die Demokratie aufrechtzuerhalten, und gab um 15 Uhr einen Aufruf zur „Besetzung aller Fabriken in Frankreich und zur Bildung von Arbeiterräten" heraus. Um die Verbreitung dieses Aufrufs zu erreichen, musste das

Besetzungskomitee gleichzeitig das demokratische Funktionieren der Sorbonne wiederherstellen. Es musste alle Abteilungen, die im *Prinzip* seiner Autorität unterstanden, besetzen lassen oder wiedereinsetzen: Lautsprecheranlage, Druckerei, Verbindung zwischen den Fakultäten, Ordnerdienst. Es ließ das Geschrei der Wortführer verschiedenen politischer Gruppen (JCR, Maoisten etc.) unbeachtet und erinnerte daran, dass es nur der Vollversammlung gegenüber verantwortlich sei. Es beabsichtigte, noch am selben Abend Rechenschaft abzulegen, aber durch den ersten Marsch zu Renault-Billancourt (von dessen Besetzung man inzwischen erfahren hatte), der von den Besetzern der Sorbonne einstimmig beschlossen worden war, verschob sich die Zusammenkunft der Vollversammlung auf den nächsten Tag um 14 Uhr.

In der Nacht, während Tausende von Genossen in Billancourt waren, improvisierten Unbekannte eine Vollversammlung, die sich jedoch selbst auflöste, als das Besetzungskomitee, das davon erfahren hatte, zwei Delegierte schickte, um auf den illegalen Charakter hinzuweisen.

Am Freitag, dem 17., um 14 Uhr sah die reguläre Vollversammlung ihr Podium lange durch einen Pseudo-Ordnungsdienst der FER besetzt und musste obendrein wegen eines zweiten Marsches nach Billancourt um 17 Uhr unterbrochen werden.

Am selben Abend um 21 Uhr konnte das Besetzungskomitee endlich über seine Aktivitäten Rechenschaft ablegen. Es konnte auf keine Art erreichen, dass über seinen Tätigkeitsbericht und besonders über seinen Aufruf zur Besetzung der Fabriken diskutiert und abgestimmt wurde: die Versammlung war nicht in der Lage, Verantwortung dafür zu übernehmen, diesen entweder abzulehnen oder zu billigen. Angesichts einer solchen Unfähigkeit konnte das Besetzungskomitee nichts anderes tun, als sich zurückzuziehen. Die Versammlung erwies sich auch als unfähig, gegen eine erneute Übernahme der Tribüne durch die Truppen der FER zu protestieren, deren Putschversuch gegen die provisorische Allianz zwischen den Bürokraten der JCR und der UNEF gerichtet zu sein schien. Die Verfechter der direkten Demokratie stellten fest, dass sie in der Sorbonne nichts mehr zu suchen hatten, und teilten dies auf der Stelle mit.

In dem Moment, wo man anfängt, in den Fabriken dem Beispiel der Besetzung zu folgen, bricht sie in der Sorbonne zusammen. Das ist umso schwerwiegender, als die Arbeiter eine unendlich stabilere Bürokratie gegen sich haben als die studentischen oder gauchistischen Amateure. Obendrein trennen die gauchistischen Bürokraten, indem sie der CGT in die Hände spielen, um sich von ihr eine kleine Randexistenz zuerkennen zu lassen, willkürlich die Arbeiter von den Studenten, die „den

Arbeitern keine Lektion zu erteilen haben". Aber praktisch haben die Studenten den Arbeitern bereits eine Lektion erteilt: nämlich indem sie die Sorbonne besetzten und für eine kurzen Zeit eine wirklich demokratische Diskussion entstehen ließen. Alle Bürokraten erklären uns demagogisch, dass die Arbeiterklasse mündig sei, um zu verschleiern, dass sie in Ketten gelegt ist – in erster Linie durch sie selbst (gegenwärtig oder auch in ihren Hoffnungen, je nach dem Parteiemblem). Sie stellen der Fete in der Sorbonne ihren verlogenen Ernst gegenüber, aber gerade diese Fete trug den ganzen Ernst in sich: die radikale Kritik an den herrschenden Verhältnissen.

Der Kampf der Studenten ist jetzt überholt. Noch viel mehr überholt sind alle bürokratischen Ersatzführungen, die es in dem Moment für geschickt halten, Respekt vor den Stalinisten vorzuheucheln, in dem die CGT und die so genannte kommunistische Partei *zittern*. Der Ausgang der aktuellen Krise liegt in den Händen der Arbeiter selbst, wenn es ihnen gelingt, bei der Besetzung ihrer Fabriken das zu verwirklichen, was bei der Universitätsbesetzung nur angedeutet werden konnte.

Die Genossen, die das erste Besetzungskomitee der Sorbonne unterstützt haben – das Komitee Wütende-Situationistische Internationale, eine Reihe von Arbeitern und einige Studenten –, haben einen Rat zur Aufrechterhaltung der Besetzungen gebildet, wobei die Besetzungen natürlich nur durch deren quantitative und qualitative Ausdehnung aufrechterhalten werden können und keines der bestehenden Regimes verschonen dürfen.

RAT ZUR AUFRECHTERHALTUNG DER BESETZUNGEN
Paris, 19. Mai 1968

******

FÜR DIE MACHT DER ARBEITERRÄTE

Innerhalb von zehn Tagen sind Hunderte von Fabriken durch die Arbeiter besetzt worden, und ein spontaner Generalstreik hat die Aktivitäten des Landes vollständig unterbrochen, und darüber hinaus sind verschiedene Gebäude, die dem Staat gehören, durch de facto-Komitees vereinnahmt worden, die deren Verwaltung übernommen haben.

Angesichts einer solchen Situation, die in keinem Fall andauern kann und die vor der Alternative steht, sich auszuweiten oder zu verschwinden (durch Repression oder Verhandlungen, die zur Liquidierung führen), werden alle alten Ideen vom Tisch gefegt, bestätigen sich alle radikalen Hypothesen über die Wiederkehr der revolutionären proletarischen Bewegung. Die Tatsache, dass die ganze Bewegung *in Wirklichkeit* vor fünf Monaten von einem halben Dutzend Revolutionäre der Gruppe der „Wütenden" ausgelöst worden ist, enthüllt um so besser, inwieweit die objektiven Bedingungen schon vorhanden waren. Bereits jetzt ist das französische Beispiel über die Grenzen hinausgedrungen und lässt den Internationalismus wiederentstehen, der untrennbar ist von den Revolutionen unseres Jahrhunderts.

Der wichtigste Kampf findet heute zwischen der Masse der Arbeiter auf der einen Seite – die nicht direkt das Wort hat – und den linken politischen und gewerkschaftlichen Bürokratien auf der anderen Seite statt, die die Tore der Fabriken (wenn auch nur von den 14% gewerkschaftlich Organisierten ausgehend, die man in der arbeitenden Bevölkerung findet) und das Recht kontrollieren, im Namen der Besetzer zu verhandeln. Diese Bürokratien waren keine heruntergekommenen, verräterischen Arbeiterorganisationen, sondern ein Mechanismus der Integration in die kapitalistische Gesellschaft. In der aktuellen Krise sind sie der Hauptschutz des erschütterten Kapitalismus.

Der Gaullismus kann im Wesentlichen nur mit der KP-CGT (und wäre es auch indirekt) über die Demobilisierung der Arbeiter im Austausch gegen ökonomische Vergünstigungen verhandeln: Man würde damit die radikalen Strömungen unterdrücken. Die Macht kann an die „Linke" übergehen, die die gleiche Politik machen wird, aber von einer geschwächteren Position aus. Man kann auch die gewaltsame Unterdrückung versuchen. Schließlich können die Arbeiter die Oberhand gewinnen, indem sie für sich selbst sprechen und sich der Forderungen bewusst werden, die dem radikalen Niveau der Kampfformen entsprechen, die sie bereits praktiziert haben. Ein solcher Prozess würde zur Bildung von Arbeiterräten führen, die demokratisch an der Basis entscheiden, sich durch ihre jederzeit absetzbaren Delegierten föderieren und zur einzigen beschlusskräftigen und exekutiven Macht im ganzen Lande entwickeln würden.

Kann die Verlängerung der aktuellen Situation eine solche Perspektive enthalten? In einigen Tagen kann vielleicht die Notwendigkeit, bestimmte Sektoren der Wirtschaft *unter der Kontrolle der Arbeiter* wieder in Gang zu setzen, die Basis dieser neuen Macht bilden, die durch ihren Charakter und die gesamte Lage dazu gebracht wird, alle bestehenden Gewerkschaften und Parteien zu überflügeln. Man wird die Eisenbahnen und die Druckereien für die Bedürfnisse des Kampfes der Arbeiter wieder in Gang setzen müssen. Die neuen, tatsächlichen Autoritäten werden die Lebensmittel beschlagnahmen und verteilen müssen. Vielleicht muss das ausbleibende Geld durch Bons ersetzt werden, die sich für die Zukunft dieser neuen Autoritäten einsetzen. In einem solchen praktischen Prozess kann sich das Bewusstsein des tiefgehenden Willens des Proletariats durchsetzen, das Klassenbewusstsein, das sich der Geschichte bemächtigt und für alle Arbeiter die Beherrschung aller Aspekte ihres Lebens verwirklicht.

RAT ZUR AUFRECHTERHALTUNG DER BESETZUNGEN
Paris, 22. Mai 1968

******

ADRESSE AN ALLE ARBEITER

Genossen,

das, was wir in Frankreich getan haben, geht um in Europa und wird bald alle herrschenden Klassen der Welt, die Bürokraten in Moskau und Peking und die Milliardäre in Washington und Tokio bedrohen. *Wie wir Paris zum Tanzen gebracht haben,* so wird jetzt das internationale Proletariat gegen die Hauptstädte aller Staaten, gegen alle Festungen der Entfremdung Sturm laufen. Die Besetzungen der Fabriken und öffentlichen Gebäude im ganzen Land haben nicht nur die wirtschaftliche Produktion blockiert, sondern auch dazu geführt, dass die Gesellschaft global in Frage gestellt worden ist. Eine tiefe Bewegung treibt fast alle Teile der Bevölkerung dahin, eine Veränderung des Lebens zu verlangen. Es ist von nun an eine revolutionäre Bewegung, der nur noch das *Bewusstsein darüber fehlt, was sie schon getan hat,* um sich diese Revolte tatsächlich zu eigen zu machen.

Welche Kräfte werden jetzt versuchen, den Kapitalismus zu retten? Das Regime muss fallen, falls es sich nicht durch die Drohung zu halten versucht, Waffen einzusetzen – verbunden mit einem hypothetischen Hinweis auf Wahlen, die erst nach der Kapitulation der Bewegung stattfinden könnten –, oder sogar zur sofortigen gewalttätigen Repression übergeht. Was die eventuelle Macht der Linken angeht, so wird auch sie versuchen, die alte Welt durch Zugeständnisse und Gewalt zu verteidigen. Die sogenannte kommunistische Partei, die Partei der stalinistischen Bürokraten, die die Bewegung von Anfang an bekämpft und den Sturz des Gaullismus erst ins Auge gefasst hat, als sie sich nicht mehr in der Lage sah, dessen hauptsächliche Stütze zu sein, wäre in diesem Fall der beste Garant einer „Volksregierung“. Eine solche Übergangsregierung wäre nur dann eine

„Kerenski-Regierung"[54], wenn die Stalinisten geschlagen würden. Das hängt hauptsächlich vom Bewusstsein und der Fähigkeit der Arbeiter ab, sich autonom zu organisieren: diejenigen, die die lächerlichen Abkommen zurückgewiesen haben, die die Gewerkschaftsführungen äußerst zufrieden stellten, müssen noch erkennen, dass sie im Rahmen der bestehenden Wirtschaft nicht viel mehr „erreichen", aber sich *alles nehmen* können, indem sie die ökonomische Basis auf eigene Rechnung verändern. Die Bosse können zwar nicht mehr zahlen , aber sie können verschwinden.

Die jetzige Bewegung hat sich nicht „politisiert", indem sie über die armseligen Lohn- und Rentenforderungen der Gewerkschaften, die diese missbräuchlich als „soziale Frage" dargestellt haben, hinausging. Sie steht jenseits der *Politik*: Sie stellt die *soziale Frage* in ihrer einfachen Wahrheit. Die Revolution, die sich seit mehr als einem Jahrhundert vorbereitet hat, kehrt zurück. Sie kann sich nur in ihren eigenen Formen behaupten. Für ein bürokratisch-revolutionäres Flickwerk ist es schon zu spät. Wenn ein erst kürzlich Entstalinisierter wie André Barjonet zur Bildung einer gemeinsamen Organisation aufruft, um „alle authentischen Kräfte der Revolution ..., die sich auf Trotzki, Mao, auf die Anarchie und den Situationismus berufen, zusammenzubringen", brauchen wir nur daran zu erinnern, dass diejenigen, die sich heute auf Trotzki oder Mao – ganz zu schweigen von der erbärmlichen ‚Anarchistischen Föderation' – berufen, mit der derzeitigen Revolution nichts zu tun haben. Die Bürokraten mögen jetzt ihre Meinung über das ändern, was sie „authentisch revolutionär" nennen – die authentische Revolution braucht das Urteil, das sie gegen die Bürokratie gefällt hat, nicht zu ändern.

Im jetzigen Moment gibt es für die Arbeiter – mit der Macht, die sie haben, und mit den Parteien und Gewerkschaften, die man kennt –, keinen anderen Weg als die direkte Besitzergreifung der Wirtschaft und aller Aspekte des Wiederaufbaus des sozialen Lebens durch einheitliche Basiskomitees, die ihre Selbständigkeit gegenüber jeder politisch-gewerkschaftlichen Führung behaupten, sich selbst verteidigen und

54 Alexander Fjodorowitsch Kerenski (1881-1970) war ein russischer Politiker der Trudowiki (Die Trudowiki (dt. „Partei(-Gruppe) der Arbeit" bezeichnete eine Fraktion der Demokrat*innen der Duma (russisches Parlament) während des Zarenreiches, die von Bäuer*innen und Angehörigen der Intelligenzija als Teil der Narodniki-Bewegung gebildet wurde.) bzw. Sozialrevolutionäre. Nach der Februarrevolution 1917 war er Justizminister (März bis April 1917), Kriegs- und Marineminister (Mai bis September 1917) sowie nach dem gescheiterten Juliaufstand bis zur Machtergreifung der Bolschewiki in der Oktoberrevolution am 7. November 1917 zweiter und letzter Ministerpräsident der Provisorischen Regierung (Anm d. Setzers).

sich auf auf regionaler und nationaler Ebene zusammenschließen. Wenn sie diesen Weg einschlagen, müssen sie zur einzigen wirklichen Macht im Land werden, zur Macht der *Arbeiterräte*. Da das Proletariat „revolutionär ist oder nichts", würde es, wenn das nicht geschieht, wieder ein passives Objekt werden. Es würde wieder vor seine Fernsehapparate zurückkehren.

Was kennzeichnet die Macht der Räte? Die Auflösung jeder äußerlichen Macht; die direkte und totale Demokratie; die praktische Einheit von Entscheidung und Ausführung; der von seinen Wählern jederzeit absetzbare Delegierte; die Abschaffung der Hierarchie und aller verselbständigten Spezialisierungen; die bewusste Verwaltung und Veränderung aller Bedingungen des befreiten Lebens; die permanente, schöpferische Beteiligung der Massen; die internationalistische Ausweitung und Koordination. Nichts weniger als das. Genau das bedeutet die Selbstverwaltung. *Vorsicht vor den Rekuperatoren* aller modernistischen Schattierungen – bis hin zu den Pfaffen –, die damit anfangen, von Selbstverwaltung und sogar von Arbeiterräten zu reden, ohne dieses Minimum anzuerkennen, weil sie in Wirklichkeit ihre bürokratischen Funktionen, die Privilegien ihrer intellektuellen Spezialisierungen oder ihre Zukunft als kleine Chefs retten wollen.

Was jetzt notwendig ist, ist schon seit Beginn des revolutionären proletarischen Projektes notwendig gewesen. Es handelt sich um die Autonomie der Arbeiterklasse. Gekämpft wurde für die Abschaffung der Lohnarbeit, der Warenproduktion und des Staates. Es ging darum, zur bewußten Geschichte zu gelangen, alle Trennungen und „alles, was unabhängig von den Individuen besteht", aufzuheben. Die proletarische Revolution hat die ihr angemessenen Formen spontan in den Räten in Sankt Petersburg 1905[55], in Turin 1920[56], in Kata-

55 Während der Russischen Revolution 1905 (siehe S. 174 FN 94) (Anm. d. Setzers)

56 Während der *Biennio rosso* (deutsch: Die zwei roten Jahre) 1919 und 1920 kam es in Italien zu Fabrik- und Landbesetzungen. Fabrikräte kontrollierten die besetzten Anlagen. Als es im September 1920 zu neuerlichen Fabrikbesetzungen kam, deren Schwerpunkt wieder in Turin lag, drohte den Arbeiter*innen erstmals ein Militäreinsatz. Der sozialistischen Partei gelang es in den wichtigsten Betrieben einen Konsens zwischen Arbeiter*innen und Arbeitgeber*innen zu erzielen und isolierte die verbliebenen Räte. Das Scheitern des Generalstreiks im März 1921, das auf das Eingreifen der *Fasci di combattimento* Bennito Mussolinis (1883-1945) zurückzuführen ist. Das *Biennio rosso* wurde vom *Biennio nero* der Jahre 1921 und 1922 abgelöst, das im Marsch auf Rom der Fasci und der Machtübernahme Mussolinis gipfelte (Anm. d. Setzers).

lonien 1936[57] und in Budapest 1956[58] entwickelt. Die Aufrechterhaltung der alten Gesellschaft bzw. die Bildung neuer Ausbeuterklassen sind jedes Mal durch die Abschaffung der Räte geschehen. Die Arbeiterklasse kennt jetzt ihre Feinde und die Handlungsmethoden, die ihr selbst eigen sind. „Die revolutionäre Organisation hat lernen müssen, dass sie *die Entfremdung nicht mehr in entfremdeten Formen bekämpfen kann" (Die Gesellschaft des Spektakels)*. Die Arbeiterräte sind offensichtlich die einzige Lösung, da alle anderen Formen des revolutionären Kampfes zum Gegenteil dessen geführt haben, was sie eigentlich erreichen wollten.

KOMITEE WÜTENDE-SITUATIONISTISCHE INTERNATIONALE
RAT ZUR AUFRECHTERHALTUNG DER BESETZUNGEN
30. Mai 1968

******

LIED DES RATS ZUR AUFRECHTERHALTUNG DER BESETZUNGEN

(nach der Melodie von „Nos soldats á La Rochelle" von Jacques Douai)

In der Rue Gay-Lussac haben die Rebellen
Nur die Autos zum Verbrennen
Was wollten Sie also, meine Schöne
Was wollten Sie denn eigentlich?
REFRAIN: Kanonen zu Hunderten
Gewehre zu Tausenden
Kanonen, Gewehre zu Tausenden.
Sagen Sie mir, wie heißt
Das Spiel da, das Sie spielen?
Die Regel scheint neu zu sein.
Welch ein Spiel, welch einzigartiges Spiel !
REFRAIN
Die Revolution, meine Schöne
Ist das Spiel, was Sie meinten
Sie spielt sich in den Gassen ab

57 Wäjrend der Spansichen Revolution, die nach dem faschistischen Putsch am 19. Juli 1936 begann, übernahmen u.a. in Barcelona die Arbeiter*innen die Fabriken (Anm. d. Setzers).

58 Innerhalb des Arbeiter*innenaufstandes gegen den bürokratischen Staatskapitalismus in Ungarn 1956 (Anm. d. Setzers).

Sie spielt sich ab mit den Pflastersteinen.
REFRAIN
Die alte Welt und ihre Nachwehen
Wir wollen sie vom Tisch fegen
Jetzt wollen wir grausam sein
Tod den Bullen und Pfaffen.
REFRAIN
Sie werfen auf uns einen Hagel
Von Granaten und Chlorgas
Wir finden nur Spaten
Und Messer, um uns zu bewaffnen.
REFRAIN
Meine armen Kinder, sagt sie
Meine schönen Barrikadiere
Mein Herz, mein Herz zittert davon
Ich habe Euch nichts zu geben.
REFRAIN
Wenn ich an meine Sache glaube
Fürchte ich die Polizisten nicht
Aber sie muss die der Genossen
Arbeiter werden.
REFRAIN
Der Gaullismus ist ein Bordell
Daran kann niemand mehr zweifeln
Die Bürokraten in den Mülleimer
Ohne sie hätten wir gewonnen.
REFRAIN
In der Rue Gay-Lussac haben die Rebellen
Nur die Autos zum Verbrennen
Was wollten Sie also, meine Schöne
Was wollten Sie denn eigentlich?
REFRAIN

******

DIE KOMMUNE IST NICHT TOT (Juni 1968)

(nach der Melodie des Liedes von Eugène Pottier[59])

Auf den Barrikaden von Gay-Lussac
Die Wütenden an der Spitze
Haben wir angegriffen
Donnerwetter, was für eine Fete !
Man kam in den Pflastersteinen
Als man sah, wie die alte Welt in Flammen aufging.

REFRAIN: All das hat bewiesen, Carmela,
dass die Kommune nicht tot ist. (wiederholen)

Um was sehen zu können
Steckten die Kämpfenden die Autos in Brand
Ein Streichholz und vorwärts
Poesie des Benzins
Und man musste sie sehen, die CRS
Wie sie sich den Hintern verbrannten!
REFRAIN
Die politisierten Rocker
Nahmen die Sorbonne in Beschlag
Um zu protestieren und zu zerschlagen
Fürchteten sie niemand.
Die Theorie verwirklichte sich
Und man plünderte die Händler.
REFRAIN
Was du produzierst, gehört dir
Nur die Bosse stehlen.
Dich im Laden bezahlen zu lassen
Heißt, dich durch den Kakao zu ziehen.
Solange wir uns noch nicht selbstverwalten können
Kritisieren wir mit dem Pflasterstein.
REFRAIN
Alle Parteien, alle Gewerkschaften
Und ihre Bürokratie

59 Eugène Pottier (1816-1887) war ein französischer Dichter und Revolutionär, der den Text von *L'Internationale* (Die Internationale) schrieb. Er beteiligte sich anschließend aktiv an der *Pariser Kommune 1871* (Anm. d. Setzers)

Unterdrücken das Proletariat
Genauso wie die Bourgeoisie.
Gegen den Staat und seine Verbündeten
Bilden wir Arbeiterräte.
REFRAIN
Der Rat für die Besetzungen
Spuckte auf die Trotzkisten
Die Maoisten und andere Arschlöcher
Die Ausbeuter der Streikenden.
Nächstes Mal wird es blutig werden
Für die Feinde der Freiheit.
REFRAIN
Jetzt, wo die Aufständischen
Zum Überleben zurückkehren
Zur Langeweile, zur Zwangsarbeit
Zu den Ideologien
Säen wir zum Vergnügen
Andere Maiblumen, die noch zu pflücken sind.
SCHLUSS
All das um zu beweisen, Carmela,
dass die Kommune nicht tot ist. (wiederholen)

III

ANDERE DOKUMENTE

(Im April 1968 in Bordeaux veröffentlichtes Flugblatt)

Der Kampf gegen die Entfremdung ist es sich schuldig, den Worten ihren wirklichen Sinn zu geben, sowie ihnen ihre ursprüngliche Kraft wiederzugeben:

sagt also nicht mehr:	sondern sagt:
Gesellschaft	Racket
Professor	
Psychologe	
Dichter	
Soziologe	
Militante (jeglicher Richtung)	Bullen
Kriegsdienstverweigerer	
Gewerkschaftsführer	
Pfaffe	
Familie	
(unbegrenzte Liste)	
Information	Deformation (auf der Stufe des Weltrackets und seiner Mystifizierungen)
Arbeit	Zuchthaus
Kunst	Was kostet das?
Dialog	Onanie
Kultur	auf Dauer der Zeit von allen pedantischen Kretins (siehe Professor) heruntergeleierte Scheiße
meine Schwester	meine Liebe

Herr Professor	Krepiere, du Schwein!
Guten Abend, Papa	Krepiere, du Schwein!
Entschuldigung, Herr Polizist	Krepiere, du Schwein!
Danke, Herr Doktor	Krepiere, du Schwein!
Legalität	Idiotenfalle
Zivilisation	Sterilisierung
Urbanismus	Präventivpolizei
Dorf 1, 2, 3, 4	strategische Dörfer
Strukturalismus	letzte Chance des Neokapitalismus, dessen ins Auge springender Bankrott von den offiziellen Lügen verschleiert wird, die ungeschickt die auffallendsten Widersprüche übergekleistern.

Studenten, ihr seid impotente Arschlöcher (das wussten wir bereits), aber ihr werdet es solange bleiben, bis ihr

- euren Professoren die Schnauze eingeschlagen habt
- alle eure Pfaffen in den Arsch gefickt habt
- eure Fakultät in Brand gesteckt habt.

NEIN, Nicolas, die Kommune ist nicht tot.

ÖFFENTLICHER WOHLFAHRTSAUSSCHUSS
DER VANDALISTEN

******

(Am 22. Mai auf französisch und arabisch veröffentlichter Aufruf)

Wir nordafrikanischen Arbeiter sind uns der Bedeutung des von den französischen Arbeitern und Studenten geführten Kampfes bewusst und müssen deshalb,

trotz der Schwierigkeiten unserer Situation als Emigranten,

trotz der Ausweisungsdrohungen, die auf uns lasten,

trotz der Überausbeutung, die wir erleiden, und der Unsicherheit unserer Situation,

ohne zu zögern für den in Frankreich von den Studenten und Arbeitern geführten Kampf Stellung beziehen.

Unsere Teilnahme am Streik ist für uns die einzige Art zu beweisen, dass wir nicht die Ware sind, die man benutzt, um das französische

Proletariat zu erpressen, sie ist der Beweis, dass unsere Parole der proletarische Internationalismus ist.

Der Kampf, den wir führen und mit dem französischen Proletariat bis zum Ende führen werden, ist unser Kampf. Denn unser Ziel ist die Zerstörung des Monopolkapitals und seiner Auswirkungen, des Imperialismus in unseren Ländern.

Wir wissen, dass der Kapitalismus der beste Verbündete und die beste Unterstützung der Polizei- und Militärdiktatur ist, die uns unter dem Deckmantel des Nationalismus oder Pseudosozialismus ausbeuten.

Der tödliche Schlag, den das französische Proletariat dem Kapitalismus und dem Imperialismus versetzen wird, ist ein erster Schritt zur Zerstörung der Diktaturen, deren Opfer wir in unseren Ländern sind und deren Opfer unsere Brüder in der dritten Welt sind:

- eingesperrt in armseligen Behausungen
- angewiesen auf Hungerhöhne
- Gefangene der Repression durch Polizei und Verwaltung
- jeder Art von Rassismus ausgesetzt
- Sklaven der Unternehmer
- zwangsweise Emigrierte

Wir nordafrikanischen Arbeiter haben die Revolution gewählt.

Wir begrüßen den revolutionären Ausbruch, der die verkalkten Strukturen des Kapitalismus erschüttert, um ihn durch die direkte Macht der Arbeiter zu ersetzen. Der Sieg des französischen Proletariats ist unser Sieg.

Unsere Unterstützung und unsere Solidarität sind ein Schritt zur Revolution in unseren Ländern.

Es lebe die sozialistische Revolution!

Es lebe die Selbstverwaltung!

Nieder mit der reaktionären Polizeidiktatur in Tunesien und Marokko!

Nieder mit der bürokratischen Militärdiktatur in Algerien!

NORDAFRIKANISCHES AKTIONSKOMITEE

******

MEDIZIN UND REPRESSION

Es ist kein „Zwischenfall", der für einige Zeit den entpolitisierten Konsumenten geweckt hat, ein Zwischenfall, dessen Ursache die Brutalität der Polizei wäre. Ebensowenig wie die studentische Revolte auf den Fanatismus „einiger Wütender" reduziert werden kann, kann die Repression der Polizei auf den Sadismus der „Bullen" und auf die „Dummheit" ihrer Chefs reduziert werden: Weder in dem einen noch in dem anderen Fall handelt es sich um eine isolierte Tatsache, um eine momentane Abnormität ohne Zukunft in unserer harmonischen Zivilisation.

Diese Zivilisation ist im Gegenteil die gewöhnliche Verkleidung, unter der sich die permanente Repression verbirgt, die sich so verschleiern und verewigen will; denn normalerweise hat diese Repression nicht das entlarvende und glanzvolle Aussehen eines behelmten Gendarmen, sondern sie trägt weniger schockierende Uniformen, die leichter akzeptiert und oft sogar erwünscht sind, wie z. B. der Arztkittel oder die Robe des Universitätsprofessors.

Statt Tränen über die Verletzten zu vergießen, denn die Verletzungen sollten für uns die Lektion des Mutes sein, von dem sie zeugen, wäre es besser, sich zum Beispiel für die Ungeschicklichkeiten von ROCHE zu interessieren, der uns erlaubt hat, so intensiv zu erleben, dass Polizei und Universität dieselbe Aufgabe haben: die bürgerliche Ordnung aufrechtzuerhalten und zu reproduzieren.

Die Struktur des Gesundheitswesens teilt mit den beiden genannten und einigen anderen (der des Justizwesens z.B.) die Rolle, die Risse, die in unserem sozialen Gebäude auftauchen könnten, zu zementieren und zu verstopfen. Diese repressive Funktion der Anpassung in der Struktur des Gesundheitswesens, die wir hier enthüllen wollen, kann auf drei verschiedenen Ebenen gezeigt werden.

1. Die soziologische Aufteilung der Arbeit im Gesundheitswesens

Der Arzt glaubt, der Boss zu sein, obwohl er nur der Vorarbeiter ist. Die Zugeständnisse, die er, als Brocken seiner Macht, knauserig an die anderen Arbeiter im Gesundheitswesen macht, wenn sie die Kranken „anfassen" dürfen, sind die Bonuspunkte, über die er verfügt, um die guten Beziehungen zu belohnen, die er mit seinen „Untergebenen" unterhält. Die Grenzen dieser Zugeständnisse sind die Verbote, die der

Arzt wie so viele Diktate erlässt und die er durch ein Wissen gerechtfertigt sieht, deren alleiniger und einziger Inhaber er ist.

Warum beispielsweise die Grenze, die die Macht der Krankenschwester absteckt, zwischen einer intramuskulösen und einer intravenösen Spritze festlegen? Weil der Arzt es sich schuldig ist, den Mangel an wissenschaftlicher Begründung seiner „Kunst" zu verschleiern, die ihn solcherart willkürliche Unterscheidungen aufstellen lässt; ansonsten würde der Mangel an wissenschaftlicher Begründung die ideologische Natur des medizinischen Wissens enthüllen und ebenso seine Unterwerfung unter die herrschende Ideologie – unter die bürgerliche Ideologie.

Eine Entschädigung für diesen Zwang, der es dem Arzt unmöglich macht, seine Methode und seinen Gegenstand radikal zu kritisieren, d. h. die ihm schlicht und ergreifend die Gedankenfreiheit entzieht, gibt ihm, im Gegensatz zu den anderen Arbeitern im Gesundheitswesen, das ideologische System, indem sie ihn an die bürgerliche Klasse anbindet und ihm die Illusion verleiht, die therapeutische Macht allein in Händen zu halten. So zwingt sie ihn, der Hüter dieser Ideologie zu sein.

2. Inhalt und Organisation des Medizinstudiums

Das Medizinstudium führt nur zu einem fragmentarischen Wissen: Studium des kranken und des gesunden Körpers, das dem Menschen zwei wesentliche Dimensionen nimmt: den Menschen als soziales Wesen und den Menschen als Subjekt seiner Begierden (Ausschluss der Geisteswissenschaften, halber Ausschluss der Psychiatrie). Ein Studium, das nicht in Form eines kritischen Lernens vor sich geht, sondern in Form der Aneignung einer auswendiggelernten Pseudo-Wissenschaft, die ihre Materie nur dadurch findet, dass sie ungeordnet auf Konzepte aus anderen Wissenschaften aufbaut, die in dieser Übertragung jeden Zusammenhang verlieren. Die Bedeutung, die dem Krankenhauspraktikum und vor allem der dortigen Integration des Studenten beigemessen wird, ist aufschlussreich: Der Student übernimmt sofort den Status des Arztes, man nennt ihn vom ersten Tag an „Herr Doktor", er wird von da an nichts anderes tun können, als diesem mythischen Bild zuzustreben, jede Möglichkeit zur Kritik oder zum Protest ist ihm genommen, ebenso wie die einer Infragestellung seiner Beziehung zu seinen künftigen „Untergebenen".

Die wesentliche Struktur des Medizinstudiums bleibt in jedem Fall die Konkurrenz, deren Funktion es ist, diese Aneignung eines Pseudo-Wissens und eines mythischen Status zu verschmelzen.

3. Die Modalitäten der Übernahme der Krankheit durch die Gesellschaft und der Platz, den sie dem Arzt zuweisen

Es zeigt sich, dass eine der Rollen der medizinischen Fakultät darin besteht, die Studenten auf ihre wirkliche Aufgabe vorzubereiten: Von einer biologischen Auffassung ausgehend, formt sie Ärzte im Dienste der kapitalistischen Unterdrückung, denen es untersagt ist, den Krankheitszustand in seinen sozioökonomischen Dimensionen infragezustellen.

Die kapitalistische Gesellschaft hat unter der Decke einer scheinbaren Neutralität (Liberalismus, ärztliche Berufung, nicht aktiv eingreifender Humanismus …) den Arzt auf die Seite der Repressionskräfte gestellt: Es ist seine Aufgabe, die Bevölkerung arbeits- und konsumfähig zu erhalten (Beispiel: Arbeitsmedizin); die Leute zur Annahme einer Gesellschaftsform zu zwingen, die sie krank macht (Beispiel: Psychiatrie).

Obwohl die Unabhängigkeit des Arztes proklamiert wird (und durch das Ärztekollegium verteidigt wird …, das allerdings darüber schweigt, wenn Ordnungskräfte Abtransport und Behandlung von Verletzten verhindern), ist diese Unabhängigkeit extrem reduziert, da der Arzt die Aufgabe hat, nicht gegen die Krankheit zu kämpfen, sondern sich um sie zu kümmern, indem das soziale Leben ausgeklammert wird. Eine wirkliche Infragestellung der Krankheit würde eine beträchtliche Erweiterung des Begriffs der Vorbeugung voraussetzen und sehr schnell politisch und revolutionär werden: Denn sie wäre die Infragestellung einer hemmenden und repressiven Gesellschaft.

NATIONALES ZENTRUM JUNGER ÄRZTE
13, rue Pascal, Paris V

******

KOMMUNIQUE VOM 7. MAI 1968

Das CNJM (Nationale Zentrum junger Ärzte) erklärt sich solidarisch mit den in Frankreich von der studentischen Bewegung geführten Kämpfen für

- eine freie Diskussion innerhalb der Universität über die Lehre und die Ideologie, die ihr zugrundeliegt,
- eine Infragestellung der pädagogischen Beziehung und der politisch-ökonomischen Ausrichtung der Universität.

Es stellt im Besonderen fest, dass das aktuelle Medizinstudium darauf abzielt, Ärzte auszubilden, deren Rolle es ist, das Volk zur Annahme einer Gesellschaft zu zwingen, die es krank macht.

Es betrachtet mit Vergnügen, wie, von einem Land zum anderen, eine Bewegung der Infragestellung der Universität in einem bisher ungekannten Ausmaß in Gang kommt.

Es verurteilt die Polizeirepression, die, von der Macht angestiftet und mit der Komplizenschaft der reaktionärsten Elemente der Universität, gegen die Studenten wütet.

******

FÜR DIE HANDELNDE KRAFT DER ARBEITERKLASSE IST ALLES MÖGLICH

Die Bewegung von Streiks und Fabrikbesetzungen nach der Nacht vom 10. auf den 11. Mai muss zur Vollendung der historischen Ziele des Proletariats führen, die unmittelbar geworden sind, oder sie wird sich schließlich mit der kapitalistischen Macht kompromittieren und das Proletariat wird sich zum wiederholten Mal als Sklave des Kapitals wiederfinden.

Erinnert euch an den Juni 1936: „Man muss einen Streik beenden können" (Thorez), und damit die Arbeiter es akzeptierten, die Fabriken zu verlassen, wurde ihnen die 40-Stunden-Woche gewährt, die zur hemmungslosen Ausbeutung durch den Grundlohn, das Akkordsystem, die Zulagen, den Arbeitstakt und die Überstunden geführt hat.

Die augenblickliche Besetzung der Fabriken muss weitergehen und sich auf das ganze ökonomische System ausdehnen, die Banken eingeschlossen. Aber diese Besetzung muss die Form einer „Rückgabe der Produktionsmittel an die Gesellschaft" (K. Marx) annehmen.

Allerdings kann diese Rückgabe nur durch die Arbeiter selbst geschehen. Es handelt sich also nicht darum, dem Kapital Fabriken und Fakultäten gegen einige Konzessionen, so bedeutend sie auch sein mögen, zurückzugeben, sondern darum, sie als *kommunistisches Eigentum* zu behalten und im Dienst des Menschen und ohne Ausbeutung *in Gang zu setzen*, wie auch den gesamten ökonomischen und sozialen Mechanismus, Produktion, Konsum, Bildung etc.

Wer einen Kompromiss mit dem Kapital und seinem Staat ins Auge fasst, verrät die Arbeiterklasse.

Die Regierung könnte heute zwei scheinbar bedeutende Zugeständnisse machen: Verstaatlichung der großen Industrien und Mitbestimmung in der Unternehmen, d.h. letztendlich zu akzeptieren, dass einige Arbeiter die Ausbeutung des gesamten Proletariats überwachen; und umso besser, wenn sie „demokratisch" gewählt worden sind, wie die Abgeordneten des Parlaments.

NEIN ZU DIESER MITBESTIMMUNG IN DEN UNTERNEHMEN! FORDERN WIR DIE AUSSCHLIESSLICHE VERWALTUNG DER GESAMTEN WIRTSCHAFT UND DER GESAMTEN POLITISCHEN MACHT DURCH DIE ARBEITER.

NEIN ZU DEN VERSTAATLICHUNGEN, DIE DIE MACHT UNTER DEM DECKMANTEL DES SOZIALISMUS ZUGESTEHEN KÖNNTE. Abgesehen davon, dass damit ein Staatskapitalismus eingeführt würde, würde das Los der Arbeiter keinesfalls verbessert werden (siehe Renault etc.).

Die Arbeiterklasse, sobald sie durch revolutionäre Ideen und nicht hinter denen, die kapitulieren, vereint ist, ist stark genug, um sich durchzusetzen und das fast ohne Gewalt. Eine solche revolutionäre Haltung aller Arbeiter und Studenten Frankreichs würde alle repressiven Institutionen des kapitalistischen Staates überflüssig machen und auflösen.

Um die sozialistische Entwicklung zu verhindern, reden die Gewerkschaften und ihre Parteien davon, jede Einmischung von außen (Anspielung auf die Solidaritätsdemonstration der Studenten) von der Arbeiterklasse fernzuhalten und nichts zu tun, was nicht demokratisch in den Gewerkschaftsversammlungen beschlossen worden ist.

Die revolutionäre Demokratie beginnt mit der *absoluten* Souveränität der Arbeiterklasse, die über allen Parteien, allen Gewerkschaften, *welchen auch immer*, steht und um so mehr über Parteien und Gewerkschaften, die der Arbeiterklasse raten: Behaltet die Fabriken bis zur Unterzeichnung der neuen Ausbeutungsmodalitäten (den neuen kollektiven Übereinkünften)!

Das sind dieselben Leute, die die Arbeiterklasse vor Einmischungen von außen warnen. Woher kommen die Einmischungen von außen? Das Gesetz untersagt die Wahl von Delegierten, die nicht von den Gewerkschaften aufgestellt worden sind, ein enormes Privileg, das der kapitalistische Staat seinen Delegierten innerhalb der Arbeiterklasse zugesteht. Deshalb preist die Resolution der CGT (*L'Humanité* vom 18. Mai) die Ausweitung der gewerkschaftlichen Freiheiten, die heute den Freiheiten der Arbeiter entgegen stehen.

ARBEITER! STELLT EURE EIGENEN DELEGIERTEN AUF, EURE EIGENEN FABRIKKOMITEES (SOWJETS), UNABHÄNGIG VON JEDER GEWERKSCHAFTLICHEN ODER POLITISCHEN ZUGEHÖRIGKEIT.

EMPFANGT VERTRETER DER ANDEREN ARBEITERGEMEINSCHAFTEN, DER STUDENTEN UND DER LOHNABHÄNGIGEN IM ALLGEMEINEN.

Wer jetzt die Kritik fürchtet, will die Privilegien bewahren, die das Gesetz ihm bewilligt.

Die CGT behauptet, dass sie die Arbeiterklasse ist, so wie de Gaulle meint, er sei Frankreich. Es ist ja eine bekannte Tatsache, dass der gaullistische Staat sich auf die CGT und die anderen Gewerkschaftszentralen stützt und ihnen sogar Subventionen zugesteht, die aus ihnen Organe des Ausbeutungssystems machen und somit Kräfte außerhalb des Proletariats, also seine Feinde.

DIE ZUKUNFT DER AUGENBLICKLICHEN BEWEGUNG HÄNGT VON DER FREIEN DISKUSSION INNERHALB DER VON DER ARBEITERKLASSE IN IHRER GESAMTHEIT GEWÄHLTEN ORGANE AB.

AUF ZU EINER KOMMUNISTISCHEN GESELLSCHAFT OHNE KAPITAL UND OHNE LOHNARBEIT!

GRUPPE 10. MAI – WELTREVOLUTION
Paris, 19. Mai 1968

******

DER FUSSBALL DEN FUSSBALLERN!

Wir *Fußballer,* Angehörige verschiedener Clubs der Pariser Region, haben beschlossen, heute den Sitz der französischen Fußballföderation zu besetzen. Wie die Arbeiter ihre Fabriken besetzen. Wie die Studenten ihre Fakultäten besetzen.

Warum?

UM DEN 600. 000 FRANZÖSISCHEN FUSSBALLERN UND IHREN MILLIONEN FREUNDEN DAS ZURÜCKZUGEBEN, WAS IHNEN GEHÖRT: DEN FUSSBALL, DEN DIE BONZEN DES VERBANDES IHNEN ABGENOMMEN HABEN, UM IHREN EIGENNÜTZIGEN INTERESSEN ALS PROFITSCHÖPFER DES SPORTS ZU DIENEN.

Gemäß Artikel 1 der Satzung des Verbandes (eines nach dem Gesetz gemeinnützigen Vereins), verpflichteten sich die Bonzen des Verbandes, für die „Entwicklung des Fußballs" zu arbeiten. Wir klagen sie an, gegen den Fußball gearbeitet und seinen Verfall beschleunigt zu haben, indem sie ihn unter die Vormundschaft einer Regierung gestellt haben, die naturgemäß einem breiten Volkssport gegenüber feindlich gesinnt ist.

1. SIE HABEN AKZEPTIERT, DIE FUSSBALLSAISON AUF ACHT MONATE ZU BEGRENZEN und das Spiel in der besten Zeit des Jahres zu verbieten, indem sie die Schließung der Stadien, die Ablehnung von Unfallversicherungen während der „verbotenen" Zeit tolerieren.

2. SIE HABEN NICHTS UNTERNOMMEN, UM DIE SCHLIESSUNG VON ZAHLREICHEN FUSSBALLPLÄTZEN ZU VERHINDERN und die Schaffung neuer zu fordern. Was es für Hunderttausende von Jugendlichen unmöglich macht, ihren Sport zu treiben. Sie haben ebenfalls nichts unternommen, um in den Schulen Fußballspielen in der Halle zu erlauben.

3. SIE HABEN DIE „LIZENZ B" GESCHAFFEN, die, indem sie praktisch den Clubwechsel untersagt (außer zum Profit der großen Clubs), einen unerträglichen Angriff auf die Freiheit der Spieler und die Interessen der kleinen Clubs darstellt.

4. MIT DER STIMME VON DUGAUGUEZ[60] HABEN SIE ALLE FRANZÖSISCHEN FUSSBALLER BESCHIMPFT, was ihre physischen, technischen und intellektuellen Fähigkeiten angeht.

5. SIE VERHÖHNEN DIE MENSCHENWÜRDE DER BESTEN FUSSBALLER UNTER UNS, der Berufsfußballer, indem sie den Sklavenvertrag erhalten, der bereits von [Raymond] Kopa[61] entlarvt worden ist und dessen *Illegalität* vor einem Jahr von Sadoul, dem Präsidenten des Vorstands, zugegeben worden ist.

60 Louis Dugauguez (1918-1991) war ein französischer Fußballtrainer, der von 1967 bis 1968 auch für die französische A-Nationalelf verantwortlich war (Anm. d. Setzers).

61 Raymond Kopa – als Raymond Kopaszewski geboren – (1931-2017) war ein französischer Fußballspieler polnischer Abstammung (Anm. d. Setzers).

6. IN DEN HÄNDEN EINER WINZIGEN MINDERHEIT KONZENTRIEREN SIE SCHAMLOS DIE BETRÄCHTLICHEN PROFITE, die wir ihnen durch unsere Mitgliedsbeiträge zukommen lassen und durch die Einnahmen, von denen sie Prozente abziehen, wenn sie diese nicht gleich ganz einkassieren. Chiarisoli, Präsident des Fußballballverbands, Sadoul, Präsident des Vorstands, vertuschen illegale Einkommen hinter Budgetposten, die der Kontrolle der Sportler entzogen sind. Boulogne, der Chef der Trainer-Mafia, reserviert seinen Freunden die bestbezahlten Posten (eine Million alte Francs und mehr im Monat). [Louis] Dugauguez, der behauptete, hauptberuflich Trainer der französischen Nationalmannschaft (600.000 im Monat) zu sein, hat seinen Posten als Direktor der Draperies Sedanaises und den als Club-Trainer von Sedan behalten. Und der Gewinner dieser Schießbude ist Pierre Delaunay, der seinen Posten als Generalsekretär des Verbands der Erbfolge verdankt (wie ein gewöhnlicher Louis XVI.), denn er ist als Sohn seines Vaters, dem vorhergehenden Inhaber des Postens, ernannt worden.

Um diese unglaublichen Praktiken zu beenden, besetzen wir das Eigentum von 600.000 französischen Fußballern, das eine Bastion der Feinde und Ausbeuter des Fußballs geworden ist.

Es ist jetzt an euch zu spielen, Fußballer, Trainer, Leiter kleiner Clubs, ungezählte und passionierte Freunde des Fußballs, Studenten, Arbeiter, um das Eigentum an eurem Sport zu erhalten, indem ihr herkommt und euch uns anschließt, um Folgendes zu fordern:

DIE ABSCHAFFUNG

der willkürlichen Begrenzungen der Fußballsaison

der Lizenz B

der Sklavenverträge für Berufsfußballer

DIE SOFORTIGE ABSETZUNG

(mittels eines Referendums der 600.000 Fußballer, kontrolliert durch die Fußballer)

der Profiteure des Fußballs

und derjenigen, die Fußballer beleidigen

DEN FUSSBALL VON DER VORMUNDSCHAFT DES GELDES DER INKOMPETENTEN PSEUDOMÄZENE ZU BEFREIEN, die sich an der Wurzel des Verfalls des Fußballs befinden, indem wir *Subventionen* vom Staat verlangen, die dieser allen anderen Sportarten gewährt und die die Bonzen des Verbands nie gefordert haben.

Damit der Fußball euer Eigentum bleibt, rufen wir euch auf, *unverzüglich* vor den Sitz der Verbands (60, avenue d'Iéna, Paris), der wieder *euer Haus ist, zu kommen.*

Alle zusammen werden wir aus dem Fußball wieder das machen, was er immer hätte bleiben sollen: der Sport der Freude, der Sport der Welt von morgen, mit deren Aufbau alle Arbeiter angefangen haben.

ALLE IN DIE RUE D'IÉNA 60!

AKTIONSKOMITEE DER FUSSBALLER

******

(Flugblatt des Aktionskomitees des Nebengebäudes Censier)

Millionen von Arbeitern streiken.

Sie besetzen ihre Arbeitsplätze auf dieselbe Art, wie die Studenten es in den Fakultäten begonnen haben.

Überlassen wir niemandem die Aufgabe, für alle zu entscheiden.

Dafür bilden sich Aktionskomitees.

Das Aktionskomitee ist die Basisorganisation all derer, die handeln wollen, welcher politischen oder gewerkschaftlichen Richtung sie auch immer angehört haben. Diese sind heute überholt.

Allein die Spontaneität der Gesamtheit der Arbeiter wird zu den radikalsten Ergebnisse führen, die keine Kapelle, keine alte Organisation, keine Partei, kein neuer kleiner Chef für den eigenen Nutzen ausbeuten kann.

– Das, was organisiert werden muss, ist die Macht der arbeitenden Klassen. Die Aktionskomitees sind das geeignete Instrument, um das in der jetzigen Periode zu erreichen.

– Die Aktionskomitees müssen an dem von ihnen gewählten Ort das als Ziel anstreben und sofort verwirklichen, *was die anderen Organisationen nicht tun.*

– Die Massen haben nichts zu verbergen, sie haben ein Recht darauf, alles zu wissen. Nur die Wahrheit ist revolutionär. Auf dieser Ebene ist so zu handeln, dass die geringste Forderung allen bekannt ist und als genauso wichtig wie jede andere durchgesetzt wird.

So wird die *Totalität* der Forderungen sichtbar werden und von ihrer unberechenbaren Summe aus wird die Offensichtlichkeit hervortreten, dass das kapitalistische System nicht einmal die kleinste von ihnen wirklich befriedigen kann.

Es handelt sich nicht darum, mehr von diesem oder jenen zu fordern. Wir fordern etwas ganz anderes.

Das Aktionskomitee Censier organisiert:

– Sammlungen zur Unterstützung der Streikenden (Geld, Nahrungsmittel etc.)

– Meetings in den Fabriken

– Flugblattverteilungen an verschiedenen Orten.

Das Aktionskomitee Censier ruft auf:

– zum Mietstreik

– zum Kreditstreik

– zum Steuerstreik

Es schlägt vor:

– Besetzung der leeren Wohnungen

– Organisation der kostenlosen Verteilung der Supermarktlager an die Streikenden und ihre Familien

– sofortige Auflösung die Repressionseinheiten der CRS etc. und Entwaffnung der Polizei.

Die bereits massiv angelaufene Bewegung geht über alle Möglichkeiten des Staates hinaus.

KOMITEE ARBEITER – STUDENTEN
am 21. Mai.

******

OFFENER BRIEF AN DIE KAUFMÄNNISCHEN ANGESTELLTEN UND ANDERE LOHNABHÄNGIGEN SOWIE AN DIE STUDENTEN

WIR, DIE ARBEITER DER FNAC-LÄDEN,

sind in den Streik getreten, nicht für die Erfüllung unserer spezifischen Forderungen, sondern um an der Bewegung teilzunehmen, die gegenwärtig 10 Millionen Hand- und Kopfarbeiter mobilisiert.

Wir haben bereits im April im Rahmen von Betriebsvereinbarungen Vorteile erhalten, die in anderen Unternehmen nicht erreicht worden sind, und wenn wir auch alle Forderungen der Arbeiter und Studenten unterstützen:

– Lohnerhöhungen

– 40-Stunden-Woche

– Sozialversicherung

– freie Universität

– Rente usw.

SO MACHEN WIR DARAUS KEIN ENDZIEL!

Wir nehmen an dieser Bewegung teil, die nicht nur Berufsinteressen vertritt und Forderungen aufstellt, weil 10 Millionen Arbeiter nicht gleichzeitig mit ihrer jeweiligen Arbeit aufhören, um 6, 30 oder 100 Centimes Lohnerhöhung zu bekommen, sondern um die gesamte Führung des Landes und alle Strukturen der Gesellschaft wieder in Frage zu stellen.

Bis jetzt beherrscht tatsächlich eine kleine Minderheit von Besitzenden das Land; die Trusts, die Monopole und die Banken entscheiden über unser ganzes Leben, von der Wiege bis zum Grab.

Zum Beispiel haben sie, um ihr Erdöl zu verkaufen, den Vorrang der Automobilindustrie beschlossen, statt Häuser und Städte zu bauen, die von Menschen bewohnbar wären.

Schulen und Gymnasien, Fakultäten und Universitäten haben die Struktur, die Ausbildungszeit und den Lehrplan, die sie entschieden haben, um Techniker, Ingenieure, Professoren und leitende Angestellte auszubilden, die sich brav in ihren Dienst stellen.

Niemand hat uns gefragt, ob die enorme Menge an Wissen und Arbeit, die die Nutzung des Atoms erfordert, dem Wohlleben aller oder der Herstellung der A- oder H-Bombe dienen soll!

Diese Gruppe, diese Führung, diese repressive Macht in jedem Sinne des Wortes lehnen wir in ihrer gegenwärtigen und in jeder anderen verbesserten Form ab.

Die Arbeiter wollen sie durch eine Macht ersetzen, die sie wirklich und demokratisch vertritt, d. h. durch die Einführung der Selbstverwaltung auf der Ebene der Unternehmen, des öffentlichen Dienstes wie auch auf nationaler Ebene.

Bis jetzt hat niemand die Streikenden selbst gefragt, warum sie kämpfen und was sie wollen.

Sie müssen sich ausdrücken können und nicht nur jeder in seinem Betrieb.

GROSSE, VON ALLEN STREIKENDEN JEDES UNTERNEHMENS GEWÄHLTE DELEGATIONEN MÜSSEN SICH IN GENERALSTÄNDEN DER ARBEITER UND STUDENTEN TREFFEN, UM ÜBER DIE ZUKUNFT DES LANDES ZU DISKUTIEREN !

Niemand kann für sich das Recht beanspruchen, im Namen von 10 Millionen Streikenden zu sprechen, ihnen zu verbieten, mit den Studenten zu diskutieren, und den Befehl zur Wiederaufnahme der Arbeit zu geben.

Keine nichtabsetzbaren Verantwortlichen mehr!

Für eine echte Arbeiterdemokratie !

Auf der Vollversammlung vom 24. Mai 1968 einstimmig angenommener Text.

KONTAKT ÜBER: STREIKENDE DER FNAC 6, Boulevard de Sébastopol, Paris 4.
TURbigo 29-49

******

MAN VERARSCHT UNS ARBEITER WIEDER EINMAL

I. Das, was die Unternehmerschaft uns durch eine Erhöhung der Löhne zugesteht, wird sie uns früher oder später durch eine Steigerung der Lebenskosten wieder abnehmen.

Verhandlungen mit unseren Ausbeutern sind eine Illusion.

Man redet wieder von der gewerkschaftlichen Freiheit. Verzichten wir auf die traditionellen Umzüge zwischen Bastille und République. Der offene Kampf gegen die herrschende Klasse ist die Bedingung für unsere Emanzipation.

II. Wenn unsere alten Trottel auch versuchen würden, die Verarscher zu verarschen, so würde ihnen das nicht gelingen.

Die berühmte Mitbestimmung, die die Macht uns zugestehen würde, ist in der Tat nichts anderes als eine Integration in ihr Ausbeutungssystem. Es geht uns einen Scheißdreck an, ihnen zu helfen, Profite zu machen.

III. Die von der Bourgeoisie gekauften Blättchen prophezeien uns den Saustall. Die besten Bullen haben sich unter den alten Trotteln der Arbeiterklasse gezeigt. Zu dumm, um die Kraft von Streiks und Fabrikbesetzungen zu verstehen, laufen sie in eine riesige Falle. Seitdem kommt es nicht mehr darauf an, ihnen Angst zu machen, sondern ihnen die Macht zu nehmen.

Sie sind gerade gut genug, mit unserer Arbeitskraft zu feilschen. Die Basis ist aber bewusst genug, um die ökonomische Aktivität wieder aufzunehmen, um ihre lebenswichtigen Bedürfnisse unter eigener Führung zu befriedigen.

Es kommt überhaupt nicht in Frage, unsere Macht an einige wenige zu delegieren, wie wir es artig im Parlament tun; es geht vielmehr darum, dass wir alle den Produktionsprozess an unserem Arbeitsplatz in die Hand nehmen. Das ist die Perspektive der Macht der Arbeiter über ihre Arbeit!

EINIGE POSTARBEITER

******

FALSCHE IDEEN UND FALSCHE PROBLEME

(am 30. Mai auf der Sitzung des Aktionskomitees der Werbeleute an der Sorbonne abgelehnter Text)

Wo steckt die Ehre der Werbemenschen?

Nirgends. Sicher, die Werbefachleute stehen im Dienst der Konsumgesellschaft. Aber sie geben es zu. Während die Journalisten, Soziologen, Urbanisten … im selben Dienst stehen und es nicht zugeben.

Werbefachleute machen die Konsumgesellschaft.

Sie machen sie überhaupt nicht. Sie sind ihr Produkt.

Was könnten Werbefachleute in einer revolutionären Gesellschaft machen?

Alles mögliche. Wenn es noch Werbefachleute gibt, so bedeutet das, dass es noch eine Konsumgesellschaft gibt (etwas verkaufen, Gegenstände, Freizeit, Kultur als absolutes Glücksversprechen). Wenn es noch Werbefachleute gibt, bedeutet das, dass die Revolution nicht erfolgreich gewesen ist.

Es gibt Werbeleute auf der anderen Seite des eisernen Vorhangs. Tatsächlich. Das Gerücht geht um, dass auf der anderen Seite die Revolution nicht erfolgreich gewesen ist.

Werbefachleute haben eine ehrwürdige Aufgabe: die der Information.

Jeder beliebige, durchaus mittelmäßige Journalist kann sehr schnell sagen, dass fünf Fabriken Spaghetti gleichartiger Qualität zu fast gleichen Preisen herstellen.

Werbefachleute haben eine ehrwürdige Aufgabe: das Marketing.

Man braucht vielleicht eine Gruppe sehr schlauer Professioneller, um herauszufinden, aufgrund welchen Details es gelingen konnte, ein und dasselbe Auto zu verkaufen. Wenn die Dinge eine revolutionäre Wendung nehmen würden, hätte man keinen großen Bedarf an Menschen des Marketing mehr, um zum Beispiel zu erfahren, dass die Leute eher Wohnungen brauchen als Autos.

Werbefachleute verfügen über große Aktionsmittel.

Irrtum. Werbefachleute gehören dem tertiären Sektor an, der überhaupt nichts produziert und praktisch über keine Aktionsmittel verfügt. Es sind die Werbungstreibenden, die in normalen Zeiten über große Aktionsmittel verfügen. Und im Falle einer Besetzung der Druckereien sind es die Arbeiter, die darüber verfügen.

Werbefachleute müssen sich sofort an die Arbeit machen, um zusammen eine revolutionäre Gesellschaft zu entwickeln.

Wahrscheinlich hat eine bedeutende Anzahl von Werbefachleuten nicht bis zum 30. Mai 1968 gewartet, um zu erkennen, dass es politische oder theoretische Probleme gibt. Sie alle sind zu Schlussfolgerungen gekommen, die notwendigerweise sehr unterschiedlich sind. Sie arbeiten – oder auch nicht – mit Gruppen zusammen.

Was die anderen angeht … wenn sie sich daran machen, über diese Frage nachzudenken, dann müssen sie es als Individuen tun, nicht als Werbeleute. Man ist doch nicht so weit entfremdet, oder?

Was kann ein Aktionskomitee der Werbefachleute aktuell tun?

Einzig und allein, ohne Haarspaltereien und ohne zu versuchen, sich als kohärente Gruppe zu definieren, alle möglichen Druckmaterialien sammeln und Aufrufe herausgeben, die dem größtmöglichsten gemeinsamen Nenner aller im Aufbau begriffenen revolutionären Parteien entsprechen.

Vorschlag: von der Bewegung des 22. März aus immer weiter nach links.

******

HIER IST DAS ZENTRUM ZUR INTELLIGENZ-KONDITIONIERUNG … WO SEID IHR, GENOSSEN?

In Paris hat sich die revolutionäre Kraft auf der Straße befreit, indem sie die organisatorischen Zwangsjacken der alten Welt zerstört hat: Provokationen; Schlägereien; Barrikaden; Studentenaufstände in Polizeiwannen.

In Bordeaux lebt ihr nur auf dem Niveau des Spektakels der „Pariser Studenten".

Das falsche revolutionäre Bewusstsein ist gekennzeichnet durch sein Entfremdungsniveau in der Sonne des ideologischen Spektakels (wenn das Bewusstsein verfault, sickert die Ideologie durch) – es mystifiziert die Gabe seines eigenen Lebens, indem es sich an den Meistbietenden ausliefert. Die exemplarische Passivität, die von den bürokratischen Apparaten gefördert wird, trägt nur dazu bei, die Kontemplation und Selbstbefriedigung vor den Hintergrund von Pseudo-Ereignissen und unter den Deckmantel von Pseudo-Diskussionen zu stellen.

Eure Demonstrationen waren nur Spaziergänge.

Eure Besetzung ist nur der Ausdruck eurer Besorgnis.

Jeder kreative Akt auf subjektiver Ebene, selbst der schwächste, wird als Unruhestifter gegen den ausgeweiteten spektakulären Komplex empfunden, der sich in der Pessac-Universität installiert.

Nehmt eure Sache selbst in die Hand.

Es geht nicht nur darum, diese Universität zu sprengen, sondern die ganze Warengesellschaft.

Es ist an euch zu spielen, Genossen…

KOMITEE FÜR DIE AUFRECHTERHALTUNG DER BESETZUNGEN (Bordeaux)

******

WIR SIND NICHTS, WIR WERDEN ALLES WIR SIND VON NICHTS AUSGEGANGEN, UM ZUM ELEND ZU GELANGEN, JA

Die Geste, für die keine Bezahlung verlangt wird, die spontane Organisation der Produktion in den Händen der Produzenten; die Wirklichkeit der unmittelbaren Notwendigkeit, die leidenschaftliche Organisation und die Großzügigkeit als Komplizin, das ist die bewusste Verbrüderung dessen, was man aufbaut: die Macht der Arbeiterräte.

Die theoretische Rechtschaffenheit muss ihre Praxis finden: das Bewusstsein ihrer Wirklichkeit.

SO ZUM BEISPIEL

Das Leben ändern, sterben können, die fourieristische Fête feiern; das Alltägliche erleben, in der Verzweiflung hoffen, das heißt, 1905, KRONSTADT, KATALONIEN, BUDAPEST 1956 ... kennen.

AUCH

Die Macht zerstören, ohne sie zu ergreifen. Zerstören, um der andere zu sein und man selbst.

DIE ERLEBTE POESIE IST NICHTS ANDERES.

Durch die Umkehrung der Beziehungen findet die Freiheit ihr Moment des Aufbaus. So sagt man nicht mehr: „Verzeihung, Herr Polizist“, sondern „Krepiere, du Schwein!“, was impliziert:

DIE INTERNATIONALISIERUNG DES ERLEBTEN

Das Bewusstsein ist das einzige, was nicht in die Falle des Konstruktivismus geht. Das ist im Augenblick die einzige Poesie der Straße, die sich in Gang gesetzt hat. Das Minimalprogramm ist der AKT DER ZERSTÖRUNG: das ist der politische Akt par excellence. Dafür keine Kontrolle, keine Regel. Die Revolution kann nur alltäglich sein, wenn man gegen die Faszination der Macht kämpfen will. Der Wunsch zu beherrschen, bleibt noch das Gesetz des Augenblicks, die Mentalität des befreiten Sklaven, der Schwindel des Gehorsams, um befolgt zu werden, die Mystik der Institutionen und die Religion der Ordnung. Den Faschismus ausmerzen und Gott sterben lassen, geschieht durch das CHAOS.

Unser Leben steht auf dem Spiel, halten wir nicht an aus Angst, es zu verlieren. Die Wölfe lauern. Das Leben ist kurz. Wir sind alle Herren oder wir sind nichts. Unter dieser Bedingung wird die Arbeit ein großer Lachanfall, oder ALLES.

Ich liebe uns alle.

Es lebe die Macht der Arbeiterräte.

Nieder mit der jugoslawischen Selbstverwaltung.

EINE JUGOSLAWISCHE GENOSSIN, DIE VIEL WEISS

******

„Wütende aller Länder, vereinigt euch!“ WIR SPUCKEN AUF’S GESCHENK

Genossen,

der stürmische Wille zum Leben, der sich über das Quartier Latin ergossen hat, taucht in der Geschichte auf wie einer dieser wunderbaren Atemzüge der *Freude*, die einer Welt den Atem stocken lassen, in der die Garantie, nicht mehr an Hunger zu sterben, gegen die Sicherheit ausgetauscht wird, vor *Langeweile zu krepieren*. Das Blut der Bullen macht betrunken, und kostbar sind die Augenblicke, in denen das Leben sich so intensiv aus den Kloaken des Unauthentischen erhebt, um mit Eleganz mehr als einen seibernden Humanisten zu vollzurotzen. Endlich befreit vom Gängelband der Zwänge und der Vereinzelung, haben unsere zu lange unerfüllt gebliebenen Begierden sich dort eine schöne Scheibe Vergnügen abgeschnitten. *Das ist nur der Anfang – weitersagen*! Die linke Polit-Kanaille hat dieses Mal noch besser als irgendjemand sonst die Ordnung wiederherstellen können. Aber das ist nur eine aufgeschobene Partie in diesem tollen Tanz, der die Vorzeichen mit sich schleppt. In der roten Morgendämmerung der aufständischen Fête verglimmt die alte untergehende Welt in ihren Feuersbrünsten, vom Osten bis zum Westen. Tokio! Berlin! Los Angeles! Prag! Turin! Warschau! Stockholm! Bereits jetzt beginnen die Stoßwellen, die diese vor Wut lodernden Ironien entfalten, in die versteinerte Szenerie des alltäglichen Lebens einzudringen, indem sie jegliche Hemmnisse ihrer dionysischen Ausschreitungen hinwegfegen.

Die herrlichen Krawalle, die einige Pariser Nächte in Brand steckten, haben dem ganzen Saustall von CGT/PCF/FGDS/CFDT/FO/SNES-FÜHRERN und anderen Schwachköpfen gleichen Kalibers Schiss eingejagt. Nachdem sie zunächst der aufständischen Wendung, zu der es in der studentischen Revolte sehr schnell gekommen war, den fürchterlichsten Unsinn entgegengekotzt hatten, *eignete* sich die reformistische Kanaille diesen Aufstand in kürzester Zeit *an*, nicht ohne ihn *schäbig geknebelt* zu haben durch die Vermittlung der UNEF-Hure, die gemäß politischen Zwecken lavierte, deren weitschweifige Trivialität bekannt ist. Von den wütenden Horden, die die Barrikaden hielten, bis zur blökenden Herde des 13. Mai war nur Zeit für das gelehrt inszenierte Verfaulen durch das Ungeziefer, das in den – naiven, allzu naiven – Massen den quasi schwachsinnigen Glauben aufrecht erhält, dass andere Luftballons an der Regierung etwas an der Sache ändern könnten. *Man schert sich einen Dreck um uns! Man wird sich nicht mehr lange einen Dreck um uns scheren!*

An der stinkenden *Verführungskraft* des „Dialogs" erkennt man die letzte Verkleidung der Repression-Rekuperaktion. Ein übelriechender Atem unter dem klebrigen Lächeln – eine polizeiähnliche Hundemeute, die sich umgeschult hat: Die gereichte Hand verlängert der Knüppel, während die eingefrorene spektakuläre Kultur von gestern und heute viel sicherer erstickend wirkt als Tränengas. *Spucken wir auf das Geschenk!* Spucken wir auf die Dialoge führenden Schurken und ihre schäbigen Reformen, mit denen sich wohl einige aus Schwäche zufrieden geben könnten. Das vermoderte Wasser der Sümpfe der Unterwürfigkeit lauert auf uns, nachdem wieder einmal Ruhe in den Köpfen eingekehrt ist.

So müssen wir, da sich am 13.-14.-15.-16. Mai ein Versuch der *direkten Demokratie an der Basis* in den besetzten Fakultäten entwickelt hat, die antibürokratische Agitation unterstützen und so weit wie möglich verbreiten, damit sie die Arbeiterklasse erreicht, die immer noch durch den Mob der gewerkschaftlichen Bonzen hierarchisch an die Kette gelegt wird. Als hellsichtige Widerstandszellen müssen die handelnden Minderheiten von Kerngebieten aus einen ständigen *Guerillakrieg* gegen die Macht beginnen, deren Gesamtstrategie im Negativen die wesentliche Konstellation des zu zerstörenden Systems abdeckt – eine grandiose Art, ihr das Blut auszusaugen, die uns stärkt, indem sie sie schwächt. Dem unerbittlichen subversiven Spiel ausgesetzt, sprudelt die soziale Maschine aus leidenschaftlichen Quellen, die genutzt werden können. Sabotage, Fälschungen, Zweckentfremdungen, Betrügereien, Boykotte … auf dass die *jubelnde Kreativität* sich freien Lauf lasse – dämonische Gewitter der unerlaubten Genüsse – und zahlreich werden die Vorlieben und Talente sein, die sich dabei enthüllen werden! Alles wird eines Tages endlich wieder auf die Straßen herunter kommen.

Wilde Streiks und gesunde Rasereien, wenn sie vorkommen, werden sich in ihrer Kristallisation als die Ätherischsten *erkennen* müssen. Schön wie der Pflasterstein im Gesicht eines Bullen entfaltet sich in letzter Instanz der Mord an der Grenze der sublimen *Wirksamkeit*. Was Plündereien und andere schöne Initiativen betrifft, sich über alles hinwegzusetzen, sollten sie für die größten Leistungen unseres Kampfes um die tatsächliche Aufhebung der Welt der Ware und der verdinglichten sozialen Beziehungen angesehen werden. In den Schaufenstern – den verunstalteten Spiegeln, in denen sich unser menschliches, vom Geld verhärtetes Gesicht verloren hat – hat der Blick zu oft nur die Dinge und ihren Preis getroffen. *Machen wir Schluss damit!* Nur innerhalb und durch eine solche Praxis werden die wieder entstehenden revolutionären Kräfte zu einem klaren Bewusstsein ihres Kampfes gelangen können. Es gibt kein besseres Beizmittel für die ideologische Fäulnis.

Während bereits seit langem keine radikale Kritik mehr die steifgewordene Schindmähre der alten bürokratischen Apparate der Linken besteigt, lügt man neuerdings närrisch um die Wette im Schlamm der kleinen Chefs der trotzkistischen (JCR, FER, VO), prochinesischen (UJCMLF, Vietnambasiskomitees) Grüppchen und der Anarchisten à la Cohn-Bendit. *Nehmen wir unsere Sache selbst in die Hand!* Unter der Fuchtel der wurmstichigen Führer wird die Einheit nie eine andere als die der *Unterwerfung* sein. Das revolutionäre Projekt muss tatsächlich das werden, was es bereits in seiner Substanz war, und seine globale Kohärenz muss durch seine aufeinanderfolgenden Konkretisierungen als die Immanenz des Ganzen in den Teilen *hindurchscheinen*. Darauf müssen wir achten! Was in der partiellen Kritik verloren geht, schließt sich der unterdrückenden Funktion der alten Welt an. Wenn es eine senile Dummheit gibt, dann ist es die alleinige Kritik der bürgerlichen Universität, die zum Lachen veranlasst, sobald sie außerhalb ihres Zusammenhangs mit der gesamten Klassengesellschaft bleibt, die wir abschaffen müssen – d.h. dialektisch aufheben durch und für die *generalisierte Selbstverwaltung*, und zwar in ihrem Kern selbst: der überall verbreiteten menschlichen Prostitution durch die entfremdete Arbeit. *Tod der Lohnarbeit! Tod dem Überleben!* Hört ihr nicht von weitem das Halali zur Jagd? Gehetzte Alte Welt, du kommst außer Atem! Wir werden dich krepieren lassen, du Aas!

ES LEBEN DIE ZENGAKUREN (Japan) – ES LEBE DER ÖFFENTLICHE WOHLFAHRTSAUSSCHUSS DER VANDALISTEN (Bordeaux) – ES LEBEN DIE WÜTENDEN (Nanterre) – ES LEBE DIE SITUATIONISTISCHE INTERNATIONALE! ES LEBE DIE REVOLUTION DES ALLTÄGLICHEN LEBENS!

DIE WÜTENDEN AUS MONTGERON

******

BEKANNTMACHUNG

Wir informieren höflichst über die Maßnahmen, die an dem Tag getroffen werden, an dem die Polizeikräfte in *unsere* Fakultät eindringen.

Totale und endgültige Zerstörung der größtmöglichen Anzahl von Maschinen, Möbeln, Spiegeln, Lampen, Räumlichkeiten …

Es ist ganz klar, dass Brandstiftungen unvermeidlich sind.

DAS ODÉON, DIE SORBONNE, DIE KUNSTAKADEMIE haben uns den Weg gezeigt, den man nicht nehmen darf.

Mit oder ohne Wütende wird CENSIER STALINGRAD, NEWARK, WARSCHAU, KHE SAHN SEIN, aber KEIN neuer Schritt rückwärts, mit heruntergelassenen Hosen.

KOMITEE „ARBEITER-STUDENTEN-LASST-EUCH-NICHT-VERARSCHEN“

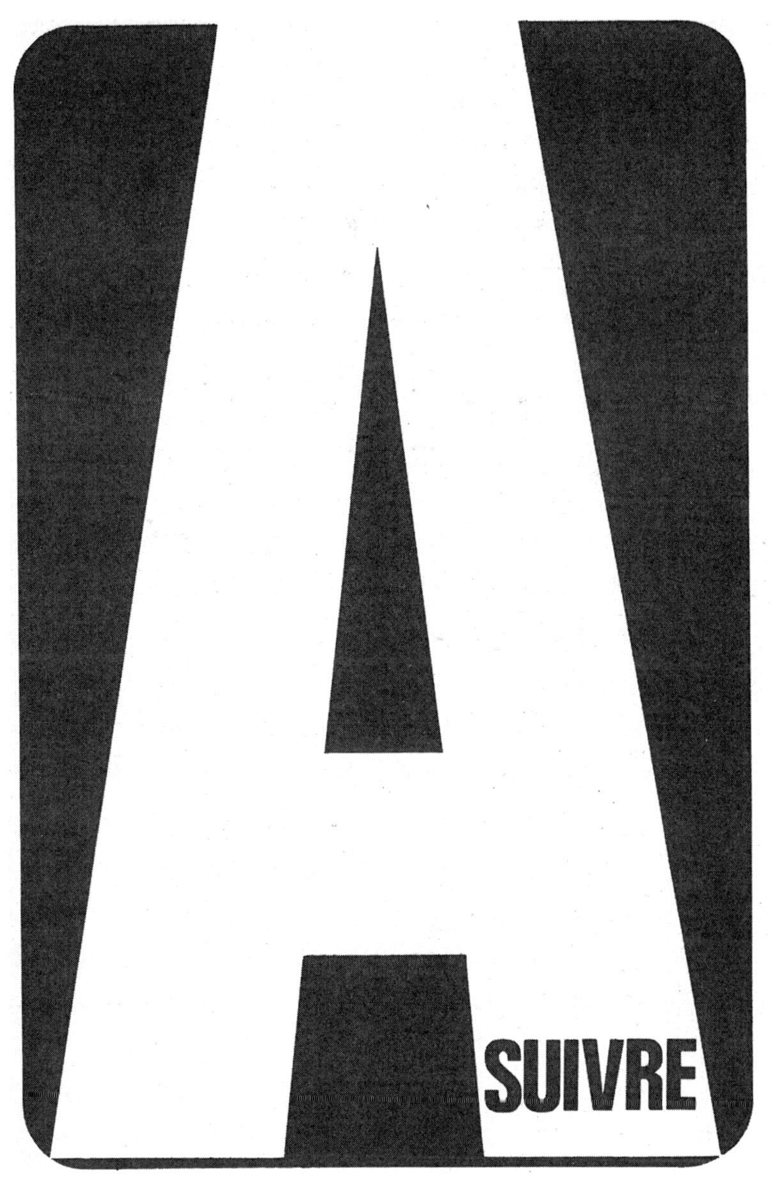

A SUIVRE: FORTSETZUNG FOLGT

TEXTE DER COMICS

(Wir haben die Comics in ihrer originalen Aufmachung belassen, hier folgen die übersetzten Texte:)

Comic Seite 98

Alle Macht den Arbeiterräten! Die Gewerkschaften sind nur Mechanismen zur Integration in die kapitalistische Gesellschaft! Die streikenden Arbeiter.

Es hat sich etwas verändert, Herr Direktor! – Ja, die Arbeiter wollen ihre Angelegenheiten selber regeln!

Das Beste, was wir tun können, ist abzuhauen.

Comic Seite 124

Ihr redet von Arbeiterräten in meiner Fabrik?

Als guter Unternehmer erinnere ich euch daran, dass es Gewerkschaften gibt, die euch helfen werden, eure Forderungen zu formulieren.

Die Gewerkschaften haben uns gerade bewiesen, dass sie nichts als ein Mechanismus zur Integration in die kapitalistische Gesellschaft sind.

Ich habe es Ihnen gesagt, Fräulein; das ist ein Provokateur.

Aber wir haben jetzt die ganze Macht in Händen. / Kanaille!

Die Ware, von der du nur der Bulle und der Lakai bist, bringt deiner Klasse Profit ...

uns zwingt sie zur freudlosen Arbeit eines bezahlten Automaten und reduziert das Leben ...

zu einer monotonen Abfolge enttäuschender Dinge – Autos, Fernseher, Freizeit ... – die für unsere Passivität sorgen / Acht ...

Wir wollen nicht mehr an unserer eigenen Zerstörung mitarbeiten.

Ich dachte, dass die Wahlen brave Leute aus ihnen machen würden, aber ich haue lieber ab ...

Das Proletariat muss schnellstens diejenigen liquidieren, die sein Projekt der vollständigen Befreiung aufhalten.

Genossen, sobald ihr die Ökonomie in euren Händen haltet, wird die Macht der ARBEITERRÄTE die einzige Macht im Land sein!!!

Comic Seite 146

Ein gutes bürokratisch-revolutionäres Flickwerk für die Wahlen, und wir werden uns aus der Affäre ziehen können !

Das Volk verlangt danach, regiert zu werden! Jedem sein Metier! Ich regiere, die Masse gehorcht!

Du bist zu optimistisch! Die Arbeiter lassen das nicht mehr mit sich machen! Unsere Zukunft ist bedroht! Wenn du Marx gelesen hättest, würdest du es verstehen!

Comic Seite 150 oben

Weißt du, dass jemand auf Bob Kennedy geschossen hat?!

Das ist das Berufsrisiko der Macht! / Es muß schließlich jemand regieren!

Armer Idiot! Nehmen wir unsere Sache selber in die Hand! Tod den Herrschenden!

Comic Seite 150 unten

Genossen, im Radio wird zur Wiederaufnahme der Arbeit aufgerufen!

Wenn sie glauben, sie hätten gewonnen, täuschen sie sich!

Sie kümmern sich einen Dreck um uns, aber das wird nicht mehr lange dauern!

Comic Seite 151

Die Wütenden und Situationisten veröffentlichen sehr lustige Comics. / Und seltsamerweise begnügen sie sich damit, die Sprechblasen zu ändern ... / Handelt es sich da um ein neues Verständnis der revolutionären Praxis?

Sehr richtig! Die Zweckentfremdung von Comics, der proletarischen Form des graphischen Ausdrucks, verwirklicht die Aufhebung der bürgerlichen Kunst.

Einige Sekunden später/ Halt, schießt nicht!/ DOCH/Aber nein, ihr armen Idioten. Wir sind nur zu faul, die Zeichnungen selber zu machen.

Comic Seite 152

Tarzan, der Bulle des Dschungels.

Tarzan verläßt seinen Urwald, von der alten Welt zu Hilfe gerufen, um über eine bis dahin unverstandene Angelegenheit Nachforschungen anzustellen.

Und so findet er die Haut des letzten Bürokraten, die die streikenden Arbeiter vor einiger Zeit dort aufgehängt hatten.

Der letzte Schutzwall des Kapitals ist also zusammengebrochen.

Wenn das Proletariat sich daran macht, diejenigen zu demaskieren, die ihm die Kontrolle über alle Teile seines eigenen Lebens rauben, ist es unvermeidlich, dass sie auch mich angreifen.

Schon nehmen die Genossen des Rates zur Aufrechterhaltung der Besetzungen durch ihre Zweckentfremdung von Comics aktiv an der Auflösung der spektakulären Gesellschaft teil: Es ist an euch allen zu spielen!!!

Comic Seite 152 unten

Die Ordnung herrschte in Nanterre ... Das Blau blieb grau mangels Wiederbelebung.

Morin, Lefebvre, wir scheißen auf sie! / Und Touraine, den werden wir uns kaufen!/ Die Wütenden, einige Campus-Rocker, wollten die Eintönigkeit des Dialogs brechen!

Am 26. Januar 1968: Um die Bullen in Zivil zu verteidigen, ruft Knüppel-Grappin Bullen in Uniform zu Hilfe! Sie werden durch verschiedene Geschosse zurückgeschlagen !

Aber bald kam die Langeweile wieder zu ihrem Recht / Ist nett, unsere Cafeteria ! / Oh, Alain, das ist ein Paradies ! / Es fehlen nur ein paar revolutionäre Jungs. /Um mit den Studentinnen zu vögeln? Du machst wohl Witze! / Trotzdem begannen einige, sich an die Zukunft zu erinnern ...

Am 22. März geschah überhaupt nichts. Das militante Gesindel der linken Grüppchen traf nur die Entscheidung, sein Elend zu verallgemeinern.

Kein Lügner fehlte: weder die „Anarchisten" der Studentenheime, noch einige Stalinisten. Die Wütenden zogen sich zurück, indem sie das Publikum beschimpften.

Wer aus dem Arsch stinkt, ideologisiert! / Sie beendeten die Nacht in angenehmer Atmosphäre bei den Hallen.

Sicher, Cohn-Bendit ist kein Leader ...

Comic Seite 156

Herr Direktor, die Fabrik ist befreit !

Wir haben einige Provokateure festgenommen, die „Es leben die Arbeiterräte" gerufen haben.

Bravo, Sergent, solange ich lebe, werde ICH der Arbeiterrat sein!

Comic Seite 157

Wir haben eine ganz schöne Tracht Prügel von den Arbeitern aus Flins bekommen. Es ist wirklich zu gefährlich, Gewerkschaftsführer zu sein! / Ich hab es satt !

Das Proletariat hat verstanden, dass die Gewerkschaft der erste Feind der Arbeiterklasse ist.

Wir können nur noch nach Moskau oder Peking, den letzten Bastionen der Bürokratie, fliehen.

Hoffen wir, dass es nicht unsere Gedärme sind, mit denen man den letzten Kapitalisten aufhängt. / Aber sie wußten nicht, dass auch im Osten die Macht der Arbeiterräte die stalinistischen Aasgeier ausgerottet hatte.

Die alte Welt erlitt Schiffbruch! Kapitalisten und Bürokraten fanden sich im Mülleimer der Geschichte wieder. Die Mauer des Scheins brach zusammen und machte dem endlich erlebten Leben Platz, dem wahren revolutionären Fest.

Comic Seite161

Genossen, im Radio wird zur Wiederaufnahme der Arbeit aufgerufen!

Wenn sie glauben, sie hätten gewonnen, täuschen sie sich!

Sie kümmern sich einen Dreck um uns, aber das wird nicht mehr lange dauern!

Comic Seite 162

Idioten! Schweinehunde! Misthaufen! Verfaulte Subjekte! Abfälle! Säue!

Hurensöhne! Verklemmte Schlappschwänze! Faschisten! Mörder! Impotente!

Neurotiker! Idioten! Brühwürste! Bullen! Patrioten!

Ungeziefer! Küchenschaben! Paranoiker! Kehrt in eure Scheißhäuser zurück! Scheißhaufen!

Feiglinge! Pfaffen! Demonstrantenkastrierer!

Jetzt reichts! Ich bin auch ein Arbeiter! / Krepiere, du Schwein, ahhhh!

Comic Seite 164

Die Genossen haben mich beauftragt, Ihnen diesen Brief zu übergeben.

Wir haben gut daran getan, Monsignore, das Wort Selbstverwaltung in die Diskussion zu werfen ... Wollen mal sehen, was die guten Arbeiter dazu sagen ...

Ihr Aasgeier! Mischt euch nicht mehr in die Verfälschung der Selbstverwaltung ein oder wir werden euch umbringen!

Comic Seite 165

Die glorreiche Wiederaufnahme der Arbeit

Nach den Verhandlungen mit der Unternehmerschaft und der Regierung kündigt der Gewerkschaftfunktionär die Wiederaufnahme der Arbeit an.

Beendet den Streik! Nehmt die Arbeit wieder auf! Wir haben gewonnen!

Aber das geht nicht so einfach, wie er sich das vorgestellt hat: / Es leben die Arbeiterräte! Die Gewerkschaften sind an die Macht verkauft. Der Streik muss weitergehen!

Nehmen Sie diese Provokateure fest. Das sind Feinde der Arbeiter!

Es lebe die Selbstverwaltung! / Dreckige Bullen! Ihr wollt nur eure Zukunft als Bürokraten sichern!

Ihr werdet die Gewerkschaften immer brauchen! / Nieder mit der Spezialisierung! Abberufung der Delegierten!

Die Unternehmer würden euch nicht ertragen, wenn es uns nicht gäbe! / Dieses Mal haben wir verstanden. Es ist an uns zu spielen, Genossen!

Nächste Woche: die Gewerkschaften sind in der Scheiße, die Arbeiter organisieren sich selbst.

Comic Seite 167

Seit einem Monat bin ich in der JCR.

Ich bin morgens eingetreten und am Abend hatte ich schon mein Parteibuch. Ich habe das Gefühl, dass mein Leben aufregend wird! / Wie kann man meinen, dass die eigene Entfremdung aufregend ist?

Das ist vielleicht eins der Attribute, die der Militantismus ... oder das Studium der Soziologie einem verleihen.

Plötzlich wurden mir die Augen geöffnet und ich habe das Grauen der kapitalistischen Gesellschaft gesehen ...

Ich habe verstanden, wie sehr die Arbeiterklasse entfremdet ist und wie ungeheuer groß die Aufgabe ist, die wir zu erfüllen haben! / Das ist ja vielleicht blöd!

In Vietnam, in Kuba und jetzt in Europa; die Weltrevolution, die Leo Trotzki befürwortet hat, hat angefangen. Und ich nehme daran teil, wie fantastisch!

Und morgen wirst du dich für das sich ständig wiederholende Spektakel der lokalen Teilkämpfe begeistern, das unveränderte Elend deines Lebens und die unzureichende Kritik, die du an dieser spektakulären Warengesellschaft hast, treiben dich dahin. Die kapitalistische Gesellschaft organisiert die Illusion der Teilnahme, die bürokratischen

Gesellschaften haben ihr beigebracht, wie man die Teilnahme an der organisierten Illusion organisiert. Und du, du begeisterst dich dafür ...

Wie könnte ein Arbeiter ein einziges Wort von dem Jargon verstehen, den du benutzt? / Ja, die Sprache der Arbeiter-Demagogen ist ihm besonders angemessen.

Etwas später ...

Morgen wird im Haus der Kultur eine Ausstellung amerikanischer Pop-Art eröffnet. Kommst du auch? / Nein, die Kunst ist die auserwählte Luxusware geworden, die einen alle anderen schlucken lässt, und die Langeweile ...

die die Museen verströmen, gleicht immer mehr dem Gestank der Kirchen.

Morgen werde ich mit denen schlafen, mit denen ich Lust habe. Morgen werde ich mich noch am Vergnügen meines Lebens erfreuen. Morgen werde ich dir die Schnauze einschlagen, kleine Idiotin ...

Comic Seite 168

Was für einen herrlichen Abend haben wir zusammen verbracht. Ach, ich glaube, wir werden uns lange daran erinnern! / Ja, man muss sagen, das Fernsehprogramm war wirklich besonders gut. Was für ein Film! Und die Farben! / Und was für ein Leben! Wie in der Wirklichkeit! / Und am liebsten mochte ich die Diskussion. So eine Kraft!

Gut. Wir müssen schlafen gehen. / Ja, morgen gehen wir wieder arbeiten nach so einem schönen Wochenende ...

Aah, ich sehe, ihr seid vernünftig. Es ist kaum Mitternacht, das ist sehr gut. Ins Bett! Schnell!

Gut. Jetzt, wo sie gegangen sind, kannst du deinen Chef anrufen. Er wird auf deinen Anruf warten. / Das ist richtig! Ich werde ihm sagen, dass er

wirklich nichts zu befürchten hat, dass sie ruhig sind!

Hallo! Nein, sie denken an nichts mehr, der Streik ist vergessen, sie sehen noch nicht einmal mehr die Bullen. / Sie sind also so normal geworden wie vorher ... Das ist gut, Fräulein ...

Aber sagen Sie, wenn Ihre Gewerkschaft erfährt, was für eine Arbeit Sie übernommen haben, wie wird sie reagieren? / Aber ich mache das im Einvernehmen mit meiner Gewerkschaft, Herr Direktor. Guten Abend.

Abkürzungen

AFGES Association Fédérative Générale des Études de Strasbourg (Allgemeiner Studentenverband in Straßburg)

BAPU Bureaux d'Aide Psychologique Universitaires (Universitätsbüros für psychologische Hilfe)

CFDT Confédération Française Démocratique du Travail (Französischer Demokratischer Gewerkschaftsbund)

CGT Confédération Générale du Travail (Allgemeiner Gewerkschaftsbund)

CLER Comité de Liaison des Étudiants Révolutionnaires (Verbindungsausschuss der revolutionären Studenten)

CLIF Comite de Liaison Inter-Facultés (Komitee für Verbindung zwischen den Fakultäten)

CMDO Conseil pour le Maintien des Occupations (Rat zur Aufrechterhaltung der Besetzungen)

CNPF Conseil National du Patronat Français (Nationalrat der französischen Arbeitgeber)

CNRS Centre National de la Recherche Scientifique (Nationales Zentrum für wissenschaftliche Forschung)

CRS Compagnie Républicaine de Sécurité (Republikanische Sicherheitseinheiten)

FA Féderation Anarchiste (Anarchistische Föderation)

FER (Fédération des Étudiants Révolutionnaires (Föderation revolutionärer Studenten)

FIJL Fédération Ibérique des Jeunesses Libertaires (Iberische Föderation der Libertären Jugend)

FGDS Fédération de la Gauche Démocratique et Socialiste (Föderation der Demokratischen und Sozialistischen Linken), Linksdemokratische Splitterpartei

FGEL Fédération des Groupes d'Études de Lettres (Verband der literarischen Studiengruppen)

FNAC Fédération Nationale d'Achats ist eine französische Handelskette mit Schwerpunkt Unterhaltungsprodukte

FO Force Ouvrière (Arbeitermacht)

JCR Jeunesse Communiste Révolutionnaire (Revolutionär Kommunistische Jugend), trotzkistische Gruppe

LCR	Ligue Communiste Révolutionnaire (Revolutionär-kommunistische Liga), trotzkistisch
MNE	Mutuelle Nationale des Étudiants (Gegenseitige Versicherung der Studenten)
NMPP	Nouvelles Messageries de la Presse Parisienne (Neue Vertriebsgesellschaft der Pariser Presse)
OAS	Organisation de l'Armée secrète (Organisation der geheimen Armee)
ORTF	Office de la Radiodiffusion et Télévision Française, französischer staatlicher Rundfunk und Fernsehen
PCF	Parti Communiste Français (Kommunistische Partei Frankreichs)
PCI	Parti Communiste Internationaliste / lambertiste (Internationalistische Kommunistische Partei), trozkistisch
RATP	Regie autonome des Transports Parisiens (Autonome Verwaltung der Pariser öffentlichen Verkehrsmittel), U-Bahn und Bus
SNES	Syndicat National des Enseignements de Second degré (Nationale Gewerkschaft für den Unterricht in der Sekundarstufe)
SFIO	Section française de l'Internationale Ouvrière (Französische Sektion der Arbeiter-Internationale), Partie Socialiste (Sozialistische Partei)
SNCF	Société Nationale des Chemins de fer français (Nationale Gesellschaft der französischen Eisenbahnen)
SNE-sup	Syndicat national de l'enseignement supérieur (Nationale Gewerkschaft der Hochschulprofessoren und Assistenten
UDR	Union pour la Défense de la République (Vereinigung zur Verteidigung der Republik), gaullistische Partei
UEC	Union des Étudiants Communistes (Kommunistischer Studentenverband)
UJCML	Union des jeunesses communistes marxistes-léninistes (Union der kommunistischen Jugend – Marxistien-Leninisten), maoistisch
UNEF	Union Nationale des Étudiants de France (Nationaler Verband der Studenten Frankreichs), französische Studentengewerkschaft
VO	Voix Ouvrier (Arbeiterstimme), trozkistisch

Raoul Vaneigem

Das Buch der Lüste

Aus dem Französischen übersetzt von Pierre Gallissaires und Frank Witzel

Mit einem aktullen Vorwort von Raoul Vaneigem und einem Geleitwort von Hanna Mittelstädt

ISBN 978-3-86841-287-1
148 Seiten
16 €

Mein Genuss beinhaltet das Ende der Arbeit, des Zwangs, des Tausches, der Intellektualität, des Schuldgefühls und des Willens zur Macht. Ich sehe keine Rechtfertigung, außer der ökonomischen, für den Schmerz, die Trennung, das Gebot, die Bezahlung, für die Vorwürfe und die Macht. Mein Kampf um Autonomie ist der Kampf der Proletarier gegen die zunehmende Proletarisierung, so wie der Kampf der Individuen gegen die allgegenwärtige Diktatur der Ware. Die Eruption des Lebens ist durch die Bresche Eurer Zivilisation des Todes hindurchgegangen.

Ihr klagt meine Subjektivität an? Wie Ihr wollt – aber passt nur auf, dass Eure Subjektivität Euch nicht eines Tages auf die Schulter klopft, um Euch in jenes Leben zurückzurufen, das Ihr gerade dabei seid, kläglich zu verlieren. Darin ist meine Naivität Eurer Arglosigkeit unvergleichlich überlegen: Sie ist mit heiteren Ungeheuern überfüllt, während Ihr die Naivität, die Euch daran gewohnt hat, in der jahrtausendealten Verachtung des Genusses zu leben, Scharfblick nennt.

Ich spüre in mir die Wiedergeburt der Individuen mit einer Freude voraus, die dem Ausströmen des Frühlings der Erde vergleichbar ist. Und sollte ich auch der einzige sein, der so empfindet, so bleibt mir immer noch die heitere Narrheit, den Tod besiegen gewollt zu haben, indem ich die Begierden aus seiner Macht befreite

Edition AV

Abel Paz

DURRUTI

Leben und Tode des spanischen Anarchisten

Aus dem Spanischen übersetzt von Louis Bredlow

Mit einem aktuellen Vorwort von Hanna Mittelstädt

ISBN 978-3-86841-256-7
704 Seiten
39,90 €

Der Lebensweg Buenaventura Durrutis ist exemplarisch für die europäische Sozial- und Ideengeschichte in der ersten Hälfte dieses 20. Jahrhunderts. Abel Paz beschreibt in Durruti einen unbeugsamen Rebellen, der stets ohne die Zeichen äußerer Autorität auskam, sein aufrührerisches Temperament jedoch ließ ihn in den Augen der Herrschenden schon früh zu einem der gefürchtetsten Arbeiteraktivisten auf der iberischen Halbinsel werden. Nachdem der ultrareaktionäre Kardinal von Saragossa Opfer eines Attentats wurde, verkörperte Durruti für den einflussreichen Klerus den Antichrist.

Indem diese Biographie konsequent den individuellen Lebensweg mit der kollektiven Realität der Arbeiter und Bauern verknüpft, gelingt ihrem Autor eine einzigartige Innenansicht der sozialen und politischen Situation Spaniens.

Dieser Blick von unten führt in Fabriken, Gefängnisse, abgelegene Dörfer und Verbannungsorte, zeigt das Alltagsleben, veranschaulicht die Vorstellungen und Diskussionen der anarchistischen Revolutionäre und lässt die ganze dramatische Atmosphäre von Streiks, Aufständen und heroische Aktionen intensiv vor der Leserschaft entstehen.

Wir lesen von Durrutis Fluchten, von seinem Leben im Untergrund und von seinen Zeiten des Exils. Schließlich beschreibt und analysiert der Autor jenen kurzen Sommer der Anarchie, die soziale Revolution innerhalb des spanischen Bürgerkriegs, als der libertäre Sozialismus in den Fabriken und landwirtschaftlichen Kollektiven 1936 für einen historischen Augenblick lang sein konstruktives Gesicht zeigen konnte.

Edition AV

Michel Ragon

Das Gedächtnis der Besiegten

Historischer Roman

Aus dem Französischem übersetzt von Michael Halfbrodt

ISBN 978-3-936049-66-4
392 Seiten
24,50 €

Das Gedächtnis der Besiegen, im Original 1990 erschienen, ist ein Historienroman, der vesucht, die politische Geschichte des 20. Jahrhunderts in ein großes, erzählerisches Panorama zu fassen. Über die Biographie einer fiktiven Hauptfigur (die gleichwohl eine Synthese verschiedener realer Lebensläufe darstellt) werden die wichtigsten Etappen und Wendepunkte dieses Zeitalters miteinander verknüpft und aus anarchistischer Sicht geschildert.

Der „Held", Fred Barthélemy, wächst am Vorabend des ersten Weltkrieges im Pariser Anarchistenmilieu auf, gelangt während des Krieges als Mitglied einer französischen Militärmission nach Russland, wird Beobachter und Beteiligter der revolutionären Ereignisse und Machtkämpfe, kehrt desillusioniert in das Frankreich der Zwischenkriegszeit zurück, arbeitet als Schlosser bei Renault, macht sich einen Namen als politischer Publizist, nimmt am spanischen Bürgerkrieg teil, verbringt den zweiten Weltkrieges als Antimilitarist in Haft und gehört schließlich in den Nachkriegsjahren zu den Vergessenen, die erst in Zeiten eines erneuten politischen Aufbruchs (Mai 68) wieder ins Rampenlicht getreten sind.